Dausien

Alte
Landkarten

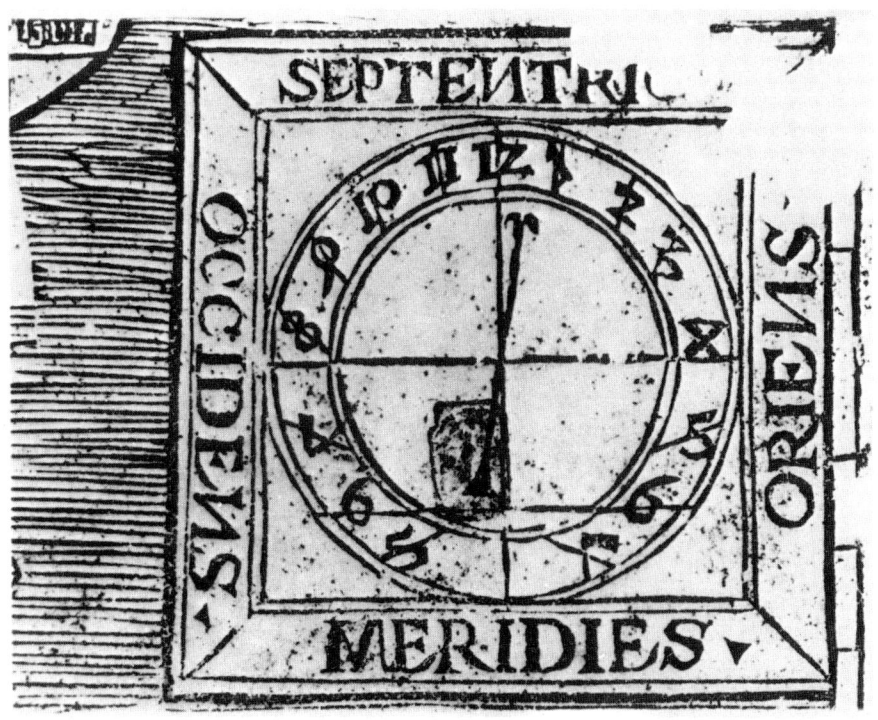

Der Compast

Das groß deutsch mer

Schotlant

Seelande

denmarck

Nach dem Compast zu wandern geschicht als den brief legt man nieder und legt
den compast mit der seyten an ein leysten aber mach auff einen kompast und
ruckt den brief piß die zungle gericht sein so ligt der brief recht den lass
man ligen unverruckt und legt dar nach den Compast mit der seyten auff die
punct zweyer fürgenomen örter und merckt wie die zungl stee auff den acht teil
Also steet sie auch wen man zwischen den selben zweyen örten wandert

ALTE LANDKARTEN

Ivan
Kupčík

Von der Antike
bis zum Ende des 19. Jahrhunderts

Dausien

Ivan Kupčík

ALTE LANDKARTEN
*Von der Antike bis zum Ende des
19. Jahrhunderts*

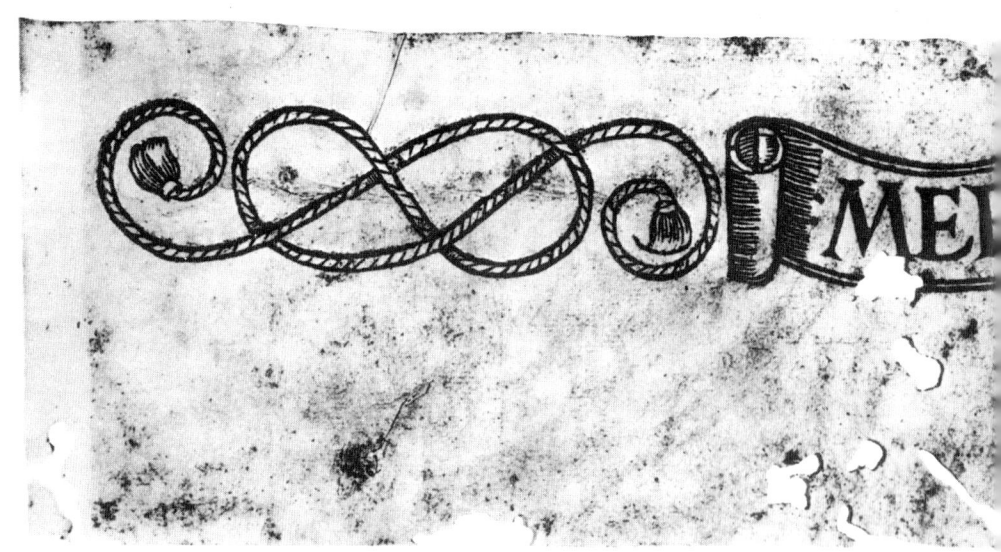

Ins Deutsche übertragen von
Anna Urbanová
Graphische Gestaltung von
Aleš Krejča
© 1980 Artia Verlag, Praha
5. Auflage 1989

VERLAG WERNER DAUSIEN
HANAU/M
ISBN 3 - 7684 - 1873 - 1
2 09 03-52-05

Fotografien Nr. I, II, IV, V, IX, X, XXI
sowie Nr. 12 und 56: Václav Prošek,
Prag
Alle übrigen Fotografien: Jaroslav
Rajzík, Prag
Der überwiegende Teil der
Abbildungen sind Reproduktionen
von Kartenmaterial, das sich in der
Kartensammlung in Prag bzw. im
persönlichen Besitz des Autors
befindet.
Für die Genehmigung zur
Reproduktion weiteren Materials
danken wir der Sächsischen
Landesbibliothek (Tafel
XXVII und Abb. 47), dem Bildarchiv
der Österreichischen
Nationalbibliothek Wien (Abb. 17),
der Kommission für geschichtliche
Landeskunde in Baden-Württemberg
in Stuttgart (Tafel XVI), dem Tiroler
Landesmuseum Ferdinandeum
Innsbruck sowie dem Kirschbaum
Verlag Bonn-Bad Godesberg
(Tafel VI), dem Verlag Orell Füssli
in Zürich (Tafel VIII und Abb. 37),
dem Verlag Theatrum
Orbis Terrarum B. V. /
A. Asher & Co. B. V.
in Amsterdam (Abb. 44) und dem
Verlag E. J. Brill in Leiden (Abb. 41),
die dem Abdruck bereits
veröffentlichter Reproduktionen in
dieser Publikation zustimmten.

Vorsatz und Nachsatz: „Nova hanc
territorii Francofurtensis tabula" aus
dem Werk von Johannes und Cornelis
Blaeu „Novus atlas". Band 1.
Amsterdam 1641

Frontispiz: Erhard Etzlaub, „Der
Romweg", Kartenausschnitt.
Nürnberg, um 1492

Umschlagsbild: „Maris Pacifici"
in Abraham Ortelius' Atlas
„Theatrum orbis terrarum".
Antwerpen 1592

Inhalt

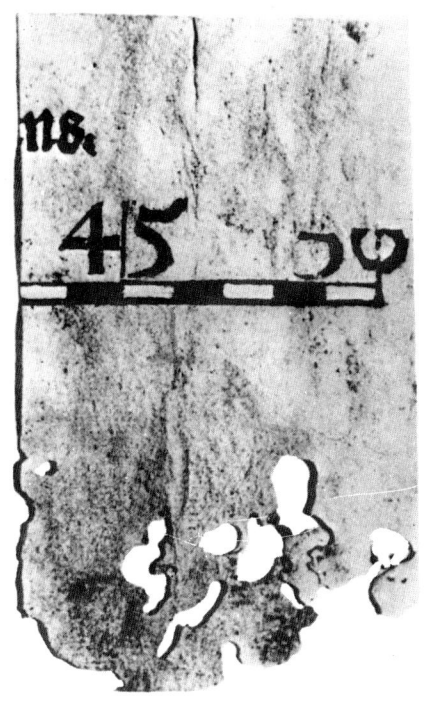

DIE REFORMATION DER KARTOGRAPHIE UND TOPOGRAPHISCHE
AUFNAHMEN

SAMMLER-VADEMEKUM

Dieses Buch ist dem Andenken
meines Lehrers,
Universitätsprofessor
Dr. rer. nat. Karel Kuchař
(1906–1975) gewidmet.
Der Verfasser

Einführung

Die Entwicklung der Kartographie im Lauf der Jahrhunderte. Die Bedeutung der überlieferten Kartendenkmäler

Die Geschichte der Landkarten ist so alt, daß ihr Beginn nicht genau ermittelt werden kann. Man darf sogar vermuten, daß die Menschheit ihren geographischen Kenntnissen früher als mittels der Schrift in Landkarten Ausdruck zu geben wußte. Die Kartenkunst gehört zu den ältesten, allen primitiven Völkern gemeinsamen graphischen Künsten. Das bezeugen die prähistorischen Zeichnungen mit Kartenelementen, wie sie an den verschiedensten Orten der Welt gefunden wurden.

Seit den ältesten Zeiten sah der Mensch in der Karte ein praktisches Hilfsmittel und benutzte verschiedenes Material zu ihrer Herstellung. Die Indianer Nordamerikas verstanden es, ausgedehnte Landstriche mit zahlreichen Seen und Flüssen auf flachen Tierknochen oder auf Baumrinde abzubilden, die Mikronesier der Marshall-Inseln verfertigten für ihre weiten Seereisen „Navigationskarten" aus Palmblattstielen und Muscheln. Die Eingeborenen Australiens stellten ebenso wie die nomadischen Tuareg in der afrikanischen Wüste aus Steinen und Sand Kartenreliefs her, die Eskimos auf Grönland schnitzten ihre Küstenkarten aus Holz.

Erst die höhere Zivilisation, die zu Beginn der historischen Zeit in den weiten Kulturgebieten Chinas, Babyloniens, Ägyptens und der amerikanischen Urbevölkerung entstand, begnügte sich nicht mehr mit detaillierten Karten der ihnen bekannten Länder, sondern brachte auch die ersten übersichtlichen Weltkarten hervor. Diese waren allerdings vom Horizont des damaligen Weltbilds begrenzt und widerspiegelten eher philosophische Anschauungen als wahre Kenntnisse von der Gestalt der Erde, wie es die bekannte babylonische Vorstellung von der Welt bestätigt, die auf einem Tontäfelchen vom Beginn des 5. Jh. v. u. Z. festgehalten ist. Jenes älteste, in der Britisch Library aufbewahrte Kartendenkmal beruht noch nicht auf einer Erdmessung und stellt für das Kartenschaffen des Altertums keineswegs einen bezeichnenden Beleg dar. In Babylonien, aus dem die frühesten Beweisstücke kartographischer Tätigkeit stammen, gab es vielmehr eine geometrische und Grundrißdarstellung kleinster Einheiten; es handelte sich um Teile von Grundstücken, wobei das Hauptaugenmerk auf die Berechnung ihres Flächenmaßes gerichtet war. Sie diente somit praktischen wirtschaftlichen Bedürfnissen.

Auch die alten Ägypter sahen sich vor die Notwendigkeit gestellt, praktische Geometrie zu betreiben, um die Grenzen der vom Nil regelmäßig überschwemmten fruchtbaren Felder immer wieder genau abstecken zu können. Die Kenntnis und Anwendung der elementaren Landvermessung bildete damals einen wesentlichen, höchst wichtigen Teil menschlicher Tätigkeit, wie aus Erwähnungen in den alttestamentarischen Büchern Israels und anderen schriftlichen Dokumenten hervorgeht.

Unabhängig vom Nahen Osten entwickelte sich die Kartographie in China, wo vermutlich bereits im 20. Jh. v. u. Z. Karten gezeichnet wurden. Viel früher als die westliche Zivilisation kannte die chinesische den Kompaß, die Sonnenuhr und Wasserwaage. Es ist das Verdienst des Meisters des Kartenschaffens P'ei-Hsiu (224–271), daß China bereits im 3. Jh. u. Z. ein methodisches Handbuch für geographische Beschreibungen und Kartenzeichnen besaß. Die im Frühmittelalter unternommenen chinesischen Aufnahmen umfaßten fast das ganze südöstliche Asien.

Im Mittelmeergebiet konnten die Gelehrten erst in der Blütezeit von Kunst und Wissenschaft im antiken Griechenland und Rom die ersten Richtlinien für eine Darstellung der Erdoberfläche aufstellen, sich Überlegungen über die Kugelgestalt der Erde widmen und Methoden zur Bestimmung ihrer Größe angeben. Auf ihre Erkenntnisse geht in vielen Stücken auch das spätere Kartenschaffen zurück. Deshalb wollen wir die Entwicklung der kartographischen Darstellung der Welt von jener Zeit an verfolgen, da die europäischen Humanisten in der Renaissance mit den erstaunlichen Zeugnissen antiken Wis-

1
Babylonische Weltkarte. Ca. 5. Jh. v. u. Z., Tontafel (British Museum, London)

sens bekannt wurden. Bis dahin hatten sich die Kartenzeichner gezwungen gesehen, von der Wahrheitsfindung abzuweichen und sich den Interessen der geistlichen und weltlichen Obrigkeit unterzuordnen. Auch später konnte es ihnen noch nicht gelingen, die wahre Gestalt der Erde festzuhalten, da es ihnen an durchdachter Methodik und technischer Ausstattung, den Errungenschaften späterer Zeitabschnitte, fehlte. Ihre Mittel waren begrenzt, der Zutritt zu Informationen über Entdeckungen und Erkenntnisse erschwert — das gilt ebenso für die Italiener im 14. und 15. Jh. wie für die Spanier und Portugiesen zur Zeit der großen Entdeckungen, für die Deutschen in der 2. Hälfte des 16. Jh. oder die Niederländer, die während des Dreißigjährigen Krieges in der europäischen Kartographie die Führung übernahmen. Eine Wendung trat erst im Lauf des 17. Jh. dank den Franzosen ein, die ihre Karten aufgrund neuer exakter Landvermessungen erstellten und auf diese Weise systematische Detailaufnahmen auch in anderen Ländern anregten. Keinesfalls darf jedoch an dem ehrlichen Bemühen früherer Kartographen gezweifelt werden, die Erde so getreu wie möglich abzubilden, und wenn wir alte Landkarten kritisch betrachten, können wir ihnen auch heute noch wertvolle qualitative und quantitative Charakteristika entnehmen. Als Zeugen vergangener Zeiten sind uns alte Landkarten vor allem wegen der Unmittelbarkeit teuer, mit der sie uns einen sofortigen Einblick in die ständig sich wandelnden Natur-, Siedlungs- und Wirtschaftsverhältnisse gewähren.

Diese Möglichkeit, die Landkarten unserer Vorfahren für gegenwärtige Zwecke zu nutzen, ist nicht der einzige Grund, warum wir sie für künftige Generationen aufbewahren. Die vollkommenere Darstellung einer Landschaft, zu der die Menschheit im Laufe vieler Jahrhunderte gelangte, war das Ergebnis eines Wandels, der seinerseits von den Veränderungen der technischen Hilfsmittel, künstlerischen Auffassungen und wissenschaftlichen Zielsetzungen abhing. Das ständig sich wandelnde Kartenbild widerspiegelt nicht nur die kulturelle und geistige Entwicklung der Gesellschaft, sondern ermöglicht auch eine nähere Kenntnis von Nationalcharakter und ästhetischem Sinn. Deshalb gehören alte Landkarten zum kulturellen Erbe eines jeden Landes, das breite Liebhaberkreise zu schätzen wissen; sie begnügen sich nicht mit bloßer Sammlertätigkeit, sondern verfolgen mit Interesse die historische Entwicklung der Kartenkunst.

Heute sind wir Zeugen einer intensiven historisch-kartographischen Forschung sowie einer wachsenden Sammlernachfrage nach alten Landkarten auf Antiquitätenmärkten und Gelegenheitsauktionen. Es ist das Anliegen unseres Buches, alte Landkarten als kulturelles Vermächtnis vieler Generationen von Kartographen, Stechern, Zeichnern und Malern an den Leser heranzubringen und möglichst vielen Liebhabern alter Kartendrucke und -manuskripte als grundlegendes Vademekum bei der Orientierung zu dienen. In der Geschichte der Kartographie war systematischer und zielbewußter Sammlertätigkeit nicht selten die Rettung wertvoller Unikate zu verdanken, die heute Prunkstücke öffentlicher Sammlungen bilden.

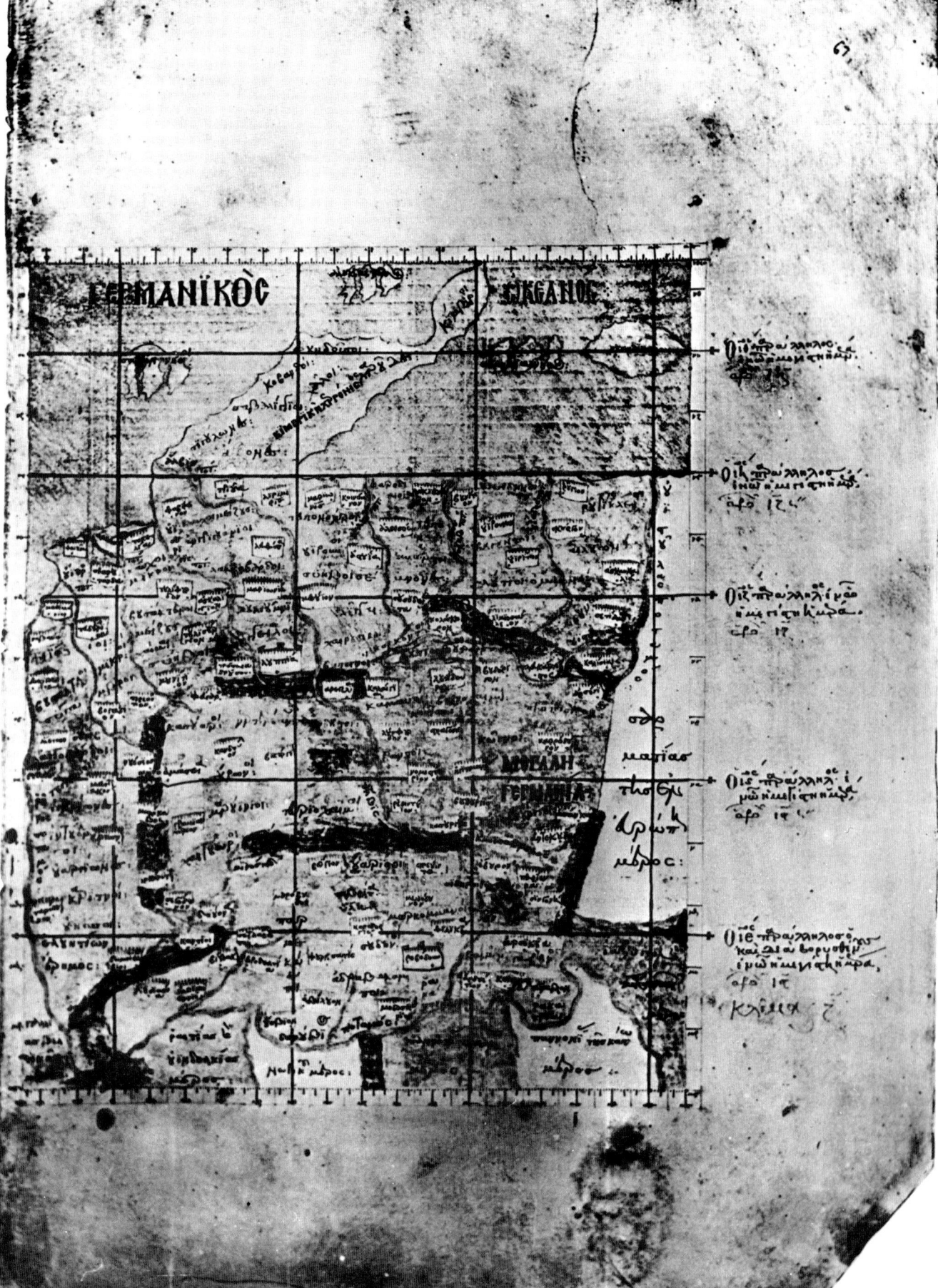

DAS FLACHE BILD DER RUNDEN WELT

Das Vermächtnis des Altertums und seine Wiedergeburt nach 1000 Jahren

Die Wurzeln der europäischen Kartographie in der griechischen und römischen Antike

Die Kartographie ist nicht sofort als Wissenschaft oder gar als Kunst entstanden. Sie hat aus unbekannten dunklen Anfängen allmählich ihre Entwicklung genommen. Die ältesten, aus Babylonien erhaltengebliebenen Kartendenkmäler sind so fragmentarisch und zusammenhanglos, daß sie nur ein unklares Bild der damaligen Kartenkunst geben. Babylon wurde von den Assyrern besiegt, deren Ninive lag nach 612 v. u. Z. auch für immer in Trümmern, und von den assyrischen Weltkarten wissen wir so gut wie nichts. Darum müssen wir die Wurzeln der heutigen, vor allem der europäischen Kartographie in einer jüngeren Zeit suchen, und zwar um das 6. bis 4. Jahrhundert auf dem Peloponnes und den benachbarten Inseln, namentlich auf Rhodos, wo die gebildeten Griechen sowohl zum alten Orient als auch zum Westen Beziehungen unterhielten. So gelangte auch die Lehre von der Kugelgestalt der Erde aus Süditalien nach Griechenland. Sie wurde im 6. Jh. v. u. Z. von Pythagoras von Samos und dessen Schülern verkündet, auch in den Lehren des Sokrates, Aristoteles' und Platons verbreitet. Berichten zufolge hat *Anaximandros von Milet* im selben Jahrhundert die erste Weltkarte vorgelegt, sein Landsmann *Hekataios* soll seine eigenen Reisebeschreibungen mit Landkarten illustriert haben. Doch noch Herodot (5. Jh. v. u. Z.) und Aristoteles (4. Jh. v. u. Z.) hatten keine hohe Meinung von den Karten ihrer Vorgänger.

Das erste Dokument einer wissenschaftlichen Kartographie stammt erst aus dem 4. Jh. v. u. Z. Damals benutzte *Dikairach (Dikäarchos)* von Messina (etwa 320 v. u. Z.), ein Schüler des Aristoteles, die von Gibraltar über Rhodos nach Persien führende Linie als Achse der Erdkarte. Auch *Eratosthenes* (3. Jh. v. u. Z.) soll eine Weltkarte gezeichnet haben, jedenfalls beschrieb er sie so gut, daß wir sie nach Strabos Bericht wiederherstellen können. *Strabos „Geographie"* (1. Jh. v. u. Z.) bildet den Schlüssel zur altgriechischen Kartographie, denn alle übrigen Schriften und Karten seiner Zeitgenossen sind verschollen oder vernichtet.

Landkarten, die der praktischen Benutzung bei Reisen, innerhalb der Staatsverwaltung und militärischen Zwecken dienen, haben ihre Vorgänger in den altrömischen Karten. Aus den Schriften Plinius' des Älteren und des Pomponios Mela (beide 1. Jh. u. Z.) geht her-

2 ←

„Magna Germania", mit der Halbinsel Jütland, auf einer handgezeichneten Kopie der Karte des Claudius Ptolemäus. 15. Jh.

vor, daß die römische Erdkunde die Anhäufung möglichst vieler geographischer Angaben anstrebte. Auf den zu solchen Beschreibungen oft verwendeten Karten wurden geometrische Tatsachen übersehen und vor allem Kommunikationen und Entfernungen schematisch eingezeichnet. Eine verschollene römische Weltkarte ist *Agrippas Orbis terrarum* (1. Jh. v. u. Z.), die jahrhundertelang den römischen Kartographen als Vorlage diente.

Nach dem Untergang der alten Welt setzte ein tiefer Verfall der Kartographie ein. Die geistlichen Gelehrten, die mittelalterlichen Träger geographischer Kenntnisse, erblickten ihre Aufgabe in einem sorgfältigen, traditionellen Kopieren oder Abzeichnen der von vergangenen Generationen übernommenen Handschriften und Karten. Erst als Europa im 15. Jh. das Werk des Ptolemäus kennenlernte, begannen antike Kartendenkmäler die natürliche Wißbegierde zu erregen und das Interesse der gebildeten Welt unwiderstehlich auf sich zu ziehen. Wir wollen uns mit den bedeutendsten Werken hier etwas näher befassen.

Eine die Welt umfassende Karte konnte im Griechenland des 6. Jh. entstehen, kaum aber im gespaltenen und schwachen Griechenland des dritten vorschriftlichen Jahrhunderts. Damals hatte sich griechische Geistesbildung schon in andere Länder verbreitet, und neben Rom war Unterägypten zum Mittelpunkt der antiken Kultur ge-

Die Eratosthenes - Weltkarte / 3. Jh. v. u. Z. /

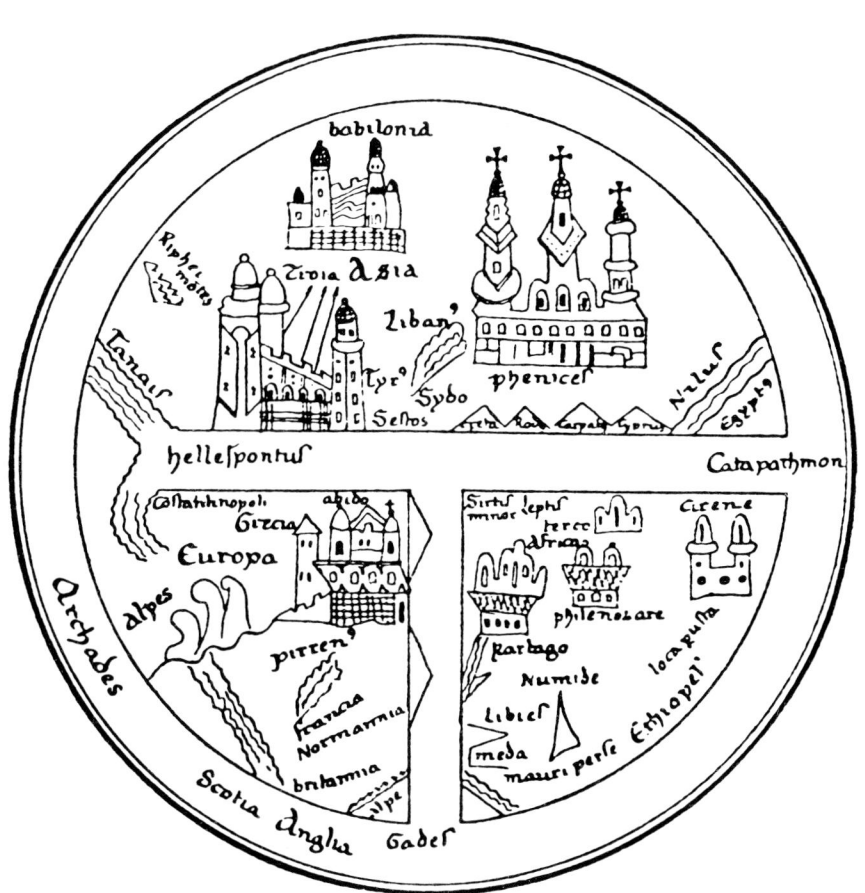

3

Weltkarte in TO-Schema aus einem Leipziger Kodex. 11. Jh.

15

worden. Die Hafenstadt Alexandria war Umschlagplatz nicht nur für materielle, sondern auch für geistige Güter, denn den Reichtum der Stadt repräsentierten neben ihren Palästen und dem siebenten Weltwunder, dem Leuchtturm auf der Insel Pharos, auch die heimischen Dichter, Gelehrten und vor allem die weltberühmte Bibliothek, die auch die unschätzbare literarische Hinterlassenschaft des Aristoteles enthielt.

Es ist das Verdienst des *Eratosthenes* (276–195 v. u. Z.), daß die stark hellenisierte ägyptische Kultur der Nachwelt ein Kartenbild der Erde hinterließ. Dieser mit der Bibliothek von Alexandria aufs engste verknüpfte griechische Gelehrte stellte eine Weltkarte her, die nicht mehr auf bloßen Vermutungen, sondern auf wissenschaftlichen Beobachtungen fußte. Gleichzeitig fand er neue Wege für die kartographische Darstellung, indem er die Geographie mit der Mathematik und Astronomie eng zu verbinden wußte. Seine Weltkarte enthält bereits das geographische Gradnetz und unterscheidet deutlich die drei damals bekannten Kontinente: Europa, Libyen (Afrika) und Asien. Auch wenn die meisten seiner Quellen noch Reiseberichte verschiedenen Ursprungs bildeten, so geht ein Teil der Karte doch schon auf genaue Landvermessungen zurück; ihr Ausgangspunkt war Alexandria.

Die überlieferten Berichte von der Schrift des Eratosthenes gestatten, uns ein ziemlich genaues Bild von seiner Weltkarte zu machen. Seine „*Geographie*" nämlich ist eine Anleitung zur Darstellung der Ökumene, d. h. des bewohnten Teiles der Erde, da das Wort geographia bei ihm Abbildung der Erde bedeutet. Die Ökumene, deren ganze Länge nach Eratosthenes größer ist als ihre doppelte Breite (77 800 Stadien bzw. 38 000 Stadien), wird vom Breitenkreis von Rhodos in zwei Hälften, die nördliche und südliche, geteilt. Er verläuft von der Iberischen Halbinsel ostwärts über das Taurusgebirge in Kleinasien nach Indien. Außer diesem Hauptbreitenkreis zeichnete Eratosthenes sieben weitere Parallelkreise in seiner Weltkarte ein, die ihm zufolge von der Zimtküste auf der Somalihalbinsel durch die Städte Meroe, Syene und Alexandria am Nil, Lysimachia in Ostthrakien, die Mündung des Borysthenos (Dnjepr) und Thule, die nördlichste Insel in der Nachbarschaft Skandinaviens, führen. Mit Ausnahme des durch die Zimtküste führenden waren sämtliche Parallelkreise nach Beobachtungen des mittäglichen Sonnenstandes ermittelt worden. Das Netz der Breitenkreise wird rechtwinklig von dem der Längenkreise geschnitten. Der Hauptmeridian geht durch die Städte Meroe, Syene und Alexandria, die Insel Rhodos und die Dnjeprmündung. Nach diesem bezeichnete Eratosthenes die Lage der übrigen Längenkreise, unter denen diejenigen zu bestimmen sind, die durch das Gebiet der Ostimmier in Nordwestfrankreich, durch Karthago, Thapsakos am mittleren Euphrat, das damalige Kaspische Tor und die Indus- und Gangesmündungen führen. Im Südosten umriß Eratosthenes die Ökumenegrenzen wahrscheinlich nach dem Bericht des Ophelos (4. Jh. v. u. Z.), eines Zeitgenossen des Admirals Nearchos, während ihm der griechische Kartograph Patrokles (ca. 300 v. u. Z.) für ihre Darstellung im Nordosten als Vorbild diente. Deshalb bildet der Kaspisee auf der Eratosthenes-Karte noch einen Golf des Nordmeeres. Für den nordwestlichen Bereich richtete er sich nach den Angaben des Pytheas (4. Jh. v. u. Z.). So erscheint die Ökumene

I →
Weltkarte aus dem Benediktinerkloster zu Ebstorf. Um 1235 (1943 vernichtet; vorher im ehemaligen Museum des Historischen Vereins für Niedersachsen, Hannover)

in Gestalt einer Insel, und ihr von Strabo gebrauchter Vergleich mit einem Mantel (Chlamys) geht vielleicht bis auf Eratosthenes zurück.

Dieser befaßt sich in seinem Werk mit der Gestalt der ganzen Erdkugel, nicht nur mit ihrem bewohnten Teil, der Ökumene. In Verbindung mit der Lehre von den Zonen untersuchte er auch die Frage, welche Teile der Erdoberfläche bewohnt bzw. bewohnbar seien. Die gemäßigte Zone war seiner Meinung nach bis zu ihrer nördlichen Grenze, dem Polarkreis bewohnt — hier hielt er sich an Pytheas. Gestützt auf die Erkenntnisse, die die Expeditionen ägyptischer Herrscher gewonnen hatten, vertrat er die Ansicht, daß auch ein Großteil der tropischen Zone bewohnt sei. Da ihm Ebbe und Flut überall einen ähnlichen Verlauf zu nehmen schienen, sah er in der Ökumene eine Insel des Weltmeeres, für das er den Namen Atlantischer Ozean gebrauchte.

Leider sind seine konkreten Kenntnisse der mathematisch aufgefaßten Erde mit keinen entsprechenden Verbesserungen der Weltkarte verbunden, deren Unrichtigkeiten häufig auf unbewiesene Vermutungen zurückgingen. Von England und Irland, die in neuer Gestalt erscheinen, in Richtung Deutschland ist nichts eingezeichnet. Demgegenüber taucht im fernen Osten die neue Insel Taprobane (Ceylon) auf, die dann in ihrer unnatürlichen Vergrößerung eineinhalb Jahrtausende lang auf verschiedenen Weltkarten zu finden ist. Die Lage vieler Städte ist falsch eingezeichnet, auch für die Antipoden läßt Eratosthenes keinen Raum. Der größte Teil der Erde ist bei ihm von Meer bedeckt, für bewohnt hielt er nur die nördliche Halbkugel, denn er glaubte, im Süden herrsche große Hitze; kein so unlogischer Schluß für jemanden, der die Gebiete südlich von Alexandria kannte. Obgleich die Umrisse der Kontinente wahrheitsgetreuer abgebildet sind, bleibt das wohlbekannte Mittelmeer verzerrt, und, verglichen mit Herodots Angaben, verrät die Karte auch einen beträchtlichen Verlust an Kenntnissen über Indien und Nordasien. Die indische Küste verläuft vom Persischen Golf nicht nach Südosten, sondern scharf südwärts. Überdies liegt sie auf demselben geographischen Breitengrad wie die ägyptische Stadt Meroe am oberen Nil. Ähnlich zeichnete Eratosthenes im Osten das Taurusgebirge auf demselben Breitenkreis wie die Meerenge der Herkulessäulen ein und teilte damit ganz Asien in zwei Teile. Auf diese Weise verbesserte er alte Karten, auf denen der östliche Gebirgsteil allzusehr nach Norden vorragte und so irrigerweise Indien in derselben Richtung in die Länge dehnte. Richtig floß nun der Indus nach Süden, während bei dem Astronomen *Hipparch* (180 – 125 v. u. Z.) sein Lauf noch südostwärts gerichtet ist. Das ist die einzige Angabe über das indische Binnenland, abgesehen von Mären über Menschen ohne Mund, mit einem Stirnauge, zurückgedrehten Fingern und riesigen Ohren, in die sie sich einhüllen können.

Wie schwierig für Eratosthenes selbst die Kenntnis viel nähergelegener Landschaften war, zeigt die unrichtige Angabe des Ober- und Mittellaufs des Nils. Nun, nicht nur Strabo, dem 200 Jahre später die Eratosthenes-Karte als Vorbild für die eigene Darstellung der Welt diente, sondern auch die folgenden zwei Jahrtausende blieben die Antwort schuldig. Trotz dieser und anderer Ungenauigkeiten bot diese Weltkarte bereits ein solides Abbild der Erde, einen Grundstein, auf dem weitergebaut werden konnte.

II
Matthew Paris. Karte von England.
Um 1250 (British Museum, London, die
Karte A., Ms. Claudius D VI, Fol. 12)

19

Der Globus des Krates
/2. Jh. v. u. Z./

Ein sicherer Beleg für die Tatsache, daß die griechischen Gelehrten des Altertums von der Kugelgestalt der Erde überzeugt waren, ist der um 150 v. u. Z. vom Griechen *Krates* in der kilikischen Hafenstadt Mallos erstellte Erdglobus, die Materialisierung einer der ältesten Vorstellungen von der Kugelgestalt der Erde.

Krates gliederte die Oberfläche seines auf uns gekommenen Erdballmodells in vier Kontinente, die längs des Äquators und des Hauptmeridians voneinander durch das Meer getrennt sind. So entstanden die Inseln unserer Ökumene, die Ökumenen der Periöken, Antöken und Antipoden. Literarische Quellen besagen, Krates habe auf seinem Globus noch Teilkreise eingezeichnet und zwischen die Wendekreise den Ozean gelegt. Ein klareres Bild als aus jenen Quellen kann man sich von der Gliederung der Erdoberfläche auf Krates' Glo-

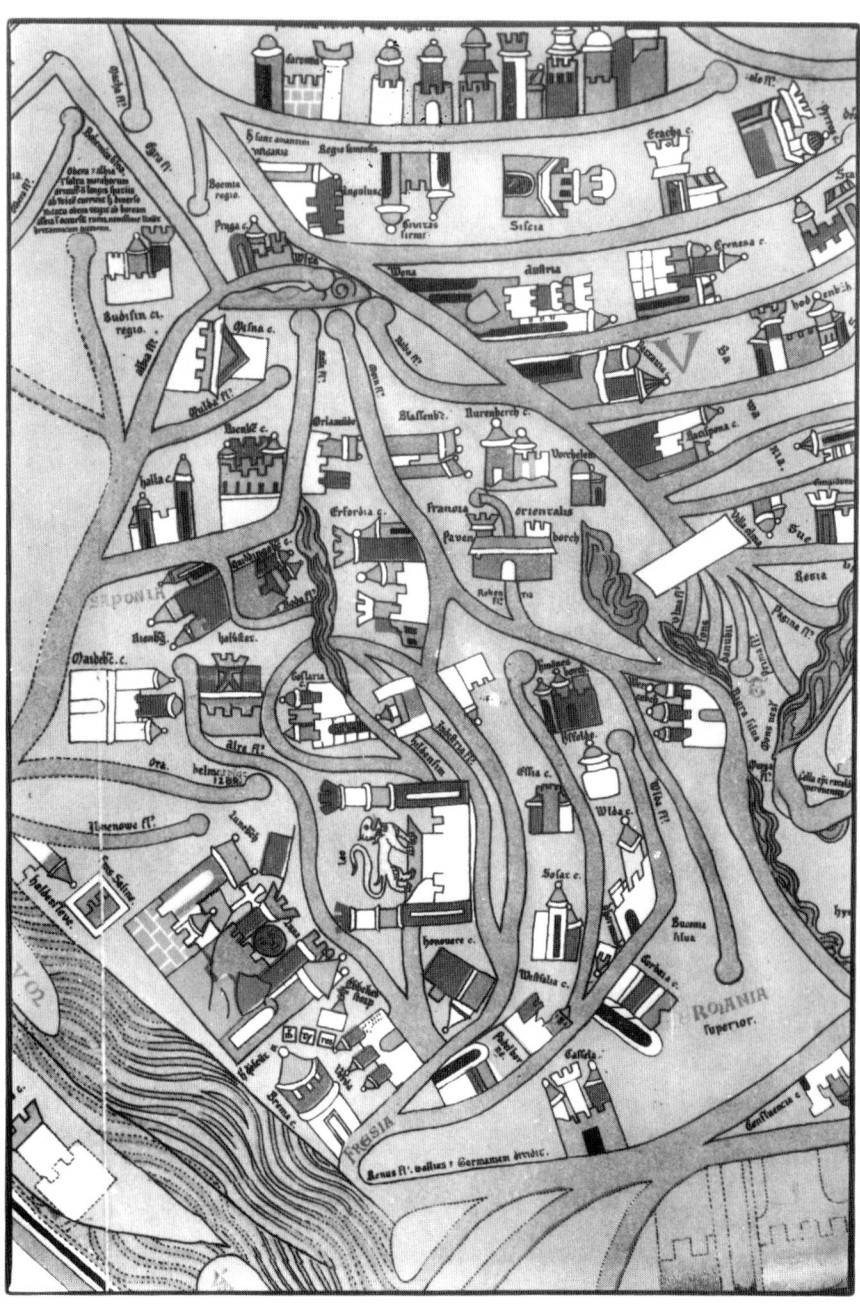

4
Deutschland auf der Ebstorfer Weltkarte. Um 1235 (Vgl. farbige Abbildung S. 17)

bus aus gewissen Weltkarten machen, die eine mittelalterliche hemisphärische Kartengruppe bilden. Es sind die in klimatische Zonen geteilten sog. Karten vom Krates-Typus, schematische Abbildungen des Krates-Globus bzw. seiner Hemisphären. Sie beschränkten sich nicht auf die Einzeichnung der bekannten Kontinente, sondern setzten südlich vom Äquator ein bewohnbares und tatsächlich bewohntes, wenn auch unzugängliches Land voraus. Zu ihnen gehören die Karte in den Schriften des römischen Philosophen und Grammatikers *Macrobius* (395–423), die Karte des römischen Enzyklopädisten und Philologen *Martianus Capella* (um 420), die dem Weltbild des Krates am meisten ähnelt, sowie die Karten Bischof *Isidors von Sevilla* (ca. 560–636), Bischof *Theodulfs von Orléans* (ca. 760–821) und die weiterer Gelehrter.

Krates war ein Anhänger der um 300 v. u. Z. von Zenon von Kition (354–262) auf Zypern begründeten philosophischen Schule der Stoa, die anders als die großen Philosophen kein festes metaphysisches System lehrte und daher auch kein fest umrissenes Weltbild voraussetzte. Die Ansicht von der Kugelgestalt der Erde stützte sich nicht auf eine astronomische Beweisführung, sondern vielmehr auf die Überzeugung, daß die Erde als Schöpfungswerk der Götter von vollkommener, d. h. runder Gestalt sein müsse. Verschiedenen Überlieferungen nach soll Krates nicht nur einen Globus, sondern auch eine Weltkarte angefertigt haben.

Die sog. Karten vom Krates-Typus standen, ähnlich wie die übrigen hemisphärischen Karten, nicht im Einklang mit der Kirchenlehre, waren aber trotzdem ebenso verbreitet wie die ökumenischen. Beide Arten dieser handgezeichneten Weltkarten, die hemisphärischen wie die ökumenischen, sind in über elfhundert Stück zum Großteil in lateinischen, französischen, italienischen oder griechischen Fassungen aus dem 8. bis 15. Jh. erhalten geblieben.

Ptolemäus und seine Weltkarte in späteren Handschriften /10.-15. Jh./

Ein ganzer Komplex von Karten und geographischen Kenntnissen, die in verschiedener Gestalt und auf verschiedenen Linien aus dem Altertum überliefert worden sind, ist mit dem Namen von *Claudius Ptolemäus* (ca. 87—150) verbunden. Die Arbeiten dieses Bibliothekars zu Alexandria stellen neben dem Werk des Marinos von Tyros (um 120) die Gipfelleistungen der griechischen Geographie vor.

Ptolemäus lebte zu einer Zeit, da der drohende Verfall Roms zwar bereits zu spüren war, die antike Bildung jedoch in Ägypten noch einmal hoch aufflammte. Zweifellos war ihm das Weltbild eines Herodot, eines Eratosthenes, Strabos oder Marinos von Tyros wohlbekannt, sicher hatte er alte und neue Reiseberichte studiert und verglichen. Aufgrund dieser Kenntnisse konstruierte er um 160 jene große Weltkarte, die dann allen späteren Kartenwerken als Vorbild diente. Die Grenzen der erkannten Welt setzte Ptolemäus in den 16. Parallelkreis südlicher Breite und den 63. Parallelkreis nördlicher Breite, in den Meridian der Inseln der Seligen (Kanarischen Inseln), den er um 2° westlicher vom St.-Vinzenz-Kap zog, und im Osten in den Meridian der Semantischen Berge im heutigen Annam. Diese Entfernung teilte er in 180 Längengrade und nahm für die andere, unbekannte Halbkugel die gleiche Entfernung an. Damit begründete er eine bis in die Zeit der großen Entdeckungen im ausgehenden 15. Jh. vertretene irrige Anschauung.

Eine Anleitung zur Herstellung der Weltkarte gibt Ptolemäus in seinem Hauptwerk, der „Geographie". Sie enthält 350 astronomisch bestimmte feste Punkte sowie an die 8000 aus Reisebeschreibungen gewonnene Ortsangaben. Der griechische Text der ptolemäischen Geographie (Geographische Anleitung zur Anfertigung von Karten) ist in mehreren Kopien überliefert, die jedoch erst aus den letzten Jahrhunderten des byzantinischen Kaiserreichs stammen. Einige dieser Handschriften beinhalten auch Karten. Die ganze Schrift ist in acht Bücher gegliedert, von denen das erste und der Anfang des zweiten eine Kritik der heute verschollenen Schrift des Marinos, ferner eine Einführung in die Herstellung von Gradnetzen sowie eine Anleitung zur Benutzung von Koordinatentabellen enthalten, nach denen Siedlungen, Flußquellen und -mündungen, Vorgebirge, Halbinseln, Berge, Siedlungsgebiete einzelner Stämme u. ä. eingetragen werden können. Diese Tabellen werden bis ins siebente Buch fortgesetzt. Karten sind in der Regel bis ins achte Buch beigefügt, in dem noch einmal die Hauptstädte aufgezählt und die Koordinaten angegeben werden, diesmal nicht in Graden und Minuten geographischer Länge und Breite, sondern in Stunden und Minuten der von Alexandria gemessenen Zeitunterschiede. Das Werk enthält insgesamt 26 Teilkarten (10 für Europa, 4 für Afrika, 12 für Asien), als 27. Karte wird in der Regel die der ganzen Ökumene beigefügt. Neben dieser Anordnung (der sog. Redaktion A) gibt es auch Handschriften mit 63 im Text verstreuten Teilkarten und einer vierteiligen Weltkarte (Redaktion B). Die Fragen, welche Redaktion älter ist und ob eine von ihnen von Ptolemäus stammt, sind bis heute nicht geklärt. Die Unsicherheit in der Frage von Ptolemäus' Urheberschaft hinsichtlich der Karten wird noch von dem Umstand erhöht, daß auf gewissen Zeichnungen der 27. Karte als Autor der alexandrische Mechaniker Agathodämon angeführt wird, von dem man nicht weiß, wann er gelebt hat. Auch was den Text der „Geographie" betrifft, ist es strittig, ob er zur Gänze von Ptolemäus stammt. Mit Sicherheit geht der Text des ersten und des letzten Buches auf ihn zurück, letzteres aber mochte zuerst geschrieben worden sein, möglicherweise für diejenigen, die auch die zweite astronomische Schrift des Ptolemäus benutzten, die sog. „Megale Syntaxis". Über die übrigen Bücher herrscht heute die Meinung vor, sie seien später von einem uns unbekannten byzantinischen Gelehrten verfaßt, in Ptolemäus' Werk aufgenommen und von einem Kartographen aus Alexandria geschrieben worden. Gegenwärtig sind 52 Handschriften der ptolemäischen Geographie bekannt, in griechischen oder lateinischen Fassungen, in den zwei oben genannten unterschiedlichen Redaktionen. Die ältesten überlieferten Handschriften reichen ins 11. bzw. 10. Jh. zurück.

Bei der Suche nach einer Antwort auf die Frage nach der Größe der Erde stützte sich Ptolemäus auf Hipparchs Angaben; die geographische Lage wichtiger Städte bestimmte er mittels der geographischen Länge und Breite. Die Breite leitete er aus dem Höhenwinkel des Himmelspols ab. Ausgangspunkt für die Errechnung der Breiten war ihm, ähnlich wie dem Hipparch, der Äquator. Zur Längenberechnung benutzte Ptolemäus die von Hipparch eingeführte, etwas ungenaue Methode nach der Mondfinsternis, Ausgangsmeridian war für ihn die Insel Ferro, eine der Kanarischen Inseln. Als Kurio-

22

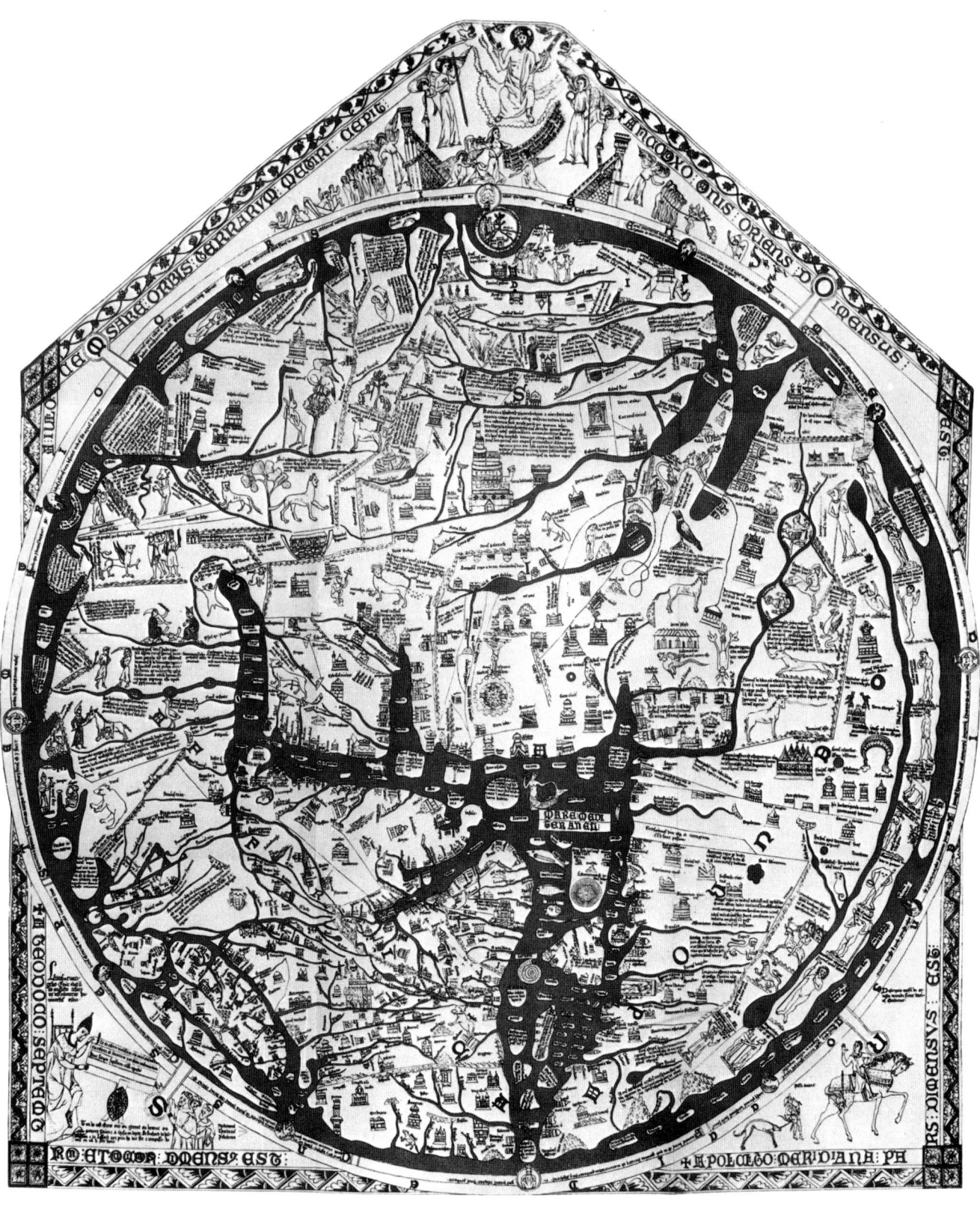

5
*Richard de Haldingham, die Weltkarte
von Hereford. Um 1280 (Kathedrale
von Hereford, Herefordshire)*

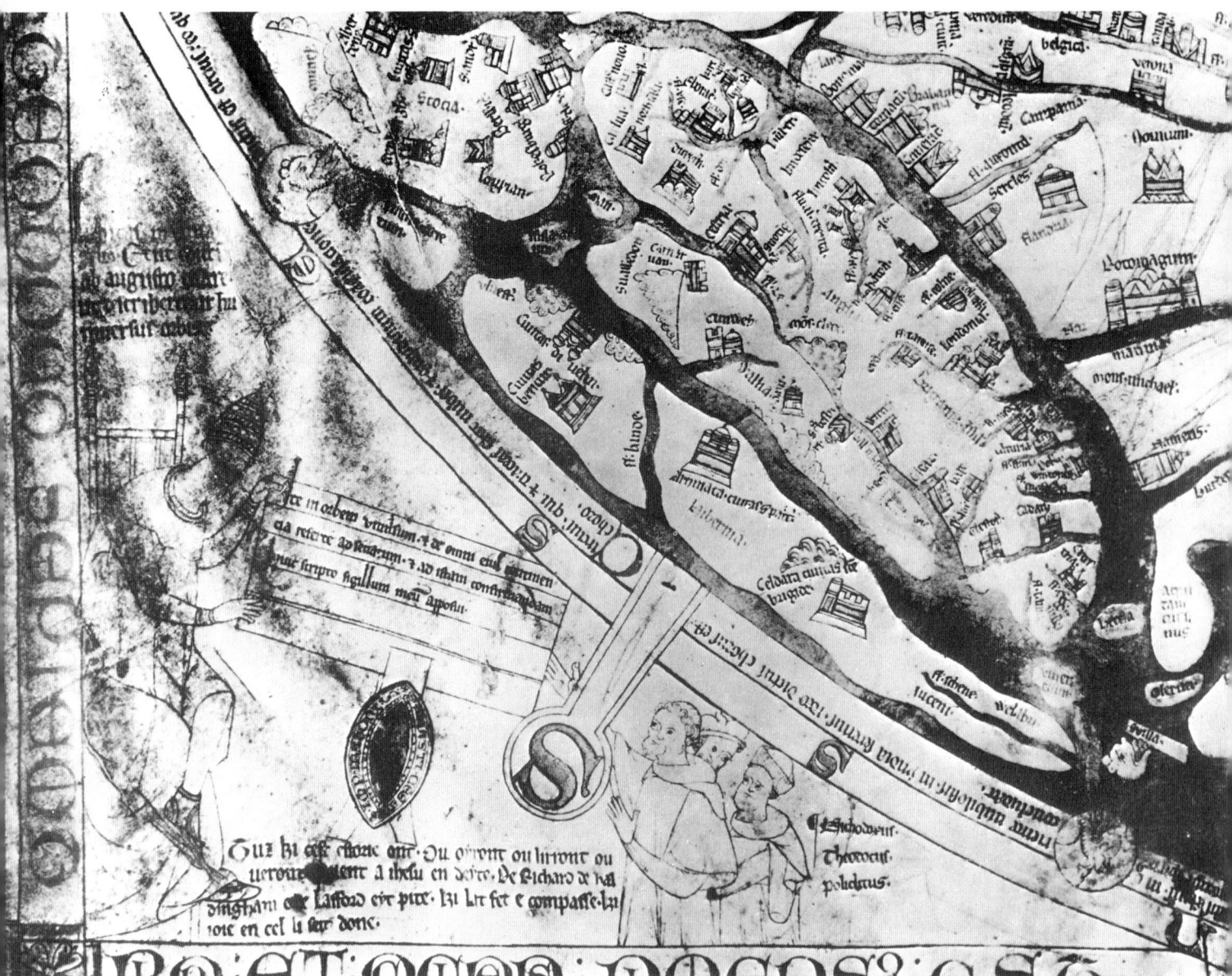

6
Nordwesteuropa mit den Britischen Inseln auf Haldinghams Weltkarte von Hereford, um 1280 (Vgl. Nr. 5)

sum wollen wir anmerken, daß noch im 17. Jh. Ludwig XIII. in Frankreich die Anweisung erteilte, als Ausgangsmeridian müsse der Meridian von Ferro gelten. Neben Hipparchs Liste geographischer Breiten war Eratosthenes die oberste Autorität für die Kartographen der ptolemäischen Weltkarte. Die ganze Karte, von den Säulen des Herkules bis zur Mündung des Ganges, ist im Geist des Eratosthenes aufgefaßt. Während Marinos bei seinen Angaben Reiseberichten folgte, berichtigte Ptolemäus jene aufgrund astronomischer Beobachtungen. Diese waren im großen und ganzen exakt, sofern sie aus den von Rom beherrschten Ländern stammten, für entferntere Gebiete jedoch mußten die heterogenen Berichte von Kaufleuten benutzt werden.

Das Werk des Ptolemäus ist für seine Zeit eine hervorragende Leistung. Es enthält viele Berichtigungen, andererseits übernimmt es auch manchen Irrtum. Sein größter Fehler war die unrichtige Längenangabe der Äquatorialgrade, bei denen Ptolemäus einen Wert von nur 32 000 Kilometern für den Umfang des Äquators errechnete. Dieser und andere schwere Fehler wirkten dann jahrhundertelang, ja jahrtausendelang verhängnisvoll nach, wie insbesondere aus der Darstellung Asiens ersichtlich ist, jenes Kontinents, der ein dauerndes kartographisches Problem blieb. Das Mißtrauen des Ptolemäus war vor allem von der Zeichnung des Marinos hervorgerufen worden, da China von den Seefahrern für nicht so nahe gelegen gehalten wurde. Bis Taprobane war der Seeweg bekannt, auch für entferntere östliche Gebiete gab es „Haltestellen". Trotzdem schuf Ptolemäus hier radikale Veränderungen. Er verkürzte Längen und Breiten und dehnte die asiatische Küste derart aus, daß Taprobane bis zum heutigen Äquator reichte. Den Indischen Ozean stellte er als Binnenmeer südlich des geschlossenen Kontinents „Terra australis incognita" dar, Afrika verband er mit den Ländern im Osten. Entweder hatte Ptolemäus Herodots Erwähnung einer Umsegelung Afrikas durch die Phönizier nicht gekannt oder nicht an eine solche geglaubt. Seiner Meinung nach war jeder Versuch, aus dem Atlantik um Südafrika herum nach Indien zu fahren, zum Scheitern verurteilt. Osteuropa und Sibirien strotzen bei Ptolemäus von Benennungen, von denen man nicht weiß, woher er sie genommen hat. Auch die Darstellung des Kaspischen Meeres (Mare Caspium) mit seinen Zuflüssen Iaxartes (Syr-Darja), Oxus (Amu-Darja), Ochus (Harirud) und Cyrus (Kura) entspricht nicht der Wirklichkeit. Im Osten endet der Kontinent Asien beim Ganges.

Die Weltkarte des Ptolemäus (Agathodämon) gehört sicherlich zu dem Besten, was die Antike auf dem Gebiet der Kartographie hervorgebracht hat. Nur sehr wenige andere griechische und römische Karten sind auf uns gekommen, leider sind auch die Originale der ptolemäischen Karten verlorengegangen. Die ältesten Agathodämon-Kopien werden heute mit besonderer Sorgfalt im Vatikan aufbewahrt. Bis ins 15. Jh. wurde der Ptolemäus in viele Handschriftenkodices, erst in griechische, später in lateinische, übernommen; sie befinden sich heute in den großen Bibliotheken Europas und Amerikas. Zu der großen Verbreitung der Ptolemäuskarten trug nicht wenig auch der Umstand bei, daß seine „Geographie" seit 1475 im Druck erscheinen und seit 1477 auch mit gedruckten Karten herausgegeben werden konnte. Aus diesen Gründen beherrschten die Ptolemäuskarten das europäische Weltbild für lange Zeit, vor allem während der Wiedergeburt der Kartographie im 15. Jh. Das ist wohl nicht verwunderlich, wenn man bedenkt, daß es bis dahin keinerlei Erforschung neuer Kontinente oder Ozeane gegeben hatte.

Die Radkarten des christlichen und islamischen Mittelalters

Im Mittelalter interessierten sich die Menschen sehr wenig für die wahre Gestalt der Erde. Diese war von der Kirche den eigenen mystischen Vorstellungen angepaßt worden, und die damaligen Kartenzeichner des christlichen Europas faßten ihre Werke eher als künstlerischen und kontemplativen Ausdruck ihres Weltbildes auf. Dies abgeschlossene Weltbild blieb auch unerschüttert von den glaubwürdigen Berichten verschiedener Ordensbrüder, die sie von ihren

25

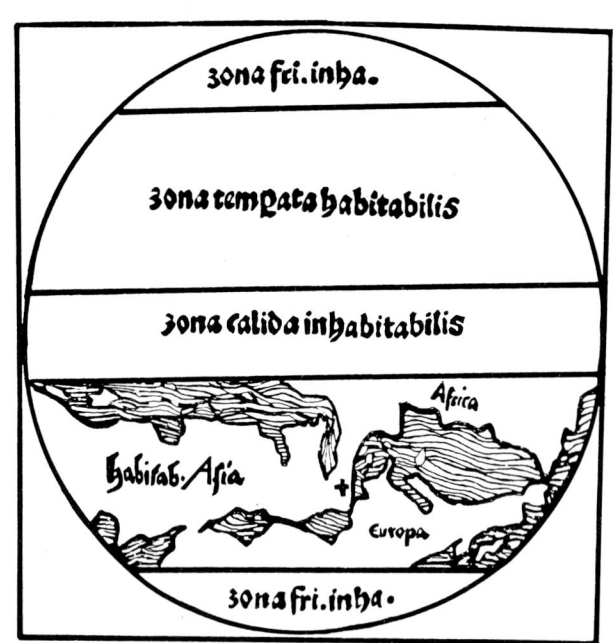

7
Hemisphärische Weltkarte aus John Sacroboscos gedrucktem „Opusculum Sphaericum". Leipzig, um 1495

weiten, meist nach Asien führenden Missionsreisen zurückbrachten. Noch weit ausgedehntere Reisen mußten unternommen werden, bevor sich diese Welt öffnen und verwandeln konnte.

Statt der in Vergessenheit geratenen Lehren des Aristoteles und Ptolemäus von der Kugelgestalt der Erde herrschte die christliche Topographie, wie sie auf den schematischen Weltkarten des byzantinischen Pilgermönchs Kosmas Indicopleustes aus dem 6. Jh. überliefert worden war. Obgleich dieser und andere Kirchenväter aus der römischen Schule hervorgegangen waren, zeichneten sie die Welt als Rad oder Kreis, in dessen Mittelpunkt sie nach den Worten der Bibel Jerusalem stellten. Das Festland dieses *orbis terrarum* war schematisch durch Wasserflächen in Form des Buchstaben T in die drei bekannten Kontinente geteilt. Der längere lotrechte Arm oder Balken stellte das Mittelmeer vor, die beiden waagerechten Balken die Flüsse Tanais (Don) und Nil. Bereits um1200 wurde die Benennung „*orbis terrae in tabula depictus, qui T dicitur*" für derartige dreiteilige Radkarten gebraucht — ihr Symbol war ein in den Kreis eingezeichnetes T, daher die Bezeichnung Karten mit T-O Schema. Sie sollten nur die bewohnbare Erde *(terra habitabilis)* d. i. die Ökumene darstellen, also bloß einen Teil der Erdoberfläche.

Unter den ökumenischen Radkarten, von denen es nicht wenige gegeben hat, sind die Weltkarte von Hereford und die Ebstorfer Weltkarte am berühmtesten; beide sind nach ihrem Fundort benannt. Sie zeichnen sich durch imponierende Größe und reichen Monumentalschmuck aus, der der Phantasie der mittelalterlichen Ethnographie sowie der christlichen und biblischen Ikonographie genügend Raum ließ. Diese und ähnliche Weltkarten wurden in der Regel auf Kirchen- und Klosterwänden gemalt oder über dem Altar aufgehängt. Eine typische Radkarte ist in der ältesten gedruckten Karte der westlichen Halbkugel überliefert, dem Holzschnitt Isidors von Sevilla aus dem

Werk „*Etymologiae*", das 1472 in Augsburg erstmals im Druck erschien.

Zur Zeit, da sich die westliche Kartographie mit dem Illustrieren theologischer Texte begnügte, kannten die Araber bereits das Werk des Ptolemäus, das im 9. Jh. aus dem Griechischen oder Syrischen übersetzt worden war. Die islamischen Kartenschöpfer konstruierten, frei von europäischem Einfluß, astronomische Meßinstrumente wie Astrolabien, bestimmten aufs neue die Größe der Erde (i. J. 827 in Mesopotamien und Syrien), benutzten Karten und den Globus als übliches Unterrichtsmittel. Aus den bei der Straßen- und Postverwaltung angesammelten, aus Reisebeschreibungen und -tagebüchern geschöpften reichhaltigen Angaben entstanden die sog. islamischen Atlanten. Sie enthalten in der Regel eine schematische Weltkarte sowie 20 Landkarten verschiedener im Orient bekannter Länder und gehen auf das 10. und 11. Jh. zurück. Das vom Meer umgebene Kreisbild der Welt wird auf den schematischen Karten von

8
Martin Behaim, Erdglobus. 1492. Der älteste überlieferte Globus (Germanisches Nationalmuseum, Nürnberg) (Vgl. farbige Abbildung S. 35)

GENERAL

SVBSO
LANVS

CECIAS

AQVILO

EVRVS

EVROAVS
TER

MARE
MEDITERRAN EVM

AFRICA

Aethiopia interior

Libya interior

9
Weltkarte aus einem Ptolemäusdruck.
Straßburg 1513, Holzschnitt

PTHOLEMEI

Die Ebstorfer Weltkarte /ca. 1235/

zwei tiefen Einbuchtungen gegliedert: im Westen vom Meere Rum (dem Mittelmeer) mit den Inseln Zypern, Kreta und Sizilien, im Osten vom Meere Pars (dem Persischen Golf) mit den Bahreininseln und anderen. Im Mittelpunkt der Weltkarte liegt Mekka.

Zu den ältesten Dokumenten der mittelalterlichen Kartenkunst gehört die Radkarte aus dem niedersächsischen Kloster Ebstorf. Das monumentale Kreisgemälde von dreieinhalb Meter Kreisdurchmesser bestand aus dreißig Pergamentblättern. Diese Ausmaße gestatteten eine derartige Menge von Detaildarstellungen, daß sich keine aus dem Mittelalter überlieferte Weltkarte mit dieser an Prunk und Reichtum messen konnte. Unglücklicherweise wurde sie im zweiten Weltkrieg bei einem Bombenangriff auf Hannover zerstört.

Die Ebstorfer Radkarte unterschied sich von ähnlichen mittelalterlichen Kartenwerken durch ihre bunten Farben — das Original besaß sechzehn verschiedene Farbtöne. Beschriftung und Bemalung waren einheitlich, Schreiber und Maler waren fraglos eine einzige Person. Nur außerhalb des Kartenbildes ist der Raum in den vier Ecken mit Legenden ausgefüllt, die eine unterschiedliche Schriftart zeigen. Die Zeichnung ist wiederum ostorientiert, um das Heilige Land hervorzuheben und die Zentrallage Jerusalems zu betonen; durch diese typische Eigenschaft unterscheiden sich die mittelalterlichen Radkarten von den altrömischen. Am genauesten ist das Gebiet der Lüneburger Heide mit der Stadt Luneborch (Lüneburg) und deren Umgebung (Honovere, Leo, Brema, Verda, Fons Saline) eingezeichnet, zweifellos ein weiterer Beleg ihrer niedersächsischen Herkunft. Mit ähnlicher Sorgfalt ist nördlich der Alpen dic von Gewässern eingeschlossene Reichenau (Augia insula) eingezeichnet, jene Klosterinsel im Untersee, die als eines der ersten mittelalterlichen Kulturzentren Westeuropas bekannt ist. Den Mittelteil der Karte nehmen das Mittelländische Meer (Mare Strictum), das Ligurische (Mare Ligusticum) und das Adriatische Meer (Mare Adriaticum) ein, mit deutlich abgegrenzten Inseln samt dem gegliederten Peloponnes, der Apenninen- und der Balkanhalbinsel. Hinter dem Kaspischen Meer (Mare Caspium) und dem Kaukasus breitet sich Indien aus mit dem unentbehrlichen Paradies und dem Baum des Lebens *(paradisus et lignum vitae)*. Kehrt man von dort in den Mittelteil zurück, findet man Mesopotamien, den Turm von Babel und nahebei auch Jerusalem, wo im Tempel das offene Grab mit dem auferstandenen Christus eingezeichnet ist. Vom afrikanischen Kontinent ist nur die Nordküste längs des Atlasgebirges und der Unterlauf des Nils festgehalten, grob angedeutet sind die Kanarischen Inseln. Das T-Symbol hat die Form des Kreuzes angenommen, das am Kartenrand im Haupt, in den Händen und Füßen des Gekreuzigten endet.

Die Urheberschaft der Ebstorfer Radkarte ist nicht eindeutig ermittelt. Sie wird mit dem englischen Probst *Gervasius von Tilburg* in Zusammenhang gebracht, von dem bekannt ist, daß er sich nach 1234 am westfälischen Hof aufhielt. Aus seiner Feder ist das historisch-geographische Werk „*Otium Imperialium*" überliefert, dessen Bildbeilage die Radkarte gebildet haben mag. Tilburgs künstlerische Zeichnung ist wahrscheinlich von Benediktinern der St.-Michaelis-Abtei bei Lüneburg auf Pergament übertragen worden.

Die Weltkarte von Hereford /ca. 1290/

Auch wenn keine einzige Radkarte infolge ihrer Abhängigkeit von religiösen Dogmen der Verbreitung geographischer Kenntnisse dienen konnte, so boten sie doch Raum und Gelegenheit zur künstlerischen Darstellung der Erde und ihrer Bewohner. Auf dem Kartenbild spielten biblische Vorgänge, Heiligenlegenden und halbvergessene Mythen die Hauptrolle. Eine solche bunte Mischung von zweifelhaften Informationen und halben Wahrheiten stellt auch die Weltkarte aus der Kathedrale zu Hereford in England vor.

Sie ist ostorientiert, d. h. Indien befindet sich im oberen Teil. Von dort gegen den Mittelteil über Persien und Mesopotamien mit der

10
Kartenabschnitt einer Pilgerkarte nach Jerusalem. Ca. 1500. Links oben Dover, rechs unten Calais

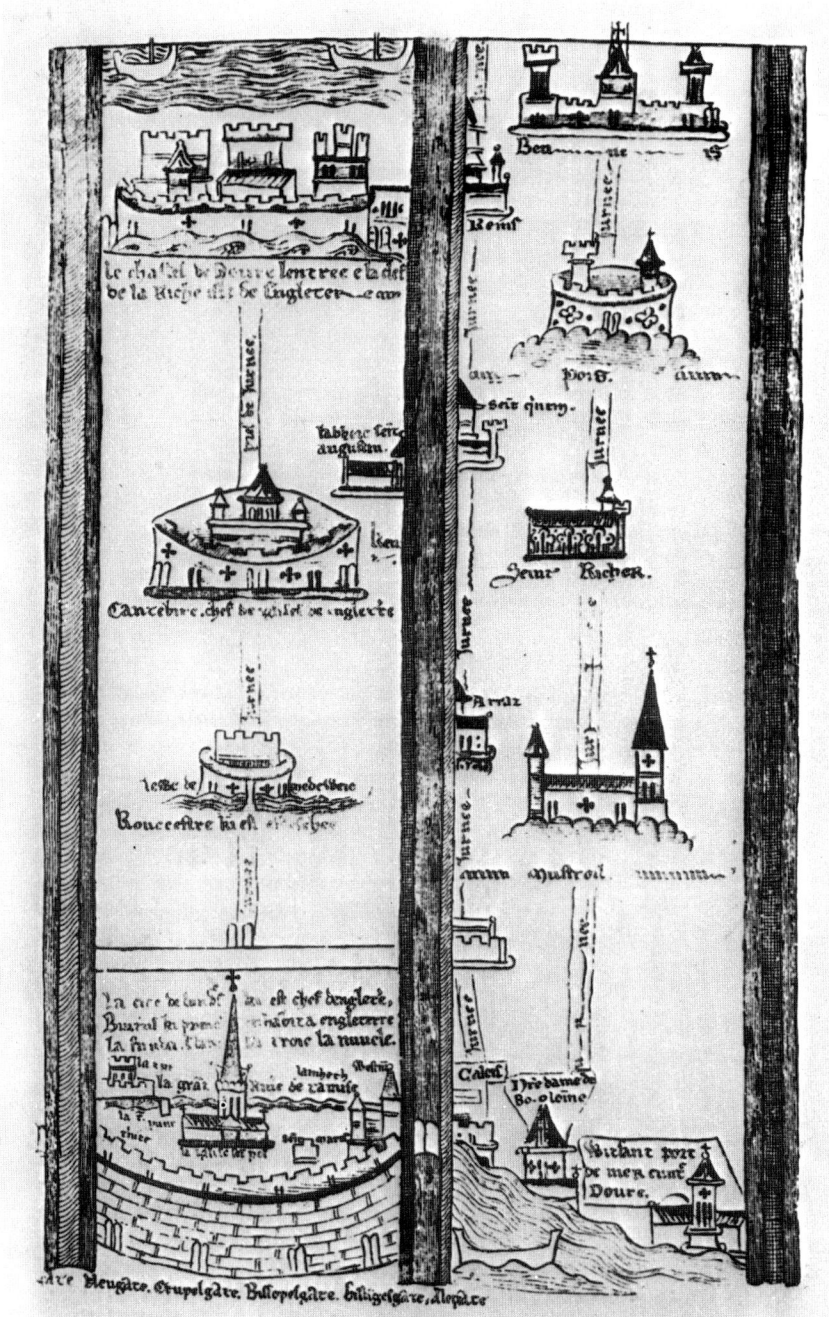

„turris babl" am Euphrat findet man das Heilige Land mit Jerusalem in seiner Mitte. Beide untere Quadranten mit Europa und Afrika trennt das Mittelmeer mit Zypern, den Kykladen, Kreta, Sizilien, Sardinien und Gades ab. In die Augen fallen die Adria und das Schwarze Meer, der Persische Golf und das Rote Meer mit der Insel Taprobana an dessen Mündung. Es herrscht die Ansicht, daß vor allem die Schriften des Plinius, Solinus und Bischof Isidors von Sevilla als Vorbild bei der Eintragung der geographischen Angaben sowohl bei der Weltkarte von Hereford als auch bei der nicht minder prächtigen Ebstorfer Radkarte gedient haben. Die Beschriftung ist lateinisch, gewisse Ortsnamen sind aus dem dortigen Normannisch-Altfranzösichen übernommen, der damaligen Sprache der Oberschichten Westenglands. Die zahlreichen mythologischen Symbole, Abbildungen von Herrschern, Heiligen, Palästen, Burgen und Kirchen sind mit Legenden und Sagen versehen, die zum Großteil aus den wundersamen Erzählungen der Zeit Alexanders des Großen bekannt sind. Neben dem Paradies, das auf keiner mittelalterlichen Radkarte fehlen durfte, findet man wilde Amazonen und menschliche Ungeheuer wie Hundeköpfe (Kynoskephalen), Einfüßler (Skiapoden), Zwerge (Pygmäen), aber auch die Tore, hinter die Alexander von Makedonien die beiden apokalyptischen Völker Gog und Magog einschloß. Im oberen Kartenteil ist das Jüngste Gericht mit dem thronenden Christus dargestellt.

Auffallend ist die Ähnlichkeit der Radkarte von Hereford mit solchen, die nach dem Vorbild der altrömischen Karten Agrippas entworfen sind. In ihrer linken unteren Ecke ist der Name des Autors *Richard de Haldingham* vermerkt. Möglicherweise hat dieser als Vorlage die aus der Zeit um 1100 stammende Karte Heinrichs von Mainz († 1153) benutzt, von der eine Kopie aus dem 12. oder 13. Jh. in Cambridge aufbewahrt wird.

Heute läßt sich nicht mehr ermitteln, wie viele Weltkarten in der Art der Ebstorfer und Hereforder existiert haben mögen. Die einzelnen überlieferten Radkarten ähneln jedoch diesen, und so darf auch angenommen werden, daß ihre Urheber wechselseitige Beziehungen unterhielten.

Seekarten aus der Zeit des Kolumbus

Den stärksten Einfluß auf die Wiedergeburt der Kartographie übten die großen geographischen Entdeckungen aus. Diese waren freilich kein Werk des Zufalls. Sie hingen ebenso mit dem Aufschwung des Handels wie mit wichtigen technischen Neuerungen zusammen: nun kannte man den Kompaß, die Windrichtungen und Meeresströmungen, auf den neuartigen Schiffen durfte man mit der Hoffnung in See stechen, wieder in den heimatlichen Hafen zurückzukehren. Entlang der westafrikanischen Küste drang man nun leichter nach Süden vor, seitdem die Bestimmung der geographischen Breiten, die bei angegebenem Kurs zur Schiffahrt in Nordsüdrichtung genügte, präzisiert worden war. Die navigatorischen und technischen Verbesserungen des 15. Jh., die den Portugiesen zu verdanken sind, gestatteten den Kartographen, die neuentdeckten Länder mit weit größerer Genauigkeit einzuzeichnen.

Paradoxerweise haben die portugiesischen Entdecker selbst nur wenige Karten angefertigt. Die einzelnen Etappen des Vorstoßes Portugals in den Süden, der in Vasco da Gamas Erschließung des

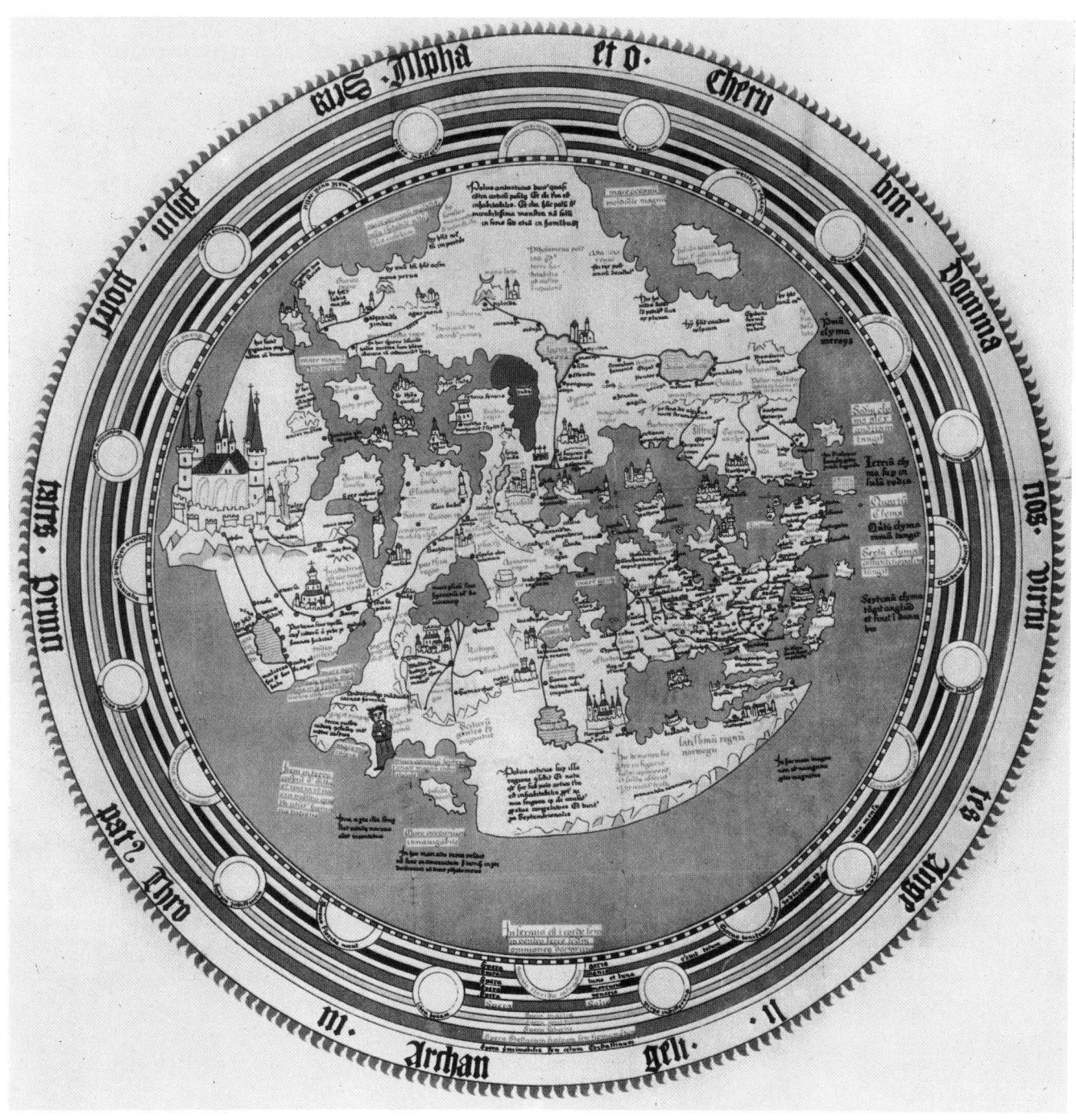

11

Andreas Walsperger, handschriftliche Weltkarte. Konstanz 1448 (Biblioteca Apostolica, Vatikan Codex Palat. Lat. 1362 b.)

Seewegs nach Indien gipfelte (1497—1499), sind auf Seekarten italienischen Ursprungs festgehalten. Die italienischen Kartographen konnten sich die notwendigen Angaben aus portugiesischen Quellen selbst besorgen. Die meisten stammten aus Venedig, wo diese Kunst Tradition besaß. Einer von ihnen, *Andrea Bianco* (Mitte d. 15. Jh.), Besitzer einer venezianischen Galeere, die ausgedehnte Handelsreisen nach Flandern unternahm, ließ 1448 eine Seekarte anfertigen, auf der die Küste Senegals bis zum Kap Verde, wohin die portugiesischen Seefahrer in den vierziger Jahren vorgedrungen waren, festgehalten war. Die späteren portugiesischen Seefahrten entlang der Küste der heutigen Sierra Leone bzw. Guineas wurden von *Grazioso*

Benincasa (ca. 1400—1482), einem Kartenzeichner aus Ancona, auf eigenen Seekarten verfolgt. Andere Zeichnungen stammen aus der Zeit um 1471, als João de Santarem und Pedro de Escobar von ihrer Entdeckungsfahrt zur Goldküste heimkehrten. Diese Karte muß viele Optimisten enttäuscht haben, denn sie zeigte, daß die im Golf von Guinea in östlicher Richtung verlaufende Küste eine neuerliche scharfe Wendung nach Süden nimmt.

Nach einer durch den Krieg mit Kastilien verursachten kurzen Unterbrechung der portugiesischen Entdeckungsreisen bestieg 1481 Johann II. den Thron, und die Seefahrten wurden wieder aufgenommen. Zwei Karten befaßten sich mit der Kongo-Expedition des Diogo Cãos (1482—1484), bekannter war wahrscheinlich die um 1490 in Florenz gezeichnete Weltkarte, die auf den deutschstämmigen Kartographen *Henricus Martellus Germanus* (tätig 1480—1496) zurückgeht; den Anstoß hatte die Umseglung des Kaps der Guten Hoffnung durch Bartolomeo Diaz (1487—1488) gegeben.

Die portugiesischen Seefahrten ostwärts nach Ostindien und in südwestlicher Richtung nach Brasilien wurden ebenso wie die spanischen Vorstöße nach Westen zur Küste des Karibischen Meeres und nach Mittelamerika auf mehreren handgezeichneten Weltkarten und Antlantikkarten illustriert. Von diesen zumeist nicht datierten Karten sind nur sehr wenige überliefert, obwohl es ihrer ohne Zweifel eine große Anzahl gab. Hier stehen wir vor einem der ungelösten Rätsel der Geschichte der Kartographie. Nicht weniger geheimnisumwittert ist die Seekarte, die Kolumbus zwischen 1474 und 1480 von dem Florentiner Artzt *Paolo Toscanelli* (1397—1482) erhielt, dem geistigen Vater des Gedankens eines direkten Seewegs ins westliche „Gewürzland". Diese Karte ging verloren, doch die Entfernungen, die Toscanelli brieflich für die einzelnen Etappen der Seereise angibt — Antillen, Zipangu (Japan) und Cathai (China) — entsprechen den Entfernungen auf dem ältesten erhaltengebliebenen Erdglobus, dem des Martin Behaim von 1492. Zur Herstellung dieses Globus, auf dem neben dem ptolemäischen Weltbild auch die ersten großen portugiesischen Entdeckungen aus der Zeit Heinrichs des Seefahrers (1394—1460) eingezeichnet sind, wurden zweifellos auch die kosmographischen Vorlagen benutzt, die Kolumbus vor seiner Entdeckungsreise nach dem Westen zur Verfügung hatte.

Martin Behaim (ca. 1459—1507) stammte wahrscheinlich aus Nürnberg und war Leibarzt Johanns II., jenes Königs, dem die Vorstellung eines direkten Seewegs nach Westen keine Ruhe gönnte. 1474 geriet ihm Toscanellis Brief in die Hände, und zehn Jahre später inspirierte er die Gründung der „Junta des mathematicos" in Lissabon; auch Behaim wurde Mitglied und machte die anderen mit den mathematischen Kenntnissen seines Nürnberger Lehrers *Johannes Müller-Regiomontanus* (1436—1476) sowie mit den Ephemeriden (astronomischen Tabellen), Astrolabien und dem sog. Jakobsstab bekannt. Diese von Regiomontanus verbesserten Hilfsmittel ermöglichten eine wesentlich verläßlichere Orientierung und Navigation auf offener See. Behaim selbst beteiligte sich an einer 18 Monate dauernden Seefahrt längst der Küste von Guinea (1485—1486), bei der die Portugiesen die Inseln im Golf von Guinea, die Kongomündung sowie die Küste bis unterhalb Kap Negro bei 15° 40' südl. Breite entdeckten.

Der Behaimsche Globus /1492/

III →
Martin Behaims „Erdapfel", zwei Globensegmente. 1492 (Germanisches Nationalmuseum, Nürnberg)

tropico de cancro.

lerca equinocial.

Als Mitglied der Junta hatte Behaim freien Zutritt zu wertvollen Archiven und wird wohl viele Erd- und Seekarten studiert haben. Er zweifelte nicht an der Kugelgestalt der Erde und konnte sich so erlauben, die Erde anders darzustellen als auf einem flachen Kartenblatt. Der von ihm konstruierte Erdglobus war nicht nur ein dreidimensionales Modell, das die Möglichkeit der Erreichung Indiens auf dem westlichen Seeweg bewies, sondern eine wiedergeborene nicht konforme Darstellung der Welt, die an die vergessenen antiken Globen anknüpfte. Da ein Globus im Gegensatz zu einer Karte Längen und Flächen getreu wiedergibt, war Behaims „Erdapfel" eine in jener Zeit ganz hervorragende Leistung. Sehr bedeutsam ist die Einzeichnung des westafrikanischen Küstenverlaufs, den Behaim ja selbst kennengelernt hatte; die „Insule Martini" und der „Rio de Behemo" sind beredte Zeugnisse. Andererseits ist das afrikanische Binnenland bei ihm noch voll mythologischer Bilder; ebenso entspricht die Gestalt Indiens noch immer ptolemäischen Vorstellungen, und Madagaskar und Sansibar sind ganz willkürlich placiert. Die europäischen Herrscher waren wohl mehr an den Aufschriften interessiert, die von Handelsmöglichkeiten sprachen, von dem Reichtum Asiens an seltenen Hölzern, Gewürzen, Elfenbein, Gold, Silber, Perlen und Rubinen, und weniger an den wissenschaftlich wertvollen Anmerkungen wie z. B. über die Vertauschung von Tag und Nacht bei den Antipoden („Fuss gegn Fuss unser Landt") oder über die berüchtigten Magnetinseln („Daselbst mag kein schiff fahren, das eisen an hat, um des magnetsteins willen, der da wächst").

Behaims Globus ist wichtig nicht nur wegen des Gezeigten, sondern auch wegen des Nichtgezeigten, nämlich Amerika. Dabei war die Entdeckung der Neuen Welt Sache der allernächsten Zeit, und daß sie noch im selben Jahr stattfand, da Behaims Globus das Licht der Welt erblickte, danken wir der Kühnheit und festen Überzeugung eines anderen Mannes. Heute herrscht die allgemeine Ansicht, daß der Globus diejenigen geographischen Kenntnisse zusammenfaßte, die den Grundstein zu Kolumbus' Indienunternehmung bildeten, als er seine erste Seereise antrat. Doch Kolumbus hat weder den Globus sehen noch Behaim begegnen, ja nicht einmal die nach Behaims Globus erstellten Seekarten benutzen können. Aufgrund welcher Kartenunterlagen aber Behaim seinen Globus konstruiert hat, wissen wir bis heute nicht. Es müssen aber allem Anschein nach Weltkarten, vielleicht bereits gedruckte, gewesen sein, die auch die führenden Kartographen des 16. Jh., *Martin Waldseemüller* (1470 bis 1518) aus St. Dié und *Giovanni Matteo Contarini* († 1507) aus Italien, verwendet haben.

Mit den Seekarten der Kolumbuszeit und dem Behaimschen Globus schließt eine Etappe der Geschichte der Kartographie. Mit dem Erdglobus vor Augen konnten die Menschen nicht mehr an der Kugelgestalt der Erde zweifeln, und als sie nach und nach mit den Entdeckungen der Seefahrer bekannt wurden, konnte niemand mehr glauben, die Erde sei eine flache Scheibe. Schließlich ist es auch nicht das geringste Verdienst Behaims, daß in den folgenden Jahrzehnten eine Zahl von Erdgloben, vor allem in Nürnberg, hergestellt wurde. Diese Stadt gilt als die älteste und lange Zeit bedeutendste Fertigungsstätte für Erdgloben, deren Ruhm auch in späterer Zeit weder von Wien, Amsterdam, Paris oder Venedig übertroffen wurde.

IV ← ←
Tabula Peutingeriana, Kartenabschnitt der Kopie einer römischen Straßenkarte. 12. Jh. (Österreichische Nationalbibliothek, Wien). Wiedergabe einer Faksimile-Fassung des Christoph von Scheybe von 1753

V ←
Afrika auf dem anonymen portugiesischen Portolan von 1517 (wahrscheinlich Pedro Reinel) (1945 vernichtet, vorher im ehemaligen Bayerischen Armeemuseum, München)

Die Berichte über antike Landvermessung

Die Wiedergeburt der klassischen Künste und Wissenschaftten im ausgehenden Mittelalter brachte auch Kunde von der antiken Landvermessung, einem Zweig kultureller Tätigkeit, den die Griechen und Römer teilweise von älteren Völkern übernommen hatten. Über die ältesten Formen der Landvermessung unterrichten Belege aus Altbabylonien (22. u. 21. Jh. v. u. Z.), aus Mesopotamien, Assyrien, Persien, dem Land der Israeliten sowie aus dem Flußgebiet des Nils. Die onier aus Kleinasien vermittelten ihren Stammesgenossen, den Griechen, das einschlägige Wissen des Vorderen Orients; wichtiger für die Entfaltung der antiken Landvermessung jedoch scheinen die aus Ägypten gekommenen Kenntnisse gewesen zu sein.

Bekannt sind die außerordentlichen Leistungen der Ägypter bei den regelmäßig wiederholten Feldabsteckungen auf dem Inundationsgebiet beider Nilufer sowie bei der Planung und astronomischen Orientierung ihrer Pyramiden, bei Städte- und Tempelbauten, der Anlage von Bewässerungskanälen, Wasserleitungen u. ä. Als Meßinstrumente dienten ihnen Meßstange, Meßband und Zeichenstab, mit dem sie ihre Skizzen und Pläne auf dem Boden in Sand oder auf einen mit Sand bestreuten Tisch zeichneten. Grundlage der altägyptischen Vermessungstechnik war die Konstruktion des rech-

12

Mitteleuropa auf der Klosterneuburger Karte von Peter Fridericus. Um 1421. Rekonstruktion von E. Bernleithner (1954) nach den Koordinatentabellen und hydrographischen Skizzen in der Hs. CLM 14.583 der Bayrischen Staatsbibliothek, München

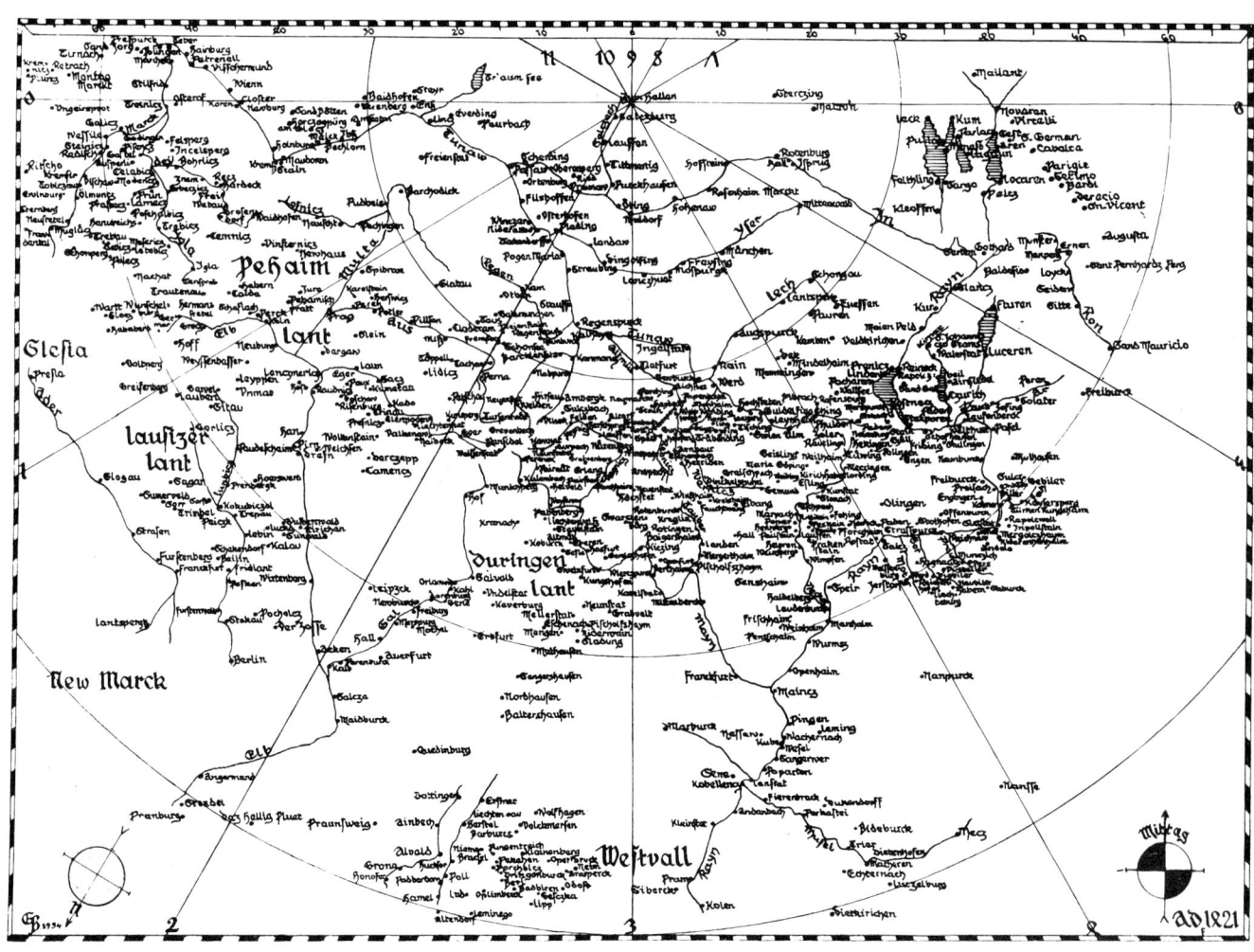

ten Winkels, neuere Hilfsmittel wie das ägyptische Diopter, *merchet* genannt, gestatteten genauere Messungen.

Die Griechen entwickelten die ägyptischen Meßgeräte und Visiervorrichtungen weiter und erfanden selbst neue, wie das *gnomón*. So hatte die Armee Alexanders von Mazedonien bereits ihre Landmesser, die sog. *bématistai*, die auf dem March die Entfernungen von Ort zu Ort absteckten. Die neugegründeten Städte in den ausgedehnten Gebieten vom Hellespont bis zum Indus hatten einen geometrischen, schachbrettartigen Grundriß; ein typisches Beispiel war die Stadt Alexandria selbst.

Die alten Römer hatten Kenntnisse und Erfahrung in der Landvermessung von den Etruskern übernommen. Bei der Anwendung waren ihnen die Gebote der Praxis ausschlaggebend, während eine wissenschaftliche Pflege von Geometrie und Geodäsie abseits ihrer Interessen lag. Römische Meßgeräte sind die *groma* zur Errichtung von Senkrechten und *chorobates* für Nivelliermessungen. Zur Orientierung des Koordinatensystems wurde das *gnomón* verwendet. Die römischen Feldmesser, die Agrimensoren, legten zuerst die Richtung des *decumanus*, der Längsachse, von Osten nach Westen fest, auf ihr errichteten sie mit der *groma* senkrecht die *cardo*, die nordsüdlich verlaufende Querachse. Die geographische Breite wurde seit den Tagen des Eratosthenes mit dem *gnomón* bestimmt.

Es geht heute nicht an, das eine oder andere Land als Heimat der Landvermessungskunst hinstellen zu wollen, denn in einem Land wie Ägypten erzwangen die Naturverhältnisse ihre Pflege, während andere Völker, die Phönizier z. B., sie nicht so dringend brauchen mochten. Wenn wir uns also nur an die mit Quellen belegten Berichte halten und keine bloßen Vermutungen anstellen wollen, müssen wir zugeben, daß uns über die antike Landvermessung sehr wenig bekannt ist. Die vorliegenden Berichte sind weder inhaltsvoll noch zahlreich, verschaffen auch keine nähere Kenntnis der betreffenden Denkmäler. Doch beweisen sie u. a., daß bereits vor der Zeit Agrippas Landkarten bekannte und bei verschiedenen Gelegenheiten ausgestellte Objekte waren. Man unterschied schon damals zwei Grundtypen, die *formae*, großmaßstäbige „Katasterpläne" der römischen Landmessung, und die *tabulae*, kleinmaßstäbige Gebietskarten bzw. Darstellungen einzelner administrativer oder politischer Einheiten, die mit Erdkarten und häufig auch mit den sog. *Chorographien*, d.h. geschriebenen und gezeichneten Schilderungen größerer geographischer Landstriche zu einem Ganzen verbunden wurden.

Land- und Seewege

Die ältesten Straßenkarten im römischen Reich, ins Heilige Land und nach Rom

Im Mittelalter trugen auch Reisen und direkte Kontakte mit nahen und fernen Ländern nicht wenig zur Gewinnung kartographischer Informationen bei. Der Mensch begab sich von alters her, in der Antike und im Mittelalter, auf Reisen, und wenn auch die Motivierung verschieden war, so war diesen Reisen eines gemeinsam — sie förderten die Vorstellung von der Fremde, der Außenwelt. Ein Dokument des regen europäischen Reiseverkehrs sind die Straßenkarten. Sie beschränkten sich nicht auf den alten Kontinent, sondern verzeichneten auch die Wege über die Binnenmeere nach England, Nahost, Indien und China und gehören zu den ältesten und wohl auch beliebtesten Kartenarten. Nach handgeschriebenen, später gedruckten Reiseschilderungen herrschte große Nachfrage, denn diese Literaturgattung diente nicht nur Handels-, Geschäfts- oder Bildungsreisen und Expeditionen, sondern war auch den Gläubigen bei ihren Pilgerfahrten behilflich.

Straßenkarten waren schon im alten Rom verbreitet, wie eine achthundert Jahre nach dem Untergang des Imperiums verfertigte Kartenkopie beweist. Die römische Kartentechnik hatte nicht viel vom kulturellen Erbe Mesopotamiens, Alexandrias, der unbekannten Etrusker oder der gebildeten Griechen übernommen; sie beschrieb eine Landschaft nicht nach einer geometrisch begründeten, sorgfältig gezeichneten Landkarte, denn sie war, wie bereits gesagt, nicht interessiert an mathematischer Geographie, astronomischen Messungen oder Gradnetzen. Die römischen Karten mußten der Praxis dienen, die eroberungslustigen Römer brauchten Karten zu Militär- und Verwaltungszwecken. Wir haben die *formae* und *tabulae* bereits erwähnt. Letztere stellten größtenteils die gesamte Pax Romana samt den entfernten Garnisonen dar. Die römischen Geographen und Kosmographen erstellten sie oft in Form von Pergamentstreifen, die zusammengerollt und unterwegs aufgerollt werden konnten. Die Verzerrung des Kartenbilds, die auf der zu schmalen Rolle entstand, mußte hingenommen werden.

Eine besondere Art von Straßenkarten sind diejenigen, die die Gläubigen auf ihren Pilgerfahrten nach Jerusalem, nach Rom oder nach Mekka begleiteten. Mit ihrer Hilfe erreichten die europäischen Pilgerprozessionen die Stadt Jerusalem, bis 1187 Sitz eines christlichen Königreichs; ihren Vorläufern, den eroberungslustigen Kreuzfahrern, hatten solche Straßenkarten wohl auch schon gedient. Auch die Ewige Stadt war kein unerreichbares Pilgerziel, wie Landkarten aus der Wende des 15. Jh. belegen. Damals waren die Mohammedaner auf ihren Mekkafahrten durch die glühende Wüste noch mehr auf ihren Glauben an die Macht des Propheten angewiesen als auf solide Kartenbehelfe — genauere Wegweiser zu ihren mühseligen Pilgerzügen sind erst aus dem 18. Jh. bekannt.

Die Tradition der Straßenkarten haben die Römer mit ihren im ganzen Imperium vorgenommenen Landvermessungen und Straßenbauten begründet, bei denen sie die verschiedenartigsten Kenntnisse, insbesondere über die für die Märsche ihrer Legionen wichtigen örtlichen Entfernungen, gewannen. Eine Zusammenfassung all dieser Angaben ermöglichte die Erarbeitung der Reichskarte des *Marcus Vipsanius Agrippa* (63—12. v. u. Z.), die nach dem Tod des Feldherrn auf dem Marsfeld in Rom ausgestellt wurde. Diese Karte der damals bekannten Welt scheint nach mehreren Umarbeitungen indirekt als Vorlage der Peutingerschen Tafel, jener kostbaren Kopie einer römischen Straßenkarte, gedient zu haben.

Die Karten der römischen Agrimensoren. Die sog. Tabula Peutingeriana

Im Rom der Kaiserzeit gab es, ähnlich wie in anderen Verkehrszentren des römischen Reichs, Auskunfts- und Reiseämter, die die Reiseerfahrungen von Kaufleuten, Beamten und Soldaten, die im ganzen Imperium herumkamen, sammelten und graphische Angaben über Entfernungen, Richtungen, Unterkunfts- und Verkehrsmöglichkeiten anhäuften. Es war dies eine Art Geschäftsunternehmen, das verschiedene Informationen ankaufte und diese wiederum an Interessenten weitergab, die sich in die römischen Provinzen begaben. So mußten die Reisenden nicht mehr bei Vorgängern nachfragen, sondern konnten sich direkt an diese „Reiseagenturen" wenden. Die zur Verfügung gestellten Auskünfte waren zwar zufallsbedingt, uneinheitlich, manchmal unvollständig oder mehrdeutig, doch stets so erschöpfend wie möglich, um bei einer beabsichtigen Reise mehrere Alternativen zu gestatten.

Der Ausbau der römischen Militärstraßen in der Kaiserzeit unter Trajan, Hadrian, Antoninus, Marcus Aurelius Antoninus, Septimius Severus, Decius und dann besonders unter Diokletian und Konstantin, d. h. vom Beginn des 2. bis zur Mitte des 4. Jh. u. Z., die Vermessung von Straßen und Kreuzwegen, die Ausstattung mit Meilensteinen und Straßentafeln, all dies führte zur Stabilisierung der Verkehrsrichtungen und einer ziemlich genauen Kenntnis der Straßenverhältnisse. Eine Gesamtübersicht dieses weitverzweigten Wege- und Straßensystems war erst möglich, nachdem die einzelnen Angaben und deren graphische Gestalt, die sog. Itinerare *(itineraria adnotata, itineraria picta)* in einem großen Band zusammengefaßt worden waren.

Eine ausführlich geschriebene Itinerarsammlung ist das sog. *Itinerarium Antonini* aus der Zeit Diokletians. Die Entfernungen zwischen den Städten sind in römischen Meilen (tausend Doppelschritten), die über das Meer in Stadien angegeben, wie es z. B. in der „Reise von Dyrrhachium nach Konstantinopel über Mazedonien und Thrakien" heißt: „Von Brindisi Überfahrt nach Dyrrhachium (Dürres) 1400 Stadien : von Dyrrhachium nach Konstantinopel insge-

43

samt 754 Meilen: von Dyrrhachium nach Clodiana (Pequin) 33 röm. Meilen (d. i. 33 000 Doppelschritte), nach Scampis (Elbasan) 20 Meilen, nach Tres tabernas (Qukës-Shkumbini) 28 Meilen, Liquido (Ohrid) 27 Meilen, nach Nicium (Kozara) 32 Meilen, Heracleum (Bitolj) 11 Meilen..." usw. Oder auch: „...von Brindisi oder Otranto Überfahrt nach Appolonia (Vlöre) 1000 Stadien, von dort nach Akrokeraunia 33 Meilen, Phoenicum (Feniki) 44 Meilen, nach Butrinti 56 Meilen..." usw.

Diese Auskunftsvermerke waren häufig noch um Angaben erweitert, dahingehend z. B., daß die angeführten Orte Städte (civitates), Übernachtungsorte (mansiones) oder Stationen für den Pferdewechsel (mutationes) waren, und diese waren gleichfalls graphisch festgehalten. Sämtliche Orte und Städte waren auf dem Pergament verzeichnet, dazwischen fand man Angaben über die jeweilige Entfernung. Diese Form haben die gezeichneten Itinerare (itineraria picta) noch bis ins späte Mittelalter, nicht selten noch länger beibehalten.

Aus dem ausgehenden Mittelalter stammen die gezeichneten Itinerare auf der Pergamentrolle der Peutingerschen Tafel, die die ganze damals bekannte Welt umfaßt. Sie enthält einen großen Schatz topographischer Daten (3300 Stationen, 600 Ortsnamen und über 500 Stadtsymbole und Signaturen) sowie eine genaue Skizze der Verbindungen und Entfernungen in einer Länge von 70 000 römischen Meilen (105 000 km). Ihr Urheber war vermutlich ein gewisser Castorius (um 340 u. Z.), von dem sonst nichts bekannt ist. Der Inhalt der Straßenkarte verrät, daß sie aus der Zeit Konstantins stammt; es sind sowohl heidnische als auch christliche Symbole vertreten, und bekanntlich verfocht jener Kaiser die Gleichberechtigung beider Religionen. Die heute bekannte Handschrift ist eine im 12. Jh. gezeichnete Kopie, benannt nach ihrem damaligen Besitzer *Konrad Peutinger* (1465—1547).

Daß die Straßenkarte praktischen Zwecken diente, unterwegs auf der Reise benutzbar war und von einem Römer stammt, geht aus den nach Einzelabschnitten in römischen Meilen angeführten Distanzangaben von Ort zu Ort hervor; anders verhält es sich mit den Richtungsangaben: die Peutingersche Tafel kennt keine astronomische Orientierung. Alle Wege führen von Rom nach rechts oder links und laufen wieder in Gades (Cadiz) und Antiochia zusammen. Sie sind verzweigt, doch bleibt ihr durch die Form der langen Pergamentrolle bedingter Parallelverlauf erhalten, so daß die Meere zu schmalen Kanälen zusammengedrückt sind. Der Reisende, der sein Ziel kannte, mußte sich an den Scheidewegen für den Weg linkerhand oder rechterhand entscheiden. Dazu genügte ein Entfernungsschema vollauf, denn das Wichtigste an der Karte waren die eingeschriebenen Meilentfernungen. Wäre der Autor ein Grieche gewesen, hätte er in seiner Karte nach ptolemäischer Art ein Gradnetz eingezeichnet. Dann hätte die Straßenkarte eine ganz andere Gestalt gewonnen, die Entfernungen hätten gemessen werden müssen. Kaum wäre die Genauigkeit größer gewesen als bei Ptolemäus, bei dem ein Unterschied von Dutzenden Meilen kein ungewöhnlicher Fehler war.

Drei Hauptstädte, Rom, Konstantinopel und Antiochia, sind auf der Peutingerschen Tafel zeichnerisch hervorgehoben, acht weitere Städte durch mehrtürmige Symbole charakterisiert, die meisten

13 →

Hans Rüst, Weltkarte. Augsburg, um 1490, Holzschnitt

Städte begnügen sich mit zweitürmigen. In Form des Buchstaben Z gebrochene Straßenlinien kennzeichnen die Tausende von Stationen. Die Entfernungen betragen z. B. in Istrien von Parenza nach Pola 30 Meilen, nach Portus Flanaticus 6 Meilen, zum Arsia-Fluß 8 Meilen, nach Albona 12 Meilen, nach Tarsatica (Trsat bei Rijeka) 20 Meilen. Badeorte haben ein besonderes Zeichen, den Rechteckgrundriß eines Gebäudes mit dem Schwimmbecken in der Mitte.

Die Britannien-karte des Paris /ca. 1250/

Unter der Regierung der Plantagenet verstärkte sich infolge der Kreuzzüge der Reiseverkehr zwischen Britannien und dem Festland beiderseits des Ärmelkanals. Die Pilger kamen in Dover mit ihren auf Pergament gezeichneten Straßenkarten an, auf denen die Städte und deren große Bauten, Tore, Kirchen und Brücken ebenso gekennzeichnet waren wie die in der Zahl der notwendigen Tagesreisen angeführten Entfernungen zwischen den einzelnen Städten. Diese Pergamentrollen endeten am oberen Rand bei der Straße von Dover. Nach der Überfahrt auf den Kontinent konnte der Pilger eine ähnliche, unmittelbar anknüpfende Reiseschilderung auf Pergament von Calais oder Boulogne über St. Quentin nach Reims oder über Beauvais in Richtung Paris aufrollen. Ähnliche Pergamentrollen begleiteten die Pilger auf ihrem Weg ins Heilige Land bis Otranto, wo der Schiffskapitän den weiteren Reiseweg bestimmte.

Auch die ersten richtigen Englandkarten aus der ersten Hälfte des 13. Jh. haben eine Vertikalachse, die in Schottland beginnt und auf der eine Reihe von Städten bzw. Orten eingezeichnet ist, die die Hauptstationen bei der Reise nach Süden vorstellen. Die Achse nimmt ihren Anfang in Stirling zwischen Firth of Clyde und Firth of Dorth, auf einer Brücke über dem dortigen Sumpf, in den von beiden Seiten das Wasser der Meere dringt, wie auf einer dieser Karten gesagt wird ("ubi maria sese lambunt"). Im Norden breitet sich "Scotia ultramarina" aus, das Land der schneebedeckten Berge, Weiden, Sümpfe und Moore, bewohnt nur von Hirten und deren Herden, die zu den hochgelegenen Seen heraufgezogen kamen, ein Land, das damaligen Vorstellungen nach nur noch Heimstätte von Ungeheuern sein konnte ("ubi monstrorum habitatio"). Die Karten sind annähernd richtig nach den Himmelsrichtungen orientiert, denn sie waren nicht als Itinerare geplant, auch wenn sie deren Form bewahren. Auf den echten und richtigen englischen Straßenverzeichnissen ist der Süden oben, da die Reisen, für die sie gedacht waren, stets an der Südküste begannen. Diese ältesten Landkarten Britanniens erfassen die ganze Insel von Schottland bis Cornwall und Suffolk und enthalten mehrere hundert Ortsnamen. Außer Bemerkungen über den unfreundlichen Ozean findet man an den entsprechenden Stellen am Kartenrand Anmerkungen über diejenigen Länder, die auf diese oder jene Weise mit Britannien verbunden sind: Irland, Klein-Britannien (die Bretagne) und Spanien, die Normandie, Flandern, Brabant, Deutschland, Dänemark, Norwegen. Von Westen nach Osten führen zwei starke Wälle über die Insel: der nördliche, zwischen den Gebieten der Skoten und Pikten, ist der Antoniuswall, der südliche, der die Angeln und Sachsen von den Pikten trennt, ist der Hadrianswall. Und dann beginnt die lange Reihe der Städte, die nur eine oder zwei Tagereisen voneinander entfernt sind: Newcastle, Durham, Northallerton, Boroughbridge, Pontefract,

Doncaster, Blyth, Belvoir, Leicester, Northampton, Dunstable, St. Albans, London, Rochester, Canterbury und schließlich Dover.

Die vier überlieferten Ausführungen dieser Landkarte wurden in der 1. Hälfte des 13. Jh. im Benediktinerkloster St. Albans von dem Mönch und Historiker *Matthew Paris* († 1259) oder einem seiner Zeitgenossen angefertigt. Sie bilden Beilagen seiner Chronica „Maiora" und seines Werkes „Historia Anglorum" sowie der Schriften des dortigen Benediktinermönchs John von Wallingford († 1258).

Etzlaubs Landkarten Mitteleuropas /ca. 1500/

Von dem Kontinent, insbesondere aus Mitteleuropa, blieben aus dem Spätmittelalter wesentlich weniger Landkarten erhalten. Zweifellos gab es viele, denn es sind mehrere Anleitungen zu ihrer Herstellung überliefert. Heute herrscht die berechtigte Annahme, daß ganze kirchliche Kartenmacherschulen in den Klöstern von Klosterneuburg bei Wien und wohl auch von Reichenhall, evtl. Hallein bei Salzburg, auf der Insel Reichenau am Zellersee und vermutlich auch an anderen Orten tätig waren. Leider sind als verläßlichste Quelle nur Koordinatentabellen erhalten geblieben, nach denen die verhältnismäßig großen Radkarten heute nur mehr rekonstruiert werden können.

Die häufigen europäischen Seereisen und beginnenden Entdeckungsfahrten in die Weltmeere mußten auch das Interesse an Geographie und Karten wecken. Doch für die steigende Nachfrage gab es nicht genug neue Länderkarten Europas, die die größtenteils veralteten, für die erneuerten Ptolemäusausgaben gebrauchten Karten hätten ersetzen können. Erst das herannahende Heilige Jahr und der mit ihm verbundene verstärkte Zuzug zu den Pilgerfahrten nach Rom förderten die Herausgabe von Straßenkarten, sog. Pilgerkarten in Mitteleuropa. Ihr wichtigster Herstellungsort war Nürnberg, die Hochburg der damaligen Kartenkunst. Hervorragende Gelehrte und Künstler lebten und wirkten an der Wende vom 15. zum 16. Jahrhundert hier: Martin Behaim, der Schöpfer des ältesten überlieferten Erdglobus, der Astronom und Mathematiker Johannes Müller-Regiomontanus, der Maler und Graveur Albrecht Dürer (1471—1528), der Mathematiker Johannes Stöffler (1452—1531), der Kartograph Johannes Werner (1468—1528), der Kosmograph Johannes Schöner (1477—1547) und der Holzschneider und Illuminator Georg A. Glockendon († 1515). Beziehungen zu den Nürnberger Humanisten unterhielt auch der Karten- und Kompaßmacher *Erhard Etzlaub* (1462—1532), der seine Karten nicht nur zusammenstellte, sondern die meisten auch selbst zeichnete. Etzlaub darf als der Bahnbrecher in der Herstellung der Itinerarkarten, unserer heutigen Straßenkarten, angesehen werden. Zwei derartige Holzschnittkarten sind überliefert, beide geschnitten und gedruckt in Glockendons Offizin.

Die erste ist die nicht datierte „Karte des Romwegs", die wohl älteste Straßenkarte jener Zeit, die direkt auf Etzlaub zurückzugehen scheint. Sie umfaßt Mitteleuropa im weitesten Sinn, von Narbonne, Paris und Brügge bis Gdańsk, Kraków und Budapest, von Jütland bis Neapel, ist südorientiert, in der Richtung also, in der die Reisen aus Nord- und Mitteleuropa in die Stadt am Tiber verliefen. Erstmalig sind die Reiserouten mit Entfernungsangaben mittels je eines Punktes für eine deutsche Meile versehen (1 miliaria Germanica = 7400 m). Im Norden gehen die Pilgerwege von den Hafenstädten Gdańsk,

Szczecin, Rostock, der dänischen Stadt Ribe, von Bremen, Utrecht, Nieuwpoort-Brügge aus, durchziehen Deutschland und übersteigen an drei Stellen die Alpen: am Splügenpaß, am Brenner und am Semmering; weiter in Italien geht es über Ravenna bzw. Florenz nach Rom. Gewisse Straßenabschnitte sind (im Hinblick auf den Kartenmaßstab) weniger sorgfältig ausgearbeitet. Wenn zwischen zwei Städten die Meilenpunkte fehlen, ist die betreffende Entfernung unter dem Kartenbild angegeben. Im Geist der ptolemäischen Tradition werden am linken Kartenrand die Bezeichnungen der nördlichen geographischen Breite von 41° bis 58°, am rechten Anmerkungen über die in diesen Breiten herrschende Dauer des Sonnenlichts von fünfzehn bis achtzehn Stunden beibehalten.

Inhaltsreicher ist die fast gleich ausgestattete „Straßenkarte des römischen Reichs", ein kolorierter Holzschnitt aus dem Jahr 1501, der ohne Zweifel von Etzlaub stammt. Die Karte zeigt ein mehr verzweigtes und erweitertes Straßennetz mit 820 deutschsprachigen Städtenamen; Straßen führen z. B. von Wiborg nach Rom, von Gdańsk nach Barcelona, von Budapest nach Canterbury. Nicht nur die in Nord-Süd-Richtung verlaufenden Straßen sind eingezeichnet, sondern auch die wichtigsten West-Ost-Verbindungen, die, wie die „via regia lusatiae" von Paris nach Kraków, seit dem frühen Mittelalter bekannt waren.

Neben diesen Holzschnittkarten erfreuten sich Etzlaubs Miniaturkarten großer Beliebtheit. Gleichfalls südorientiert, waren sie in der Regel mit einem Kompaß oder einer Taschensonnenuhr verbunden, so daß sich der Pilger leicht zurechtfinden konnte, wenn er sich bei Sonnenschein mit dem Rücken nach Süden stellte. Auf diesen Straßenkarten gab es keine unklaren Benennungen, alles sollte der leichten Orientierung des Reisenden sowohl in den Entfernungen als auch den Straßenrichtungen dienen; letztere ermöglichten die Angaben der vier Himmelsrichtungen *meridies, occidens, septentrio, oriens* sowie weitere, insgesamt 32 Richtungszeiger. Besondere, der Karte beigelegte Gebrauchsanweisungen enthielten verschiedene Ratschläge für den Reisenden. Obgleich auf den Etzlaubschen Karten keine Landesgrenzen eingezeichnet waren, wurde nachträglich jedes Land in einer anderen Farbe koloriert — so war z. B. Böhmen hellgelb, Ungarn grasgrün, die Lausitz dunkelgelb gefärbt, und so ist erstmals auch die politische Aufteilung Mitteleuropas einer Straßenkarte zu entnehmen.

Ihrem Typus nach ist eine Reihe von zeitgenössischen, aus Nachbarländern stammenden Karten von den Etzlaubschen abhängig. Man nennt sie Karten vom Etzlaub-Typ, und einige von ihnen werden bis zur Gegenwart als älteste Kartendenkmäler der historischen Länder Mitteleuropas geschätzt. Zu ihnen gehört auch die älteste Landkarte Böhmens; sie wurde 1517—1518 in Nürnberg verfertigt und von *Nikolaus Klaudian*, Arzt und Buchdrucker zu Mladá Boleslav in Böhmen († 1521) gedruckt. Im wesentlichen ist sie auch eine Straßenkarte, doch wurde sie als Teil eines festlichen Einblatt-Gelegenheitsdrucks herausgegeben, weshalb die Städte Böhmens auch nach ihrer konfessionellen Zugehörigkeit unterschieden sind. Die große Verbreitung dieser und der meisten ältesten Landkarten — Bayern, Franken, Polen, Schlesien u. a. — ist das Verdienst des Basler Professors Sebastian Münster, der sie teilweise in seine

14
Erhard Etzlaub, „Der Romweg". Nürnberg, um 1492. Die Karte Mitteleuropas ist süd-orientiert, die wichtigsten Straßen und Entfernungen sind in deutschen Meilen (ca. 7400 m) angegeben

49

Ptolemäusausgaben (1540 und 1542) sowie später in seine eigene Kosmographie aufnahm. Die Etzlaubschen Straßenkarten haben auf einen Teil des Kartenwerks Martin Waldseemüllers, des führenden Kartographen des beginnenden 16. Jh., keinen geringen Einfluß ausgeübt.

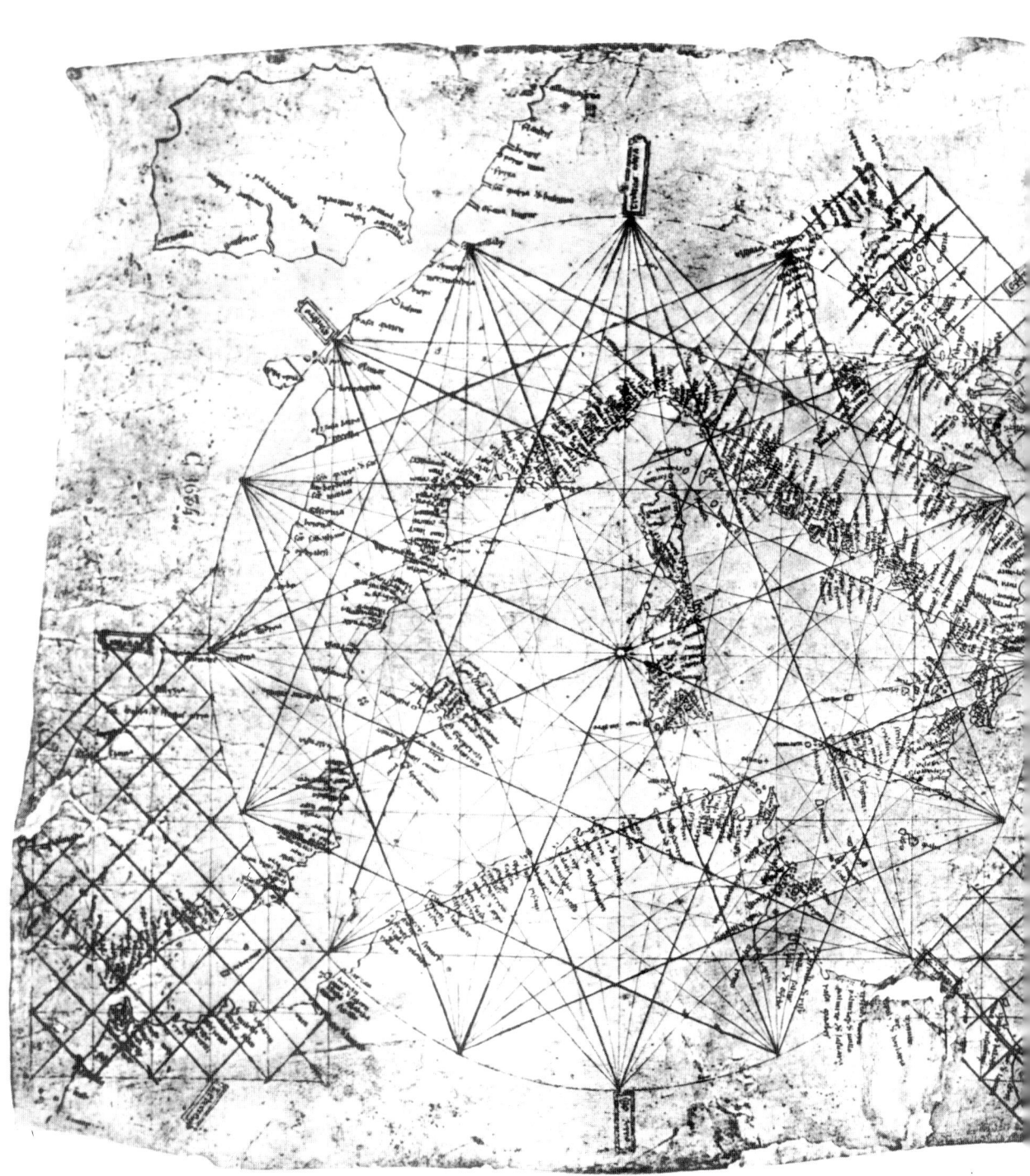

Unterschiedliche Lehren von der Größe der Erde

Die Entfernungen, die ein Kaufmann, Soldat oder Pilger seit Menschengedenken auf seinen Reisen zurücklegen mußte, waren keine geringen, auch wenn er sich nur in der Alten Welt bewegte. Um seine Möglichkeiten abschätzen zu können, mußte er sich mit der Kenntnis der üblichen Längeneinheiten und dem Vertrauen auf die eigene Kraft begnügen. Die Straßenkarten, die ihm unterwegs bei der Einhaltung der Richtung und Gesamtorientierung behilflich waren, hatten bis zum beginnenden 18. Jh. keine genaue geometrische Konstruktionsunterlage, d. h. sie basierten weder auf Triangulations- noch Gradmessungen der ganzen Erde. Dieser bei der praktischen

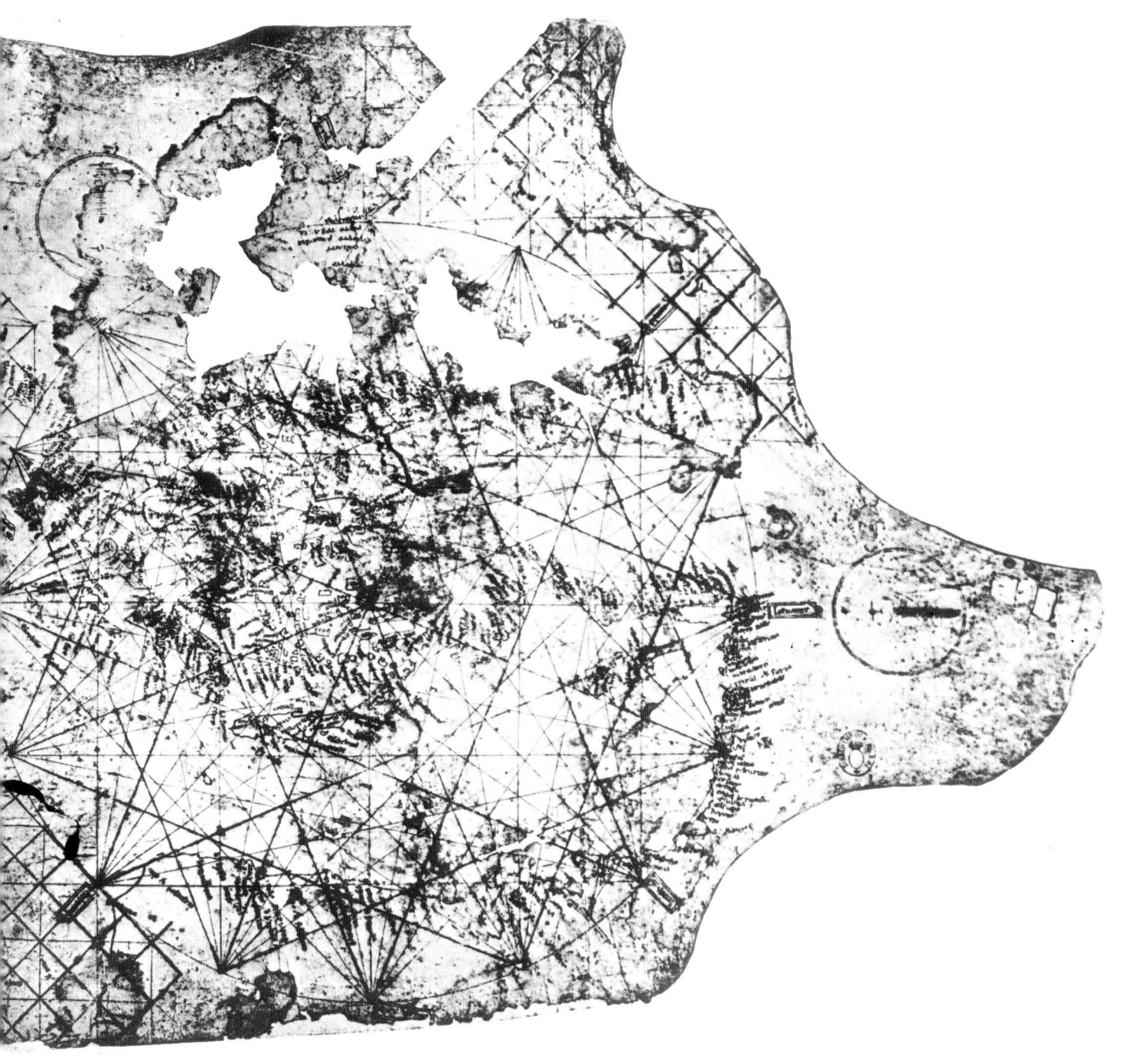

Verwendung der Karten als Wegweiser nicht sonderlich störend empfundene Mangel mußte sich jedoch in den Anfängen der großen Überseefahrten als Hindernis erweisen. Die Ansichten über die Größe eines Erdgrades und damit auch der ganzen Erde schwankten beträchtlich. Nun galt es, die Frage nach der Größe unserer Erde, die jahrhundertelang ohne Bedeutung für die Praxis und daher vernachlässigt gewesen war, auf einmal zu beantworten. Ein weiterer Grund für das erweckte Interesse war das gesunkene Vertrauen zu den Messungen der alten Ägypter, Griechen und Araber und deren recht unterschiedlichen Ergebnissen; die kühnen Seefahrer des beginnenden 16. Jahrhunderts mußten sich auf ihre nautischen Karten verlassen können.

Was waren das nun für widersprüchliche Lehren über die Größe der Erde?

Eratosthenes, der Vater der klassischen Größenbestimmung der Erde, hatte aus der Differenz der geographischen Breiten von Alexandria und Syene (Assuan) und aus deren terrestrischer Entfernung die Größe eines Meridiangrads errechnet: 700 Stadien. Aus der Größe des von ihm benutzten, d. i. des ägyptischen Stadiums (157,5 m) hatte er dann für den Erdumfang den Wert von 252 000 Stadien (39 690 km) erhalten und war damit der Wahrheit sehr nahe gekommen.

Etwa hundert Jahre später machte der griechische Astronom *Poseidonios* (135—51 v. u. Z.) seine Angaben über die Größe der Erdkugel. Er tat es ohne neuerliche Messungen, ihm genügten die Aufzeichnungen über die maritime Distanz zwischen Alexandria und Rhodos in der Ägäis. Aus diesen errechnete er den Wert von 500 Stadien für einen Grad, wobei er die damaligen größeren, die sog. philetärischen Stadien meinte, von denen eine 210 m entspricht. Da man im ausgehenden Mittelalter vergessen hatte, daß es zwei verschiedene Stadien als Längenmaß gegeben hatte, glaubten die Anhänger des Poseidonios, der Erdumfang betrage 180 000 Stadien, mit anderen Worten, sie hielten ihn für um ein Viertel kleiner. Das war bei den Überlegungen vor dem Aufbruch zu den Entdeckungsreisen der spätmittelalterlichen Seefahrer von nicht geringer Bedeutung.

Annähernd zur selben Zeit wie Poseidonios empfahl der Astronom Hipparch von Nicäa, sämtliche Orte nach geographischen Koordinaten in die Karten einzuzeichnen. Er forderte für Erdkarten ein Gradnetz mit gleichen Intervallen zwischen Meridianen und Parallelkreisen und schlug vor, den Äquator entgegen den üblichen 60 Grad in 360 Grad zu teilen. Leider war die Zeit dazu noch nicht reif; Hipparchos selbst hat auch keine Karte des bewohnten Teils der Erde gezeichnet.

Die Angaben des Poseidonios über den Erdumfang wurden von Ptolemäus übernommen. Wir wissen aus einer mittelalterlichen Kopie seines Werkes, daß die Ökumene, angefangen von den Inseln der Seligen (Kanarische Inseln) im Atlantik, 80 Breitengrade und 180 Längengrade umfaßte. Der Meridian 180° liegt jedoch noch nicht im Ozean, auch beide äußerste Parallelkreise, 63° nördl. Breite und 16° südl. Breite, gehen noch durchs Festland. Auf diese Weise war die bewohnte Welt in Äquatorialrichtung beträchtlich in die Länge gedehnt, was auch in der Darstellung des Mittelländischen Meeres, jenes klassischen Gebietes der mittelalterlichen Kartographie, seinen Niederschlag fand. Ptolemäus verzeichnete dort 62° Länge statt des richtigen Werts von 42°. Obwohl die wahre Länge des Mittelmeers den Seefahrern und arabischen Geographen im 13. Jh. mit der Genauigkeit von 2,5° bekannt gewesen war, wurde dieser Fehler erst zur Zeit der Reformierung der Kartographie beseitigt. Die Richtigstellung ist zum Teil das Werk des niederländischen Kartographen Gerhard Mercator (Mitte des 16. Jh.), gänzlich das des Franzosen Guillaume Delisle (Beginn des 18. Jh.). Es kann daher nicht wundernehmen, daß Kolumbus überzeugt war, die Überwindung von neunzig Längengraden werde ihm genügen, auf dem Seeweg nach Westen die chinesische Küste zu erreichen. Er konnte noch nicht wissen, daß die wahre Entfernung zweihundertzehn Grad ausmacht.

Die Küsten Europas und das offene Meer

Kompaß und Portolane in Italien und Katalanien

An der Wende des 13. Jahrhunderts, da das Kartenbild der damals bekannten Welt noch von den Vorstellungen kirchlicher Kartenzeichner beherrscht war, erschien plötzlich ein neuer Kartentyp, der die Meeresküsten im Vergleich mit dem übrigen Festland sehr genau darstellte.

Es sind die für ihre Zeit überraschend exakten sog. Portolan- oder Kompaßkarten *(portolani annotati)*, Anleitungen für die Küstenfahrt. Ohne Entwicklungsreihe, ohne sichtbare Vorstufe waren sie auf einmal da. Mit größter Wahrscheinlichkeit stammen sie aus dem Mittelmeergebiet, wo sich ihre Herstellung in Katalanien (Barcelona, Mallorca) und italienischen Städten (Venedig, Genua, Ancona) konzentrierte; ausgeschlossen ist auch ihre pontische Herkunft (Schwarzmeergebiet) nicht.

Die Benutzung dieser Seekarten setzte die Kenntnis des Kompasses voraus, dessen Magnetnadel damals freilich noch ein natürlicher Magnet ersetzte. Der Kompaß wird vom beginnenden 13. Jh. an in der mittelalterlichen lateinischen Literatur erwähnt und wurde wahrscheinlich schon früher von den Wikingern durch Vermittlung der Normannen im Mittelmeergebiet eingeführt. Mit Hilfe eines von der Kartenmitte ausgehenden Strahlenbündels mit 16 Zeigern bzw. mittels weiterer 16 Liniensysteme mit doppelter Zeigerzahl am Kartenrand konnten die Seefahrer nicht nur die Fahrtrichtung bestimmen, sondern auch bekannte sowie neue Inseln und Ausläufer des Festlands genau einzeichnen. Nur auf diese Weise läßt sich erklären, daß nun das Bild des Mittelmeers zum ersten Mal annehmbare Ausmaße gewinnt.

Der erste Beleg dieser Kartengattung ist der Portolan von Pisa aus dem ausgehenden 13. Jh., der erste datierte Portolan geht auf das Jahr 1311 und den Genuesen *Pietro Vesconti* zurück. Mehrere Weltkarten, wie die sog. Katalanische Weltkarte von 1375 oder die Weltkarte des Venezianers *Albertin de Virga*, über dessen Entstehungsjahr, wohl 1414, keine einheitliche Meinung herrscht, werden als Unikate von historischer Bedeutung gewertet, da sie die Erde vor den Entdeckungsreisen der portugiesischen Seefahrer wiedergeben. Die Katalanische Weltkarte, eines der prächtigsten Denkmäler der

VI →

*Martin Waldseemüller, „Carta itineraria Europaea",
Kartenausschnitt. 1520 (Tiroler Landesmuseum Ferdinandeum, Innsbruck)*

VII → →

Katalanische Weltkarte, zwei der acht Portolanblätter, 1375 (Bibliothèque Nationale, Paris)

VIII ← ·

Konrad Türst, Landkarte der Schweiz, Kartenausschnitt. 1496. 1496–1498 (Zentralbibliothek, Zürich)

IX←

Piri Re'is, Weltkarte, überlieferter westlicher Kartenteil. 1513 (Topkapi Sarayi Müzesi, Istanbul)

Die Mittelmeerkarte des Muhammed Idrisi /1154/ und andere islamische Karten

mittelalterlichen Kartenkunst, ist überdies eine vollständige Zusammenfassung der Geographiekenntnisse des Mittelalters. Er berücksichtigt die Reisen eines Marco Polo, Odorico de Pordenone, Balduccio Pergoletti, des Franziskaners Jordanus, des Minoritenmönchs Marignoli und scheint auch arabische Quellen benutzt zu haben.

Die Existenz einer sehr großen Zahl von Portolanen war das Verdienst mehrerer Familien, in denen sich ganze Generationen der künstlerischen Kartenzeichnung auf Pergament widmeten. Zu den bekanntesten gehörte die Familie Olives aus Mallorca, die später in Messina und Marseille wirkte. Während sich die Italiener auf die Darstellung der Mittelmeerküste und Westeuropas beschränkten und das Binnenfestland leer ließen, schufen die Katalanier in Barcelona und auf Mallorca Portolane mit dem Kartenbild Skandinaviens oder selbst Chinas. Sie bereicherten das Binnenland Mittel- und Osteuropas um Angaben, die sie von den Aragoniern erhielten; diese trieben damals Handel an der Ostsee, der Wolga und am Schwarzen Meer. Fraglos war Mallorca der Mittelpunkt; hier kauften Seefahrer, Handelsherren und Gelehrte die notwendigen Seekarten, da die italienischen Portolane nur zur küstennahen Schiffahrt geeignet waren. Damals erreichte die Kartenkunst auf Mallorca eine nie gekannte Vollkommenheit, und die Bedeutung der Insel stieg noch, nachdem König Peter IV. von Aragonien 1354 befohlen hatte, daß jede Galeere mindestens zwei Seekarten an Bord haben müsse. Außerdem wurden auf Mallorca Weltkarten und Atlanten gezeichnet, die weniger Anspruch auf geographische Genauigkeit erhoben, dafür aber mit ihrer künstlerischen Wiedergabe Bewunderung erregten. Kein Wunder, daß die besten Kartenkünstler nach Mallorca kamen, um sich dort weiterzubilden — so *Angelo de Dalorto*, *Pietro Roselli*, *Salvatore de Pilestrina*. Mit dem Namen des ersten sind zwei der ältesten überlieferten katalanischen Portolane von 1330 und 1339 signiert.

Neben ihrem praktischen Gebrauch an Bord des Schiffes auf See waren besonders prächtige und dekorative Stücke für den königlichen Hof und die Bibliothek, für reiche Handelsherren, Schiffseigentümer und Gelehrte bestimmt. Die katalanischen Pergamentportolane mit ihren schönen Farben und sorgfältig gezeichneten Strahlenbündeln waren eine wahre Augenweide. Die Küstenlinien waren nur leicht hingeworfen, die Namen wichtiger Hafenstädte rot und in der Regel senkrecht zur Küste gezeichnet, die Namen der Meere bunt umrahmt. Auch die kleinsten Inseln, Klippen, Kreuze und alle wichtigen Punkte auf der See und der Küste leuchteten in Rot oder Gold. Sofern das Binnenland Namen enthielt, waren ausgesuchte Gebirgsketten, gewisse Wasserläufe und Wege eingezeichnet, die Städte mit Zeichen und Fähnchen versehen. Außereuropäische Gebiete wurden von den katalanischen Kartenkünstlern mit den Gestalten von Herrschern, Reitern, Tieren und verschiedenen Gegenständen belebt; den Legenden zu diesen Gestalten standen sie bereits kritisch gegenüber.

Seit Menschengedenken waren das Mittelländische Meer und seine Küsten ein Gebiet, das Herrscher, Kaufleute, Heerführer, Seefahrer und Gelehrte immer wieder anzog. Zu den ersten Völkern, die zu einer richtigeren Darstellung des Mittelmeers beitrugen, gehören die Araber. Inmitten ihrer abgeschlossenen Welt arbeiteten die islamischen Gelehrten eifrig an der Richtigstellung ihres Kartenbildes. Sie gehörten nicht zu denen, die in ruhiger Weltabgeschiedenheit nur übernommene, mehr oder weniger glaubwürdige Berichte studierten, sondern unternahmen selbst ausgedehnte Seereisen, die nicht selten zu Entdeckungen führten. Da ihre Bestrebungen überdies vom Handel gefördert wurden, darf uns nicht wundernehmen, daß in ihren Karten eine Fülle von Kenntnissen auch über außereuropäische Länder zu finden ist, die dem Abendland noch lange verschlossen blieben.

Im 12. Jh. traten die Normannen als geübteste Seefahrer auf die Szene. Schon viel früher waren ihnen arabische Kaufleute an den Ufern des Kaspischen Meeres, der Wolga und noch höher im Norden begegnet. Nach der Besetzung des westeuropäischen Küstenlandes drangen die Normannen ins Mittelmeer vor und faßten im 11. Jh. auf Sizilien festen Fuß, wo sie ein eigenes Königreich gründeten. Im Jahre 1130 bestieg Roger II. (1095–1154) den Thron, ein gebildeter Herrscher, der Seefahrer, Händler, Kreuzfahrer und Gelehrte an seinen Hof in Palermo zog und sich von ihnen über ihre Reisen unterrichten ließ. Einer von ihnen war der wahrscheinlich aus dem nordafrikanischen Ceuta stammende *Idrisi* (1099–1164). Sicher war er willkommener Gast am Hofe des Königs, denn seine Reisen hatten ihn nach Westeuropa, Nordafrika und Kleinasien geführt, und seine Studien an der maurischen Universität zu Cordoba hatten ihm Zutritt zu den dort angesammelten Berichten über fremde Länder verschafft. Daher betraute ihn Roger mit der Niederschrift seiner Kenntnisse von der bekannten Welt. Das Buch, das Roger ,,*Nuzhat-ul-muschtaki fi ischtiraki-l-áfaki*'' nannte, d. h. Unterhaltung für den, dem es nach Reisen über die Horizonte gelüstet, enthielt nicht nur Daten über die geographischen Breiten und Längen bekannter Orte, verläßliche Angaben über die Entfernungen von Städten sowie Berichte über die Zonen der Erde, sondern auch ein siebzig Stück zählendes Kartenwerk. Idrisi gab der nach fünfzehnjähriger mühevoller Arbeit in Arabisch und Latein verfaßten und wenige Wochen vor Rogers Tod vollendeten Handschrift den Namen *Kitab al Rudjar*, d. h. Buch Rogers, und benannte die Hauptkarte ,,Tabula Rogeriana''. Diese Tafel, auf der alles, was an der ptolemäischen Geographie von den Zeitgenossen nicht bestätigt werden konnte, weggelassen war, scheint das Vorbild gewesen zu sein, nach dem Roger eine ähnliche Erdkarte in die Tafel eines silbernen Tisches gravieren ließ; er wurde 1160 vom Pöbel in Stücke geschlagen.

Idrisis Erdkarte umfaßt die arabischen Kenntnisse der damaligen, aus den europäischen und afrikanischen Mittelmeerländern und dem fernen südöstlichen Küstenland Asiens bestehenden Welt. Wie die übrigen islamischen Erdkarten ist sie südorientiert, auch hier ist das Mittelmeer beträchtlich verkürzt; die Entfernung von Sebta (Ceuta) nach Antakya in Syrien betrug nach den Berechnungen der Araber 43°54', d. h., daß sie nur um 2 Grad zu groß war. Andererseits hielten sie sich beim Indischen Ozean noch an den Ptolemäus und betrachteten jenen ohne Rücksicht auf die praktische Erfahrung ihrer Seeleute als ein weiteres interkontinentales Meer, das im Osten durch eine Meerenge mit dem äußeren Ozean, dem sog. Meere der

16
Idrisi, Arabische Weltkarte. 1154.
Südorientiert; rechts in der Mitte das
Mittelländische Meer

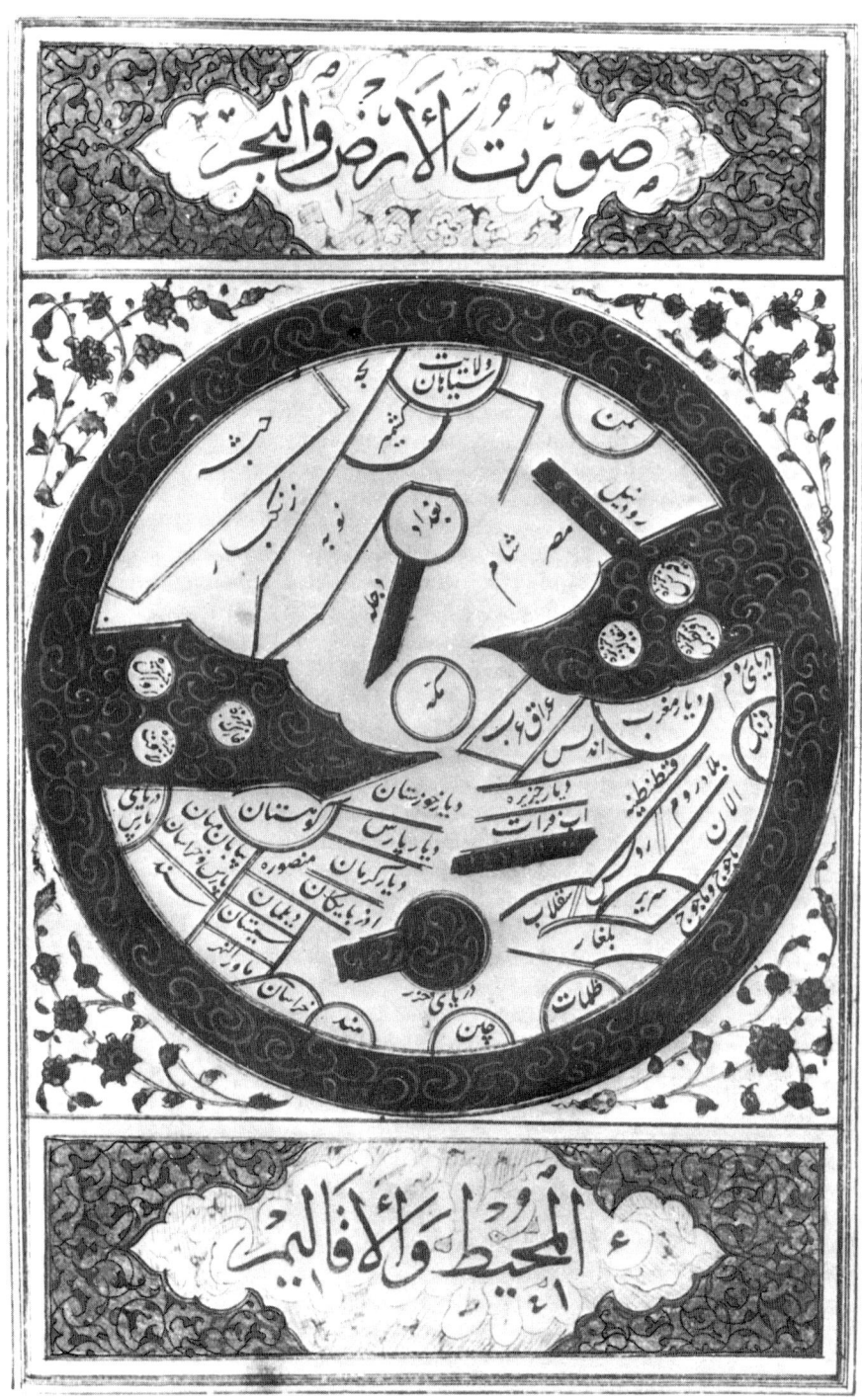

17
Arabische kreisförmige Weltkarte von 1193. Links der Persische Golf mit Inseln, rechts das Mittelmeer mit Zypern, Kreta und Sizilien, in der Mitte Mekka, darüber Bagdad und der Tigris, unten Euphrat und Kaspisches Meer (Österreichische Nationalbibliothek, Wien)

Finsternis, verbunden war. Auch die Halbinselgestalt Indiens war verschwunden, während das Schwarze, das Kaspische und Rote Meer sowie der Golf von Persien und die Arabische Halbinsel auf dem auffallend exakten Kartenbild leicht zu erkennen sind. In der geographischen Wiedergabe Europas überraschen zwei Angaben: die Araber nehmen eine Verbindung zwischen der Ostsee und dem Schwarzen Meer durch einen Fluß oder quer durch Rußland geführten Kanal an und lassen vom Itil (der Wolga) einen in das Asowsche Meer mündenden Arm abzweigen. Jütland wird bei Idrisi als Insel namens Skandinavien dargestellt. Mit Ausnahme des äußersten

Nordens und Nordostens kennt er ganz Kontinentalasien, von den Flüssen Ili und Jenissej über Orchon und den Baikalsee bis zur Amurmündung. Im Binnenland erscheinen erstmals Tibet sowie mehrere Detailangaben über China, Korea und Japan. Unter den südasiatischen Inseln sind Sumatra, Jawa und Borneo zu finden, es fehlen jedoch die Molukken, die den arabischen Kaufleuten so teuren Gewürzinseln. In Afrika fließt der Blaue Nil zwar richtig aus dem Tanasee, doch der weiße Nil entströmt noch immer nach ptolemäischen Vorstellungen den Mondbergen (Monte lunae). Die Darstellung des Unterlaufs des Senegals und dessen Mündung entspricht der Wirklichkeit, während sein Oberlauf irrtümlich mit dem Nil verbunden ist.

Nach Beendigung seines Hauptwerks arbeitete Idrisi an einem Buch für Rogers Sohn, das er 1161 beendete und dessen verkürzte Fassung von 1192 dreiundsiebzig Karten in Atlasform enthält. Manuskripte dieses „Kleinen Idrisi" befinden sich in mehreren Bibliotheken Europas. Zwischen Idrisis Auffassungen aus d. J. 1154 und der gekürzten Fassung von 1192 besteht ein beträchtlicher Unterschied. In der späteren Fassung ist die Küstenlinie des Mittelmeers weniger gegliedert, es sind weniger Inseln eingezeichnet, in der Adria fehlen sie ganz. Obgleich Idrisi reichhaltiges Material zur Verfügung hatte und sich nicht an griechische Vorbilder halten mußte, geriet ihm schließlich ein verzerrtes Kartenbild, da er alle gesammelten Informationen in sieben klimatischen Zonen unterzubringen suchte. Die übrigen islamischen Karten aus der ausklingenden arabisch-normannischen Periode, jener Blütezeit der arabischen Kartenkunst, sind an Umfang und Inhalt von geringerer Bedeutung.

Idrisi hatte in seinen Weltkarten die Kenntnisse des Orients und Okzidents zu verbinden gewußt. Das Abendland aber versäumte, den arabischen Wissensschatz gleich zu übernehmen, womit sich die großen Wertunterschiede zwischen den Karten Idrisis und den späteren christlichen Weltkarten, wie z. B. der Ebstorfer, erklären lassen. Später eignete sich das Abendland neben gewissen durch Benutzung verschiedener Unterlagen verschuldeten Irrtümern wertvolle Kenntnisse aus den islamischen Karten an. Auch wenn diese noch weit entfernt waren von geometrischer Genauigkeit, waren sie wenigstens nüchtern und frei von phantastischen Bildern und Vorstellungen. Die Beschriftung war selbstverständlich durchaus arabisch, ein Buchtext diente der Identifizierung von Ortsnamen und brachte Angaben über Städte, Verbindungen und Entfernungen.

Die Pisaner Karte /ca. 1300/

Zu Beginn des 14. Jh. fanden Seekarten mit prägnanten und rationalen Küstenumrissen der Alten Welt bereits weite Verbreitung. Während fast alle mittelalterlichen Weltkarten der Phantasie ihrer Zeichner freien Spielraum gelassen hatten, entsprachen diese bereits teilweise der geographischen Wirklichkeit und näherten sich schon stark der wahren Gestalt der bekannten Welt.

Die älteste von ihnen ist die nach ihrem Fundort benannte Seekarte von Pisa aus dem ausgehenden 13. Jh. Ihre wohldurchdachte Ausführung mit dem sorgfältig ausgearbeiteten Netz von Kompaßlinien läßt vermuten, daß sie das Endergebnis einer schon früher begonnenen kartographischen Entwicklungsreihe ist. Bekräftigt wird diese

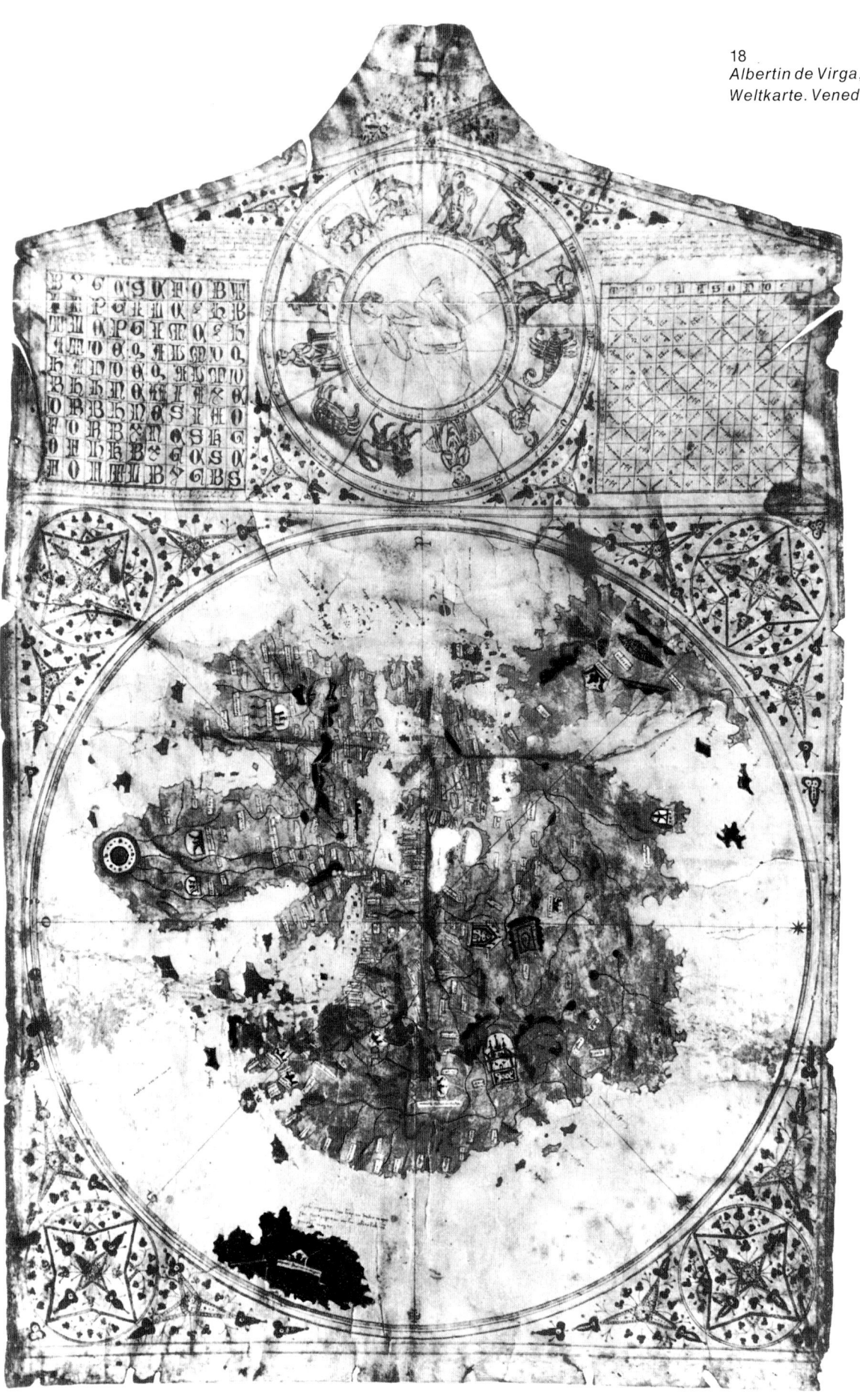

18
*Albertin de Virga, Handschriftliche
Weltkarte. Venedig, um 1414*

Annahme durch das wahrheitsgetreue Abbild des Mittelmeers und des Schwarzen Meers, dieser den mittelalterlichen Seefahrern genugsam bekannten Gebiete. Diese Karte eines unbekannten Autors, wahrscheinlich eines Genuesen, eignet sich jedoch kaum für den Gebrauch im Randgebiet des Atlantik, denn an seinen Berührungsstellen mit dem europäischen Festland ist sie unvollständig. Es fehlen der Nordwestteil der Pyrenäenhalbinsel (Galicien mit dem Kap Finisterre) und die Bretagne. England ist nur angedeutet, Schottland fehlt überhaupt. Die Ortsnamen beschränken sich auf „izula Engreterra" (Insel England), „civitate Londra" (London), „civitate Dobra" (Dover), „sancto pomas" (Themse), „conturba" (Canterbury) und legen damit ein genügend beredtes Zeugnis davon ab, wie wenig die Seefahrer noch von den Britischen Inseln wußten. Nicht anders verhält es sich mit der Nordküste des europäischen Kontinents, auf der die Länder und Hafenstädte „Allamagna" (Deutschland), „Flandern" (Flandern), „Brugis" (Brügge), „Porto Nuia" (Nieuwpoort), „Graua lingue" (Gravelines) und andere eingetragen sind.

Bevor jedoch die Bemühungen um eine möglichst getreue und genaue Wiedergabe — deren Wichtigkeit bei Seekarten nicht zu überschätzen ist — auch die übrigen Kartengattungen ergriffen, standen die Seekarten schon vor einer weiteren Entwicklungsphase.

Die neuen, namentlich die arabischen Geographiekenntnisse wurden nicht überall sofort übernommen und ohne Mißtrauen geglaubt. Die Handelskonkurrenten der Araber im westlichen Mittelmeer, nämlich die Katalanier in Südspanien und auf Mallorca, gaben im 14. Jh. den Erkenntnissen ihrer kühnen Seefahrer den Vorzug, deren Reiseerfahrungen sie auf Seekarten festhielten; die besten standen direkt den Herrschern von Aragonien zur Verfügung. Diese sahen darin eine willkommene Hilfe auf der Suche nach neuen Möglichkeiten, kostbare Rohstoffe für die eigenen Länder zu gewinnen. Deshalb ist das Interesse des Prinzen von Aragonien, den äußersten Osten und Westen der Welt auf einem Kartenbild zu erblicken, keine ungewöhnliche Herrscherlaune — damals wurden ja Karten nach den Wünschen des Auftraggebers hergestellt —, sondern eine im ausgehenden 14. Jh. logisch verständliche Haltung. So geschah es, daß

Von der Katalanischen Weltkarte /1375/ zur Kolumbuskarte des Piri Re'is /1513 bzw. 1528/

19
Christoph Kolumbus, eigenhändige Kartenskizze der Insel Hispaniola (Haiti) 1492

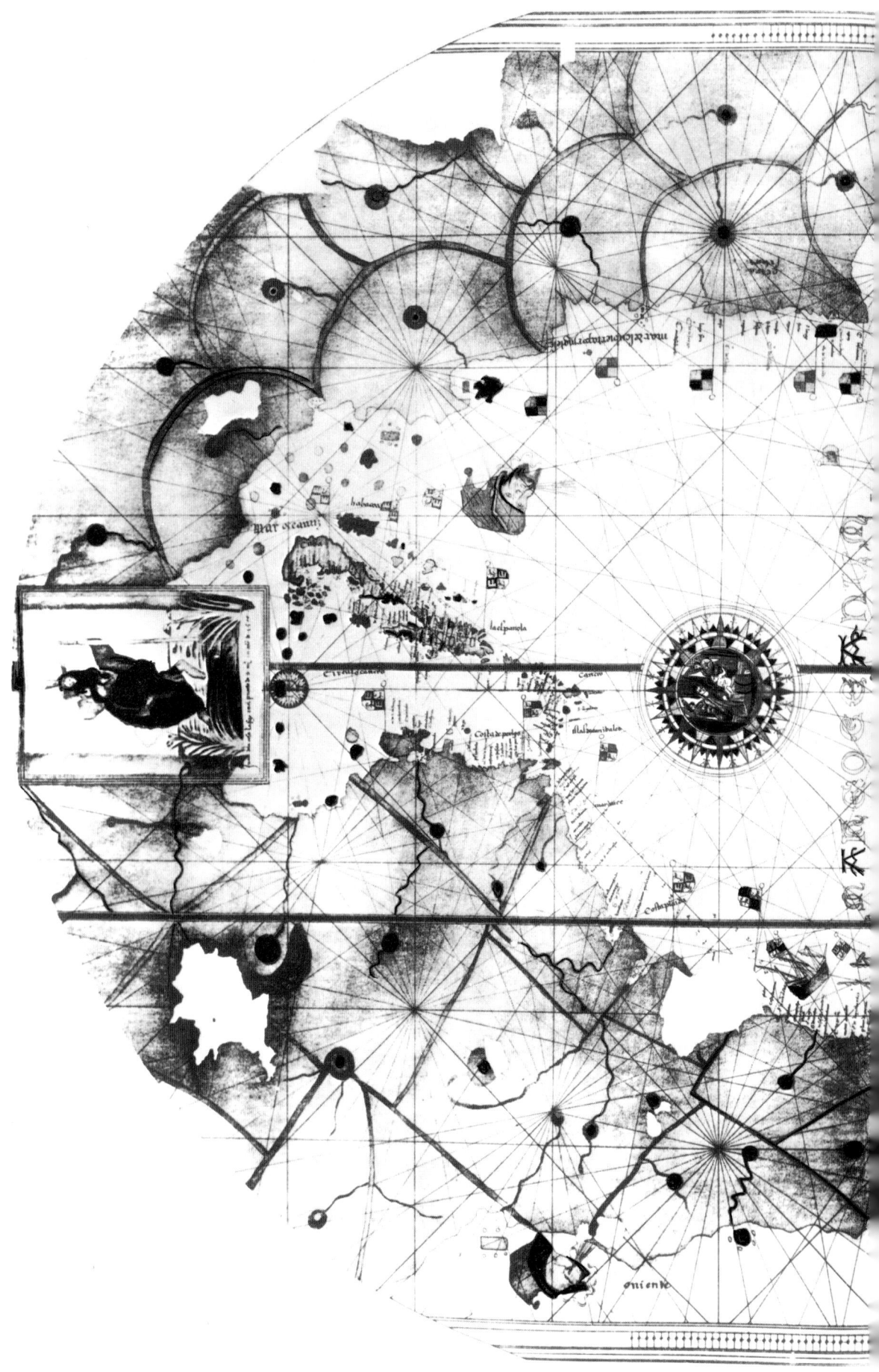

20
Juan de la Cosa, erste datierte
Weltkarte zu den westlichen
Entdeckungen, mit Einzeichnung der
amerikanischen Küste. 1500 (Museo
Naval, Madrid)

nicht lange vor dem Aufbruch der Portugiesen zu ihren Entdeckungsfahrten eine Weltkarte in Katalanien erschien, die von den Gestaden
Spaniens und Afrikas bis an die chinesische Küste reicht. Und es
war keine damals übliche Radkarte, sondern ein auf Pergament ge-
zeichneter rechteckiger Atlas mit 12 Blättern; vier Blätter enthielten
kosmographische und navigatorische Angaben, acht Blätter Kartenzeichnungen. Um den Preis der Beibehaltung der atypischen Ausmaße wurden Norden und Süden gekürzt dargestellt. Die Karte war in
Leporello-Art auf zusammenlegbaren Tafeln aufgeklebt. Ob der
Infant zufrieden war, wissen wir nicht, aber wir wissen, daß 1381 der
französische Gesandte ein Exemplar seinem König Karl VI. über-
reichte, so daß die Pariser Nationalbibliothek heute das umfassend-
ste Kartenbild der Welt des 14. Jh. aufbewahrt.

Die Katalanische Weltkarte widerspiegelt sämtliche Geographiekenntnisse nach deren neuestem Stand und bringt eine ganze Menge
ethnographischer, naturwissenschaftlicher, historischer und auch
mythologischer Einzelheiten. Während ihr Westteil als Portolan gezeichnet ist, verharrt der östliche noch im ptolemäischen Weltbild.
Wo verlaufen nun die Grenzen der Welt? An der Westküste Afrikas
sind es das Cabo de Buyetden (Kap Bojador) bzw. Cabo de Non (Kap
Non) — beide noch im größeren Teil des nächsten Jahrhunderts
Hauptstützpunkte bei der afrikanischen Küstenschiffahrt —, im
Atlantik sind es die Kanarischen Inseln und, der Karte nach, auch das
erst um 1419 von den Portugiesen entdeckte Madeira. Der Indische
Subkontinent reicht bis zur Küste von Malabar, das asiatische Insel-
land bis Ceylon und Sumatra, in Ostasien sind Peking und einige
andere Städte zu finden. Verzeichnet sind ferner wichtige Märkte
und Handelswege, wie z. B. der von Tana an der Donmündung nach
Peking, von Kilikija nach dem nordpersischen Täbris, in Afrika die
Orte Darfir und Timbuktu.

Aufschlußreich ist die hinter dem Kap Bojador befindliche Legende. Sie bezeugt nicht nur die Beteiligung katalanischer Seefahrer an
Entdeckungsfahrten im Westatlantik, sondern führt uns auf die Spur
ihres Herstellers. Es soll der jüdische Karten- und Kompaßmacher
Abraham Cresques († 1387) aus Palma gewesen sein. Von seinen
zahlreichen Kartenzeichnungen ist die Katalanische Karte als einzige erhalten geblieben. Er benutzte verschiedene Quellen: mittelalterliche Radkarten, Mittelmeer- und Schwarzmeerkarten, Seekarten der westeuropäischen Küste, auch Reiseberichte des 13. und
14. Jh. Daher kann sein Kartenbild nicht einheitlich sein. Neben dem
nach Seekarten verläßlich wiedergegebenen Mittelmeer sind die
Länder mit nichtssagenden Symbolen ausgefüllt: einem gegen Mekka gewandten betenden Moslim, der thronenden Königin von Saba,
den drei Königen aus dem Morgenland auf der Reise nach Bethle-
hem, dem biblischen Ararat mit der Arche Noah, dem Bild des Anti-
christ usw. Bei der Darstellung der chinesischen Küste haben Marco
Polos Berichte bzw. Hinweise arabischer Seefahrer und Handels-
leute sichtlich schon mitgewirkt.

Außer der Katalanischen Weltkarte ist kein anderer Beleg der
hochentwickelten katalanischen Kartenkunst erhalten geblieben
als die Radkarte aus Modena aus den Jahren um 1450. Sie deutet
auch nicht den Wandel an, der zur Wende der mittelalterlichen
Kartographie führte. Da sie auf gewisse Weise mit der Katalanischen

verwandt ist, darf eine beiden gemeinsame Vorlage angenommen werden — eine katalanische Radkarte der Welt, die jedoch verschollen ist. Die Weltkarte von Modena ist das Musterbeispiel einer Seekarte, die neben ihrem praktischen Zweck auch breiteren Interessen diente und die Aufgabe einer Weltkarte — will heißen, einer Karte der Küstenländer — erfüllte.

Als an der Wende des 15. Jh. die Seefahrer ihre kühnen Unternehmungen begannen und die Zeit der großen Entdeckungsreisen anbrach, veränderte sich das Kartenbild der Welt sehr schnell. Es sollte nicht vergessen werden, daß sich neben den Seefahrern auch die Kartenzeichner, die augenblicklich auf die Ergebnisse der Entdeckungsfahrten reagierten, um diese bahnbrechenden Taten am meisten verdient gemacht haben.

Einer von ihnen war der baskische Seemann und Kartenzeichner *Juan de la Cosa* († 1509), Begleiter des Kolumbus auf dessen zweiter Entdeckungsreise (1493—1496), Kapitän unter Hojeda (1499) und Mitglied der Expedition Rodrigos' de Bastidas (1500—1502). Er zeichnete 1500 eine Weltkarte auf Eselshaut, auf der zum ersten Mal die Neue Welt dargestellt ist. Diese erste datierte Karte der neuen Entdeckungen hält John Cabots Reise zur Küste Labradors und Neufundlands fest (1497), ferner Vasco da Gamas Indienfahrt (1497—1498) sowie Cabrals Landung in Brasilien (1500). Kuba ist darauf als Insel eingezeichnet, obgleich doch die Seeleute dem Kolumbus bestätigen mußten, daß es sich um einen Bestandteil des Festlands handle, des asiatischen, wohlverstanden. Die Entdeckungsrouten sind mit authentischen Inschriften und englischen, spanischen und portugiesischen Flaggen und Fähnchen versehen. Die Anmerkung „mar descubierta por inglese" (von Engländern entdecktes Meer) bezieht sich wahrscheinlich auf die zweite Expedition John Cabots (1498) an die nordamerikanische Küste und begrenzt die englische Interessensphäre auf der See anscheinend bis zum Golf von Chesapeack. An Indien, das ohne nähere Kenntnisse der nautischen Verhältnisse wiedergegeben ist, knüpft sich die Anmerkung „tierra descubierta por el Rey die Erreichung des Kaps der Guten Hoffnung (Bartolomeo Diaz, 1488) heißt es „fasta aqui descrubio el escelente Rex don Juan de Portugal" (bis hierher entdeckt von König Johann von Portugal). Mit Rücksicht auf das frühe Entdeckungsdatum ist die Darstellung des südamerikanischen Küstengebiets bewundernswert sorgfältig; hier befindet sich eine Anmerkung, mit der Cosa die Lage des entdeckten Gebietes hinsichtlich der 1494 im Vertrag von Tordesillas festgelegten Demarkationslinie (liña meridional) betonen wollte. In diesem Vertrag werden die Interessensphären der Portugiesen und Spanier in jenem Teil der Welt gegeneinander abgegrenzt.

Wohl in jedem Jahr des fortschreitenden 16. Jahrhunderts erblickte eine neue Erdkarte das Licht der Welt und legte so Zeugnis ab von der langen Reihe der Entdeckungen in den westlichen Meeren sowie vom Aufstieg Spaniens zur Weltmacht. Einige dieser Erdkarten, die größtenteils zur Gattung der Portolane gehören, sind buntfarbige Handzeichnungen, andere sind Drucke nach Holzschnitten oder Kupferstichen. Nur wenige Portolane erschienen selbständig, die meisten waren kosmographischen Abhandlungen beigelegt und erfüllten so an Bord der Expeditionsschiffe ihre Aufgabe.

69

Wir haben bereits erwähnt, daß die Portugiesen anfangs keine erfahrenen Kartographen bei ihren Entdeckungsreisen hatten und vor allem auf die Italiener angewiesen waren. Die im beginnenden 16. Jh. einsetzende Wende ist das Verdienst eines *Pedro Reinel* (1485—ca. 1535) und seines Sohnes *Jorge* (ca. 1518–1572), eines *Lopo Homem* (ca. 1497—ca. 1572) und seines Sohnes *Diogo* (1547—ca. 1576), *Don Joao de Castro* (1500—1548), *Fernão Vaz Dourado* (ca. 1520—1580) und insbesondere des *Diogo Ribeiro* († 1533), der selbst eine beträchtliche Anzahl von Karten und Atlanten herstellte. Unter den noch zu Kolumbus' Lebzeiten herausgekommenen Seekarten gehört Pedro Reinels Atlantikkarte von 1504—1505 zu den bedeutendsten. Sie veranschaulicht die Expeditionen der Brüder Cortereal an die nordamerikanische Küste (1501), ferner Westeuropa von Irland und Britannien bis Sizilien sowie den afrikanischen Küstenstreifen bis Cap Verde, wobei die beiden letzteren Gebiete noch als verbunden gelten. Bei der Darstellung der amerikanischen Nordküste vom ,,cabo raso'' (Kap Race) zum 60. Grad nördlicher Breite erleichterte er sich seine Aufgabe durch die Einzeichnung eines benachbarten Quermeridians mit einer Skala zur Bestimmung der Abweichung der magnetischen Deklination für die einzelnen Breitengrade. Pedro Reinel, ein erfahrener Navigator und begabter Kartenzeichner, ist der Begründer der Kartographenschule, die wesentlich dazu beitrug, daß sich die portugiesische Seekartenproduktion selbständig machte und im 16. Jh. Berühmtheit erlangte. Nachdem im benachbarten Spanien 1503 die bekannte Casa de la Contratactión mit Amerigo Vespucci, Juan Diaz de Solis und Sebastian Cabot in Sevilla gegründet worden war, waren in beiden Ländern alle Voraussetzungen zu weiteren Entdeckungsfahrten, vor allem der Magalhäesschen, sowie zu weiteren Kartenwerken gegeben.

Im Jahre 1513 schuf der türkische Kartograph *Piri Re'is* (1470–1554) eine Weltkarte, von der nur der Westteil erhalten geblieben ist, die aber auf verläßlichen Informationen über Kolumbus' Entdeckungsreisen beruht. Als Vorlage diente ihm nämlich eine Kopie der Karte des Kolumbus, die sein Onkel, der türkische Seekapitän Kemal Re'is, 1501 in der Seeschlacht gegen die Spanier bei Valencia erbeutet hatte. Kemal übergab sie seinem Neffen, der sich bei der Herstellung eines nautischen Handbuchs und einiger Mittelmeerkarten für die osmanische Flotte bereits kartographische Erfahrungen erworben hatte. Piri Re'is arbeitete jene Karte des Kolumbus, sicherlich unter Zuhilfenahme weiterer Vorlangen, zu einer Weltkarte um, die uns heute eine annähernde Vorstellung seiner Originalvorlage gibt. Welche das war, wissen wir nicht, denn von den vielen Karten, die Kolumbus auf seinen vier Amerikareisen zweifellos bei sich hatte, ist nur die Skizze der Nordwestküste der Insel Hispaniola (Haiti), die er im Dezember 1492 während seiner ersten Expedition entwarf, überliefert.

Piris Hinweis, er habe Küstenlinien und Inseln aus der Karte des Kolumbus abgezeichnet, ist in einer der vielen Anmerkungen auf dem beide Atlantikküsten darstellenden Fragment einer Pergamentkarte von 1513 enthalten. Wir müssen bedauern, daß wir ihre Osthälfte mit Europa, dem wesentlichen Teil Afrikas und ganz Asien nicht kennen. Die Karte ist mit großer Sorgfalt in Farben ausgeführt, enthält eine Menge Angaben über Städte und Häfen, unbewohnte bzw. unerforschte Orte, Klippen, Untiefen, Sandbänke, dem Auge verborgene Stellen usw., die nach Möglichkeit mittels einheitlicher Kartensymbole, wie wir sie aus anderen damaligen Kompaßkarten kennen, veranschaulicht sind. Auch wenn eine Reihe von Illustrationen im Binnenland oder die meisten im Kartenbild verstreuten Legenden keine wissenschaftliche Bedeutung haben, sind die Linienführung der westafrikanischen Küste sowie die türkischen Namen der verzeichneten Orte beachtenswert: Birzabur burnu (Kap Bojador), Abkurun (Weißes Kap), Yessilburun (Grünes Kap), Kiziburun (Rotes Kap), Güzelkörfez (Goldener Fluß) u. a.

Anfangs waren genaue geographische Angaben über neuentdeckte Gebiete schwer zugänglich, auch waren mündlich weitergegebene Berichte nicht immer glaubwürdig, und so bleibt jede Erdkarte aus der Zeit der großen Entdeckungen ein wichtiges Dokument. Sie stellen überdies in der Geschichte der Kartographie die am häufigsten untersuchten, diskutierten und beschriebenen Karten dar. Die Arbeiten des Piri Re'is, d. h. die aus dem Jahr 1513 stammende Karte sowie die weniger bekannte mit der Darstellung Nordamerikas von 1528, sind keine getreuen Kopien der Karten des kühnen Genuesen, denn sie scheinen, wie gesagt, auf mehreren Kartenvorlagen zu basieren. Da sie jedoch sehr bald nach Kolumbus' Expeditionen hergestellt worden sind, bilden sie eine äußerst wertvolle Quelle zur Kenntnis der Seekarten, die Kolumbus tatsächlich mit sich geführt hat. Und ohne diese wäre die Renaissance der Kartographie kaum vorstellbar.

Kartenbehelfe bei der Küstenschiffahrt, die Periploi als Entsprechung der Itinerare bei Festlandreisen

Bis auf den heutigen Tag ist es der Forschung nicht gelungen, mit Sicherheit den Zeitpunkt zu bestimmen, seit dem Seekarten zum dauernden und unerläßlichen Begleiter der Seefahrer geworden sind. Fraglos hat schon das Altertum nautische Karten und geschriebene Schiffahrtsanleitungen gekannt. Es darf sogar angenommen werden, daß diese nicht nur örtliche Entfernungen, sondern auch nach den Himmelsgegenden bestimmte Richtungsangaben für die Schiffe beinhalteten, doch sind alle Belege einer Existenz größerer Seekarten wenig überzeugend.

Andererseits ist aus Berichten Strabos, Plinius' und Ptolemäus' klar ersichtlich, daß es bereits im Griechenland des 6. Jh. v. u. Z. ausführliche Beschreibungen von Küsten und Küstenländern samt Angaben von Schiffsrouten gegeben hat. Diese ältesten Seemannsbehelfe, die sog. Periplus, entsprachen den uns bereits bekannten Itinerarkarten auf dem Festland. Sie schilderten die Landstriche, die vom Schiff, das längs der Küste fuhr, zu sehen waren. Wahrscheinlich haben sich nach der Einführung des Kompasses aus den gezeichneten Periploi, wie sie im Gebiet von Byzanz bekannt waren, die Portolane entwickelt. Die ältesten Periplus, Nachahmungen der ursprünglichen phönizischen und karthagischen, sind nicht erhalten geblieben. Auch die Namen ihrer Urheber sind unbekannt, obgleich diese zweifellos bereits zu Herodots Zeiten (5. Jh. v. u. Z.) gelebt und gewirkt haben.

Solange die Schiffe sich in Küstensicht hielten, verließen sich die Seeleute auf ihr gutes Glück, und die besten Führer waren Küstenbeschreibungen, die mitunter von kleinen Skizzen begleitet waren und Angaben über Windrichtungen, Meeresströmungen, Ebbe- und Flutverlauf in Häfen und Buchten, über Trinkwasservorkommen an der Küste u. ä. enthielten. Die älteren Küstenbeschreibungen geben die Entfernungen noch in Reisetagen und -nächten an, die jüngeren dann in Stadien. Der nach dem griechischen Geographen *Skylax von Karyanda* (5. Jh. v. u. Z.) benannte älteste bekannte Mittelmeer-Periplus z. B. enthält folgende Entfernungsangaben: von den Herkulessäulen nach Emporiae an der katalanischen Küste 7 Tage und 7 Nächte (7000 Stadien), von Emporiae zur Rhodanus- (Rhône) Mündung 2 Tage und 1 Nacht (1500 Stadien), von dort nach dem römischen Antium 4 Tage und 4 Nächte usw. Oder längs der Küste Afrikas von Karthago zu den Säulen des Herkules 7 Tage und 7 Nächte (7000 Stadien), von Sardinien an die afrikanische Küste 1 Tag und 1 Nacht (1000 Stadien) usw. Nächtliche Schiffahrt war nichts Ungewöhnliches, bedenklich jedoch scheinen die Angaben in Stadien, wie aus dem Umstand ersichtlich ist, daß die weitaus größere Entfernung von Karthago zu den Herkulessäulen der von Emporiae zu der genannten Meerenge gleichgesetzt wird. Eine Erklärung darf in einer anderen Schiffahrtsbeschreibung gesucht werden — sie führt entlang der lybischen Küsten von der Canopicus- (Nil) Mündung zu den Säulen des Herkules, und hier fahren die Schiffe auf wesentlich kürzerem Weg durch alle Meeresbuchten.

Die Periploi der Römer sind viel jüngeren Datums. Ähnlich wie Entfernungsangaben auf den Festlandsitineraren oder der Peutingerschen Tafel fehlten, brachten auch diese keine Hinweise auf Seewege und Entfernungen. Wichtige Periplus sind die sog. *Stadiasmen* aus der jüngeren, byzantinischen Periode. Der anonyme „Stadiasmus oder Schiffahrt auf dem großen Meer", d. h. Mittelmeer und Schwarzes Meer, aus dem 4. oder 5. Jh. u. Z. steht bereits den späteren Hafenkarten näher (Beginn des 18. Jh.). Er beginnt in Alexandria und beschreibt zuerst die Küste Libyens, hierauf wiederum von Alexandria aus ostwärts die asiatische Küste bis zur Pontusmündung und von dort die Küste Südeuropas zu den Herkulessäulen und nach Gedair (Cádiz). Die Aufzeichnungen sind knapp gefaßt, fast eine jede enthält eine Bemerkung über die für das Anlegen günstigste Windrichtung, über Süßwasservorkommen, die Entfernung zwischen einzelnen Inseln und deren Verhältnis zum Festland, Anzahl, Größe u. ä. So kann man in dem genannten Stadiasmus u. a. lesen: „...von Antiphrae nach Derra, das während des Sommers Anlegeplatz ist und Wasser hat, 90 Stadien..." oder an anderem Ort: „...von Hermea nach Leuce Acte sind 20 Stadien; dort liegt in einer Entfernung von zwei Stadien von der Küste eine niedrige Insel mit Anlegeplatz für Lastkähne, den man mit dem Westwind erreichen kann. An der Küste unterhalb des Kaps befindet sich ein ausgedehnter Ankerplatz für alle Arten von Schiffen, auf dem Ufer steht ein Apollotempel, ein berühmtes Orakel, neben dem Tempel gibt es Wasser..."

Leonardo Dati

Eine gute Vorstellung von der mittealterlichen Seekartenzeichnung sowie von dem Verlauf der längs des Mittelmeers führenden Marktwege kann man sich aus der beschreibenden Dichtung „La Sfera" machen, die von dem Florentiner *Leonardo Dati* (ca. 1360–1425), vielleicht auch von seinem Bruder *Goro* († 1436) stammt. Die lateinischen Verse dieses kosmographischen Festgedichts von 1422

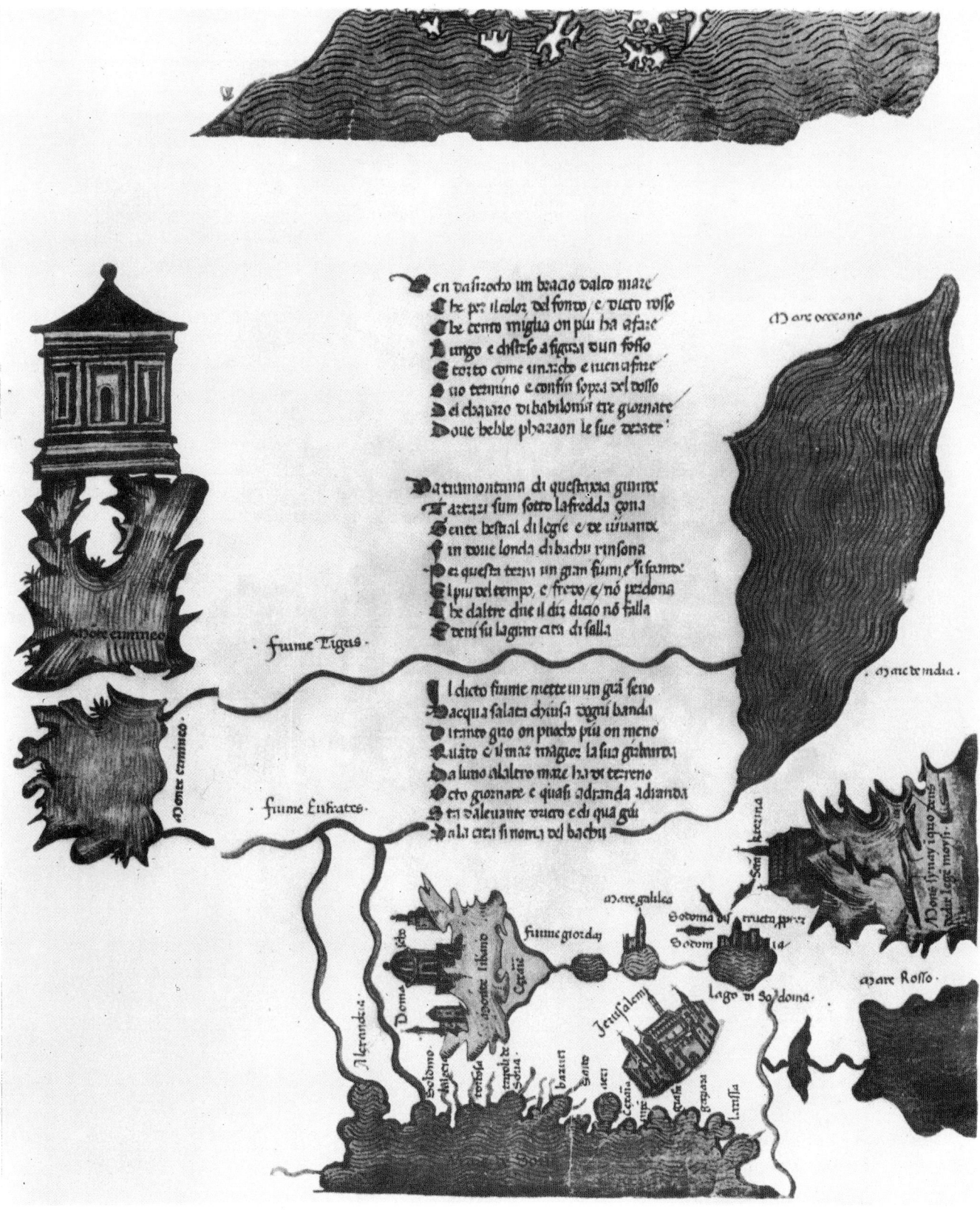

en vasizocho un beacio valco maze
The per il color del fonto, e victo rosso
The cento miglia on piu ha afare
Lungo e distrso a figura d'un fosso
Storto come un zicho e tuen a fine
Suo termino e confin sopra del rosso
Del chauto di babilonia tre giornate
Doue bebie pharaon le sue veste

Da tramontana di questa za giunte
Vi arzau sum sotto la fredda cona
Gente bestial di legie e re uiuante
in woue londa di bachu rinsona
Pei questa terra un gran fiume si spande
Il piu del tempo, e freco, e/ nó perdona
The daltre due il dia dicto nó falla
Veni su lagimi cara di falla

Il dicto fiume mette un un grã seno
Dacqua salata chiusa oggni banda
Dtranco gno on puacho piu on meno
Quato e il mar magioz la sua gulaura
Da luno alaltro mare ha vi terreno
Octo giornate e quasi adranda adianda
Sta dleuante vuero e di qua giu
Da la cita si noma del bachu

Mare occeano

Fiume Tigris

Fiume Eufrates

mare de india

Mare Rosso

Mare galilea

fiume giordan

Jerusalem

Lago di Sodoma

Sodom

Alexandria

Domini libano

21
Leonardo (Goro) Dati, Marginalskizze
Palästinas in seiner geographischen
Dichtung La Sfera. 1422

sind mit marginalen Kartenzeichnungen geschmückt. Da es zu seiner Zeit in zahlreichen Kopien stark in Umlauf war, führte der Kartenschmuck dieses Werks zur Entstehung einer besonderen Kartengattung, die mit ihren gereimten Reiseberichten zu Wasser und zu Lande nicht nur als Anleitung bei der Küstenschiffahrt diente, sondern auch einen Teil der Allgemeinbeschreibung der Erde bildete. Nach der richtigen Linienführung der nördlichen Schwarzmeerküste darf behauptet werden, daß diese auf den ersten Blick nicht sehr attraktiven Karten bereits um die Mitte des 13. Jh. entstanden sind, d. h. bevor noch die Seewege von Genua, Venedig und anderen italienischen Handelsstädten nach dem Schwarzen Meer erschlossen waren.

Ein typisches Beispiel des Kartenschmucks von Datis Schiffahrtsgedichten ist die Kartenskizze des levantinischen Teils des Mittelmeers. Sie umfaßt das Heilige Land mit den Flüssen Euphrat (fiume Eufrates) und Tigris (fiume Tigris), die direkt in den Indischen Ozean (mare de india) münden. An der Küste breitet sich auf dem „monte libano" die Stadt „Domascho" (Damaskus) aus, auf dem Berg entspringt der „fiume giordan" (Jordan) und fließt durch das „mare galilea" (den See Kineret) in den „lago di Sodoma", das Tote Meer. Beschriftungen wie „Sodoma distructa propter Sodomiam" (Sodom wegen Sodomie zerstört) an der Ostküste des Toten Meeres, oder „Mons synay in quo deus dedit legem moysi" (der Berg Sinai, wo der Herr dem Moses das Gesetz gegeben) beim Roten Meer („mare rosso"), lassen keine Zweifel darüber aufkommen, wie schwer sich im Mittelalter ein exaktes, wahrheitsgetreues Kartenbild durchgerungen hat (siehe Bild Nr. 21).

Seekarten haben eine andere Entwicklung durchgemacht als alle übrigen Erd- und Landkarten des Mittelalters, obgleich zwischen beiden enge Beziehungen bestanden. Keine Kartengattung aber ist in einem so hohen Maß vernichtet worden oder verlorengegangen, wie die Karten und Behelfe zur praktischen Verwendung bei der Schiffahrt.

X →
Nikolaus Klaudian (Claudianus),
Landkarte von Böhmen, Teil eines
Einblattdrucks. Nürnberg 1518
(Staatliches Gebietsarchiv, ehemals
Bischöfliche Bibliothek, Litoměřice)

XI →→
Johannes Aventinus, ‚Obern und
Nidern Bairn, bey den alten im Latein
und Kriechischen Vindelicia".
Landshut 1523 (Beide Exemplare 1523
und 1533 bzw. 1535 sind als
Kriegsverluste abzuschreiben; früher
in der Wehrkreisbibliothek bzw. in der
Bayrischen Staatsbibliothek in
München)

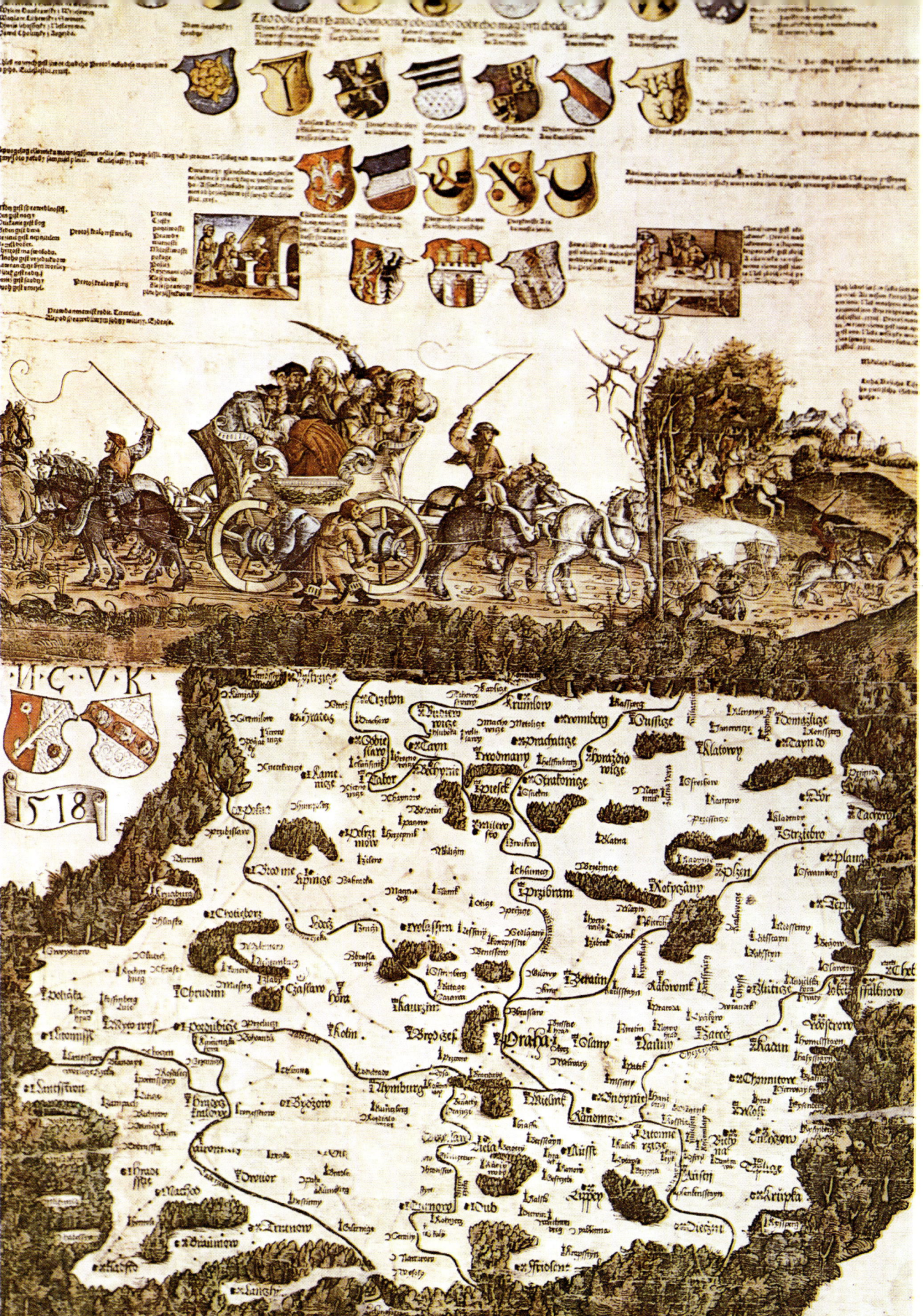

Vorboten der neuzeitlichen Weltkarten

Die kreisförmig gezeichneten Kosmographien /Radkarten/ des 15. Jh. Das neue Koordinatensystem

Die alten mitteleuropäischen Universitäten und Klöster waren um die Mitte des 15. Jh. bereits im Besitz von Material für viel genauere und umfassendere Karten, als es die von den Universitäten Italiens aus über die Alpen verbreiteten Karten und kosmographischen Handschriften gewesen waren. Damals hatten die Kosmographen Österreichs, Bayerns und Sachsens bereits im großen und ganzen richtige Vorstellungen von der geographischen Lage und den charakterischen Zügen ihres Landes. Sie stellten sog. Kosmographien — *cosmographiae septem climatum* — her, die in Kreis- oder Halbkreisform die in sieben Zonen oder Klimate aufgeteilte Erde darstellten. Die Ökumene war darauf entweder als Kreis oder Rad gezeichnet, in dessen Mittelpunkt nach biblischer Anschauung *in medio gentium* Jerusalem lag, oder als Halbkreis, so daß sie zur Hälfte wie die noch älteren, vorchristlichen Karten aussahen, die einen der vier Kontinente des Krates-Globus veranschaulichten. Außer Anleitungen zur Herstellung solcher Kosmographien sind auch Verzeichnisse der abzubildenden Städte und Orte überliefert.

Die geographischen Koordinaten, nach denen die Lage eines Ortes in das etwaige Parallelkreis- und Meridiannetz einzutragen wäre, waren nur für wenige Städte Europas bekannt. Daher kamen für die Konstruktion der kreisförmigen Kosmographien statt der geographischen Koordination die Polarkoordination in Betracht. Richtung und Länge des aus der Kartenmitte hervorgehenden Konstruktionsstrahles bestimmten je einen Punkt. So ist z. B. in der handgezeichneten Karte des Salzburger Benediktinermönchs Andreas Walsperger von 1448 der Kreisumfang in 360° geteilt, zu ihm führen strahlenförmig von der Kartenmitte aus Richtungslinien und Poldistanzen. Die wichtigsten Herstellungsstätten dieser Kosmographien waren die Klöster, im genannten Fall war es wohl Reichenhall bei Salzburg. Mit Ausnahme der dem Mittelpunkt nächstgelegenen Orte konnten diese Koordinaten nicht durch Messungen in der Natur bestimmt werden. Die überlieferten ausführlichen Koordinatenlisten sind Entsprechungen der Verzeichnisse geographischer Koordinaten in der „Geographie" des Ptolemäus. Sie sind wahrscheinlich nach fertigen Landkarten zusammengestellt worden. Wenn eine solche mittelalterliche Kreis- oder Halbkreisdarstellung umgezeichnet

Fra Mauros Venezianer Weltkarte /ca. 1459/

werden sollte, genügte es, sämtliche Orte durch die zum Kartenmittelpunkt gezogenen betreffenden Koordinaten zu bestimmen und nach diesen die neue Karte auszuführen. Ähnlich wie bei den Ptolemäuskarten sind größtenteils nicht die Originalkarten, sondern die Koordinatenlisten erhalten geblieben, oder es haben sich gewisse Karten dieses Typus, wie z. B. die Walspergersche, zwar erhalten, doch die dazugehörigen Koordinatenlisten sind verschollen. Anhand dieser 500 Jahre alten Anleitungen war die Kartenkonstruktion ein leichtes, denn in ihnen waren nicht nur Städte angeführt, sondern des öfteren auch Flußquellen, Zusammenflüsse und Mündungen, und das genügte vollauf zur Zusammenstellung einer Landkarte.

Auch wenn um die Mitte des 15. Jh. ein beiderseitiger reger Verkehr über die Alpenpässe herrschte und dem Austausch kartographischer Kenntnisse nichts im Wege stand, so entwickelte sich die italienische Kartenkunst unabhängig von der mitteleuropäischen und erreichte mit *Fra Mauros* Weltkarte von 1459 ihren Höhepunkt. Dieser Kamaldulensermönch aus dem Inselkloster Murano in der Lagune von Venedig benutzte dazu die Angaben, die die Stadtrepubliken Venedig, Genua, Mailand und Florenz aus ihren Handelsbeziehungen und diplomatischen Kontakten mit den nordafrikanischen Ländern und Abessinien (Äthiopien) schöpften. Den Berichten Marco Polos und des Venezianers Nicolo de Conti (ca. 1395—1469) konnte Fra Mauro wertvolle Asienkenntnisse entnehmen, und die unmittelbare Anregung zur Herstellung der Weltkarte war der von Alfons V. in Lissabon geäußerte wahrhaft königliche Wunsch nach einer solchen.

Fra Mauro bemühte sich durch eifriges Quellenstudium und Übernahme glaubwürdiger Aufzeichnungen um größtmögliche Exaktheit. Sein Mitarbeiter in den Jahren 1457—1459, der venezianische Kartograph Andrea Bianco, hatte in seinem handgeschrieben Portolan von 1448 bereits die Seefahrten der Portuqiesen südlich von Bojador eingetragen. Das ein Jahr vor Fra Mauros Tod vollendete und nach Lissabon eingeschickte Original ist nicht erhalten geblieben, während das heute in der Bibliotheca Marciana des Dogenpalastes aufbewahrte Kartendenkmal höchstwahrscheinlich eine von Bianco oder einem anderen Mitarbeiter nach einer Skizze gezeichnete Kopie darstellt.

Die südorientierte Weltkarte geht fraglos von mehreren Vorlagen aus, die Darstellung des Mittelmeers ist eine Kompilation aus verschiedenen Portolanen. Auffallend ist die exzentrische Lage Jerusalems — die Stadt ist entgegen der Tradition aus dem Kartenmittelpunkt nach Westen verschoben, womit die Darstellung Europas, des Mittelmeers und Asiens wahrheitsgetreuer geworden ist. Die verbleibenden Verzerrungen gehen auf Rechnung der Kreisdarstellung der Erde, in die das reichhaltige Material hineingezwängt werden mußte. Die Einzeichnung der südafrikanischen Küste muß den Portugiesen ein neuer Ansporn zur Umseglung des afrikanischen Kontinents gewesen sein. Es muß nicht betont werden, daß der kurz vorher ins Lateinische übersetzte Ptolemäus für Fra Mauro höchste Autorität blieb; trotzdem führt die Legende in seiner Weltkarte zwei Jahrzehnte vor den gedruckten Ptolemäuskarten ausdrücklich an, das „mar Indiano sia oceano e non stagnon" (das Indische Meer sei ein Ozean und kein Binnenmeer). Die Aufzeichnungen an der Küste

22
*Fra Mauro, Weltkarte, 1459. Rechter
oberer Radkartenquadrant,
südorientiert, mit Darstellung
Afrikas, Arabiens und Südeuropas
(Biblioteca Marciana, Venezia)*

Ostafrikas lassen eine Benutzung arabischer Quellen vermuten.

Die in Fra Mauros Radkarte festgehaltenen Kenntnisse konnten nicht so bald übertroffen werden, die Kirchentradition jedoch hatte, trotz der teilweisen Aneignung der neuen Geographiekenntnisse im späten Mittelalter, keine großen Überlebenschancen mehr. Schon hundert Jahre später erstand der Menschheit ein ganz anderes Weltbild.

Die Katalanische Radkarte von Modena /1450/ und andere Radkarten als letzte Dokumente der ökumenischen und hemisphärischen Karten

Das Kartendenkmal in der Bibliotheca Estense zu Modena stellt die erste bekannte Radkarte aus der Gruppe der Portolane dar. Anders als die Katalanische Weltkarte des Abraham Cresques ist diese mehr nach Norden und Süden ausgedehnt, wenn auch der Großteil der südlichen Hälfte vom Halbmond des unbekannten Festlands „terra australis incognita" ausgefüllt ist, das von Eratosthenes und Ptolemäus für das Gegengewicht der großen Erdmasse im Norden gehalten wurde. Die Achse der nördlichen Kartenhälfte, die unvergleichlich mehr Lagebeschreibungen enthält, wird vom Mittelmeer gebildet, an dessen Ostrand Jerusalem (San Sepulara) liegt. Das Namensverzeichnis an der Küste Westafrikas reicht bis zum Kap Rosso (cap groso), d. h. bis zu den 1446 von den Portugiesen erreichten Stellen (... a quest cap es fi de la terra del ponent de la part de affrica a questa linia es la equinossial...''). Die zwei Inseln nahe der Westküste tragen die Beschriftung „illa de cades asi posa ercules dues colones'' (Herkulessäulen). Oberhalb des weit offenen Golfs von Guinea befinden sich die Mondberge („mons de la luna"), das Quellgebiet von fünf Flüssen, die sich auf dem Territorium von Ober-Nigerien in einen großen See ergießen. Im Indischen Ozean, der den Atlantik vom südlichen Festland trennt, tauchen neue bzw. anders benannte Inseln auf: Jawa, Sumatra (Taprobane), die übergroße rechteckige Insel Ceylon (Silan) u. a. Die hydro- und orographische Beschreibung Eurasiens ähnelt bis auf gewisse neue Legenden und Zeichnungen der Katalanischen Karte von 1375. Eine westlich von Irland angebrachte Anmerkung betrifft eine „illa de brazil" und „illa de mam"; acht Inseln deuten die Konfiguration Islands an (Questas illas son apeladas islandes"). Die Herkunft der Karte steht außer Zweifel, denn ihre Sprache ist in der Beschriftung und den einundfünfzig Legenden (mit Ausnahme der lateinischen Legenden bei den Inseln der Seligen) das Katalanische. Die Karte ist nordorientiert.

Obwohl bereits ein Jahrhundert früher der Gehalt einiger Radkarten einen gewissen Fortschritt aufzeigt, wie z. B. die Weltkarte im Medici-Seeatlas (ca. 1351) mit ihrer Einzeichnung des südlichen Ausläufers Afrikas, so bleibt in der Mitte des 15. Jh. das Weltbild der meisten doch noch getrübt und verharrt unter dem Einfluß religiöser Vorurteile. Neben der erwähnten Weltkarte von Albertin de Virga gehören viele Werke der italienischen Kartographenschule hierher, wie z. B. das in zwei Platten einer kreisförmigen Eisentafel gravierte Prunkstück Kardinal Borgias aus der Mitte des 15. Jh., die Weltkarten des Venezianers Giovanni Leardo (1442, 1448 u. 1452–1453), oder die in ungewohnter Linsenform verfertigte sog. Genuesische Weltkarte von 1457.

Diese Weltkarten und die große Anzahl weiterer Radkarten von vorwiegend ökumenischem oder hemisphärischem Typus waren in

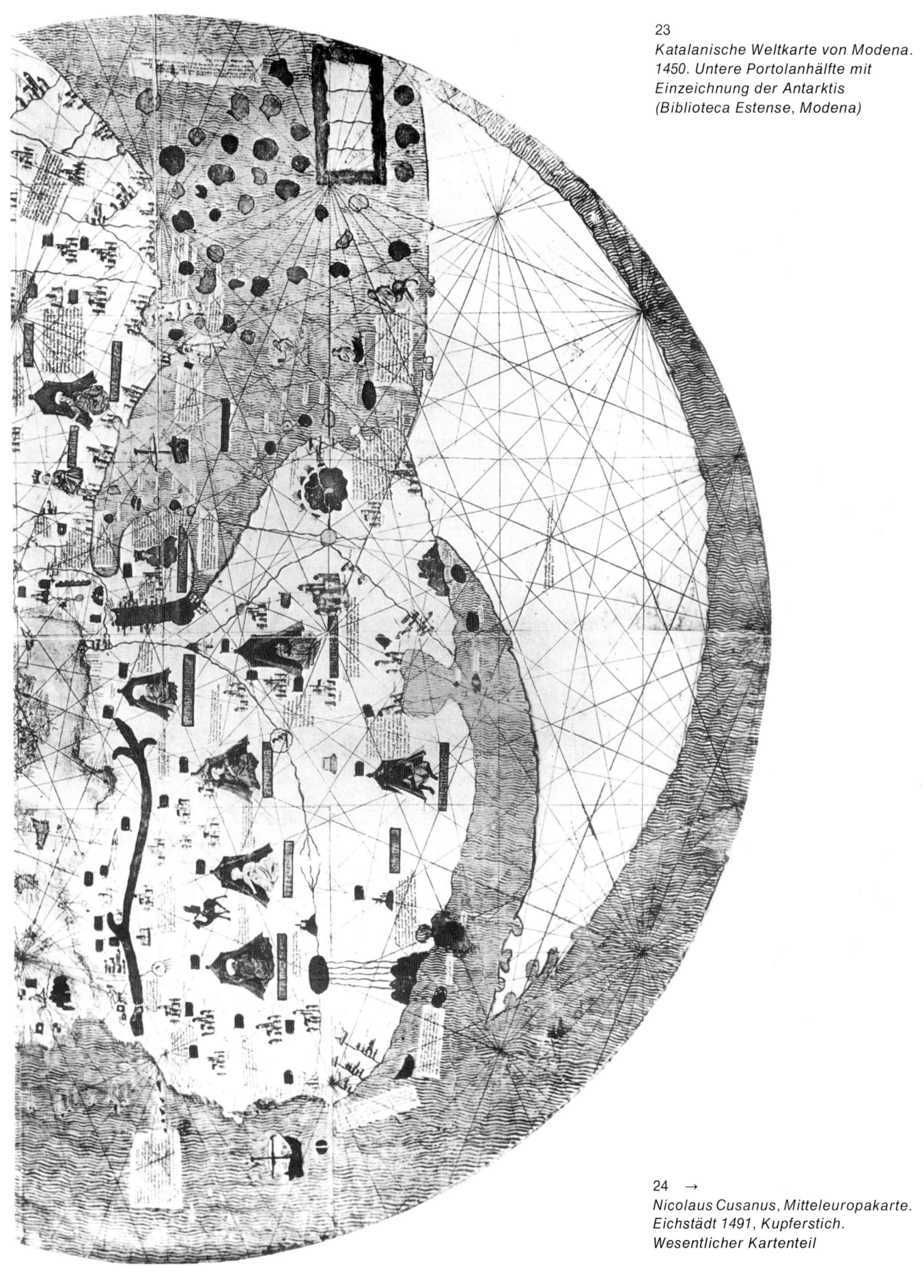

23
*Katalanische Weltkarte von Modena.
1450. Untere Portolanhälfte mit
Einzeichnung der Antarktis
(Biblioteca Estense, Modena)*

24 →
*Nicolaus Cusanus, Mitteleuropakarte.
Eichstädt 1491, Kupferstich.
Wesentlicher Kartenteil*

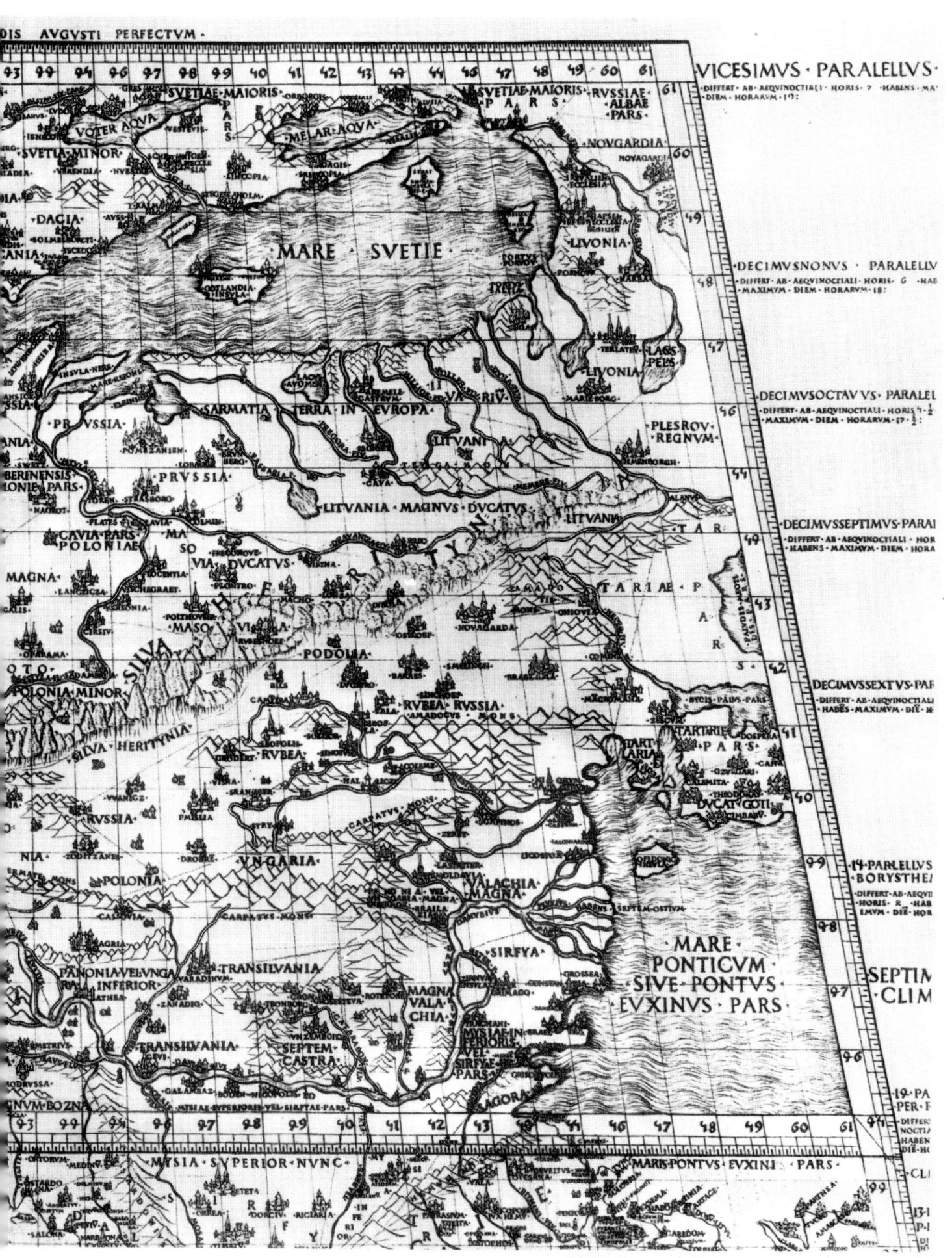

der 2. Hälfte des 15. Jh. noch immer allzu abhängig von älteren Vorlagen und konnten den mehr pragmatischen Anforderungen ihrer Zeit nicht mehr gerecht werden. Mit Ausnahme der wenigen, die einer groben Orientierung oder Distanzbestimmung dienen konnten, blieben die übrigen das, was sie von Anfang an gewesen waren — ein zeitgemäßer Schmuck kirchlicher und weltlicher Gebäude oder Bestandteil mittelalterlicher Manuskripte.

Europäische Länder auf spätmittelalterlichen Karten und Kartenfragmenten. Ihre Wiederherstellung anhand überlieferter Koordinatentabellen

Kunde davon, wie die europäischen Länder in den Augen der Kartenzeichner des späten Mittelalters aussahen, geben uns neben den letzten Radkarten wie der Walspergerschen oder der ihr ähnlichen aus der Klosterbibliothek in Zeitz (Thüringen) auch die Koordinatentabellen, die im Unterschied zu den Karten bis auf den heutigen Tag erhalten geblieben sind. Anhand dieser Tabellen lassen sich die Landkarten einigermaßen wiederherstellen.

Eine dieser Mitteleuropakarten kann nach den Koordinatentabellen rekonstruiert werden, die Anfang der dreißiger Jahre unter den Manuskripten der Münchener Staatsbibliothek gefunden wurden — dem Codex Latinus Monacensis No. 14583. Die Koordinaten sind von zweierlei Art; die einen, astronomisch bestimmte geographische Koordinaten, umfassen an 200 europäische Städte und gestatten die Herstellung einer Europakarte, die in Süddeutschland auffallend exakt ist; die Lage der einzelnen Orte ist durch ihre geographische Länge und Breite festgesetzt. Die zweiten, um vieles genaueren, sind die Polarkoordinaten, d. h. eine Liste der Azimute und Distanzen, die aus der Originalkarte übernommen wurden; diese Liste diente der manuellen Anfertigung der Kopien. Aus diesen Tabellen der Polarkoordinaten konnte eine Landkarte hergestellt werden, die ganz Mitteleuropa, von Luxemburg bis Bratislava und von Mailand bis Brandenburg samt einem überraschend exakten Flußsystem umfaßt. Ihr Kompilator, also weder ihr Autor noch ihr Zusammensteller, war der Benediktinermönch Fridericus aus dem Regensburger St.-Emmeran-Kloster. Als Entstehungsort der nicht überlieferten Landkarte kommen an erster Stelle Salzburg oder das in der Kartenmitte liegende Reichenhall in Betracht. Die Azimute sind von dem Hauptstrahl aus zu rechnen; dieser berührt fast Klosterneuburg bei Wien, dessen Kloster allem Anschein nach in der 1. Hälfte des 15. Jh. der Mittelpunkt einer hochentwickelten Kartographenschule war.

Mit den Landkarten, deren Rekonstrukton mittels überlieferter Koordinatentabellen möglich ist, erreicht die Epoche der kreisförmig gezeichneten Kosmographien ihren Höhepunkt. Die wiederhergestellten Karten bestätigten den hohen geographischen Wissensstand an mitteleuropäischen Universitäten wie der Erfurter, Prager, Heidelberger, Leipziger und Krakauer, an den Kosmographieschulen zu Wien und Klosterneuburg sowie in süddeutschen Benediktinerklöstern. Bald jedoch gerieten diese regionalen Kartenwerke in Vergessenheit, denn überall begann sich die ptolemäische Geographie durchzusetzen; sie galt der Wissenschaft der Renaissance als höchste Autorität, ihr galt uneingeschränkte Bewunderung, die in der weiten Verbreitung des Ptolemäus durch den Druck ihren Ausdruck fand. Die Weiterentwicklung der Kartenkunst spielte sich in Italien ab, wo das Kartenbild der Erde von zwei Deutschen, Do-

Die Karte des Kardinals Nicolaus Cusanus /1491/

nus Nicolaus Germanus und Nicolaus Cusanus, grundlegend geändert wurde.

Der in Florenz lebende Kosmograph *Donnus Nicolaus Germanus* († ca. 1489) übertrug 1466 siebenundzwanzig bis dahin in rechteckigen Netzen konstruierte ptolemäische Karten in ein neues, trapezförmiges Netz, das wie sein Autor unter dessen abgekürztem Namen Donis bekannt ist. Der Ursprung dieser Darstellung liegt im Dunkeln, möglicherweise besaß Donis byzantinische Ptolemäus-Kopien und verwendete diese als Vorlage. Viel wichtiger ist die Tatsache, daß die von ihm stammenden Karten keine bloßen Kopien der Ptolemäuskarten sind, sondern unkonventionelle Einzeichnungen von Bergen, Seen und Grenzen in den Rahmen der bis dahin unbekannten Trapezform. Sie waren in Italien handschriftlichen Ptolemäusübersetzungen beigefügt, in dem Trapeznetz waren ferner die 26 Karten der ersten gedruckten Ptolemäusausgabe (Bologna, 1477) sowie spätere neue Karten zur Geographie des Ptolemäus eingezeichnet.

Unter sämtlichen sog. modernen Landkarten, die die ptolemäische Renaissance im ausgehenden 15. Jh. ins Leben rief, erregte die des Kardinals *Nicolaus Cusanus* (1401–1464) jenes bedeutenden deutschen Theologen und Philosophen der Frührenaissance, die größte Bewunderung. Sie scheint unmittelbar nach 1451 entstanden zu sein, nachdem Cusanus als päpstlicher Legat viele Städte und Länder in Deutschland und den Niederlanden bereist und genügend kartographische Daten gesammelt hatte. Neben den bei Auktionen erstandenen Büchern und Instrumenten erwarb er wertvolle Handschriften, unter denen sich wahrscheinlich auch jene Karte befand, die heute nur mehr unter dem Namen Trier-Koblenzsche Fragmente bekannt ist. Seine Freundschaft mit den Kosmographen der Klosterneuburger Schule und seine Kontakte zu ähnlich interessierten Menschen gelegentlich der zahlreichen kirchlichen und diplomatischen Versammlungen vermittelten dem Kardinal wohl gründliche Kenntnisse über verschiedenste Länder. Nur so ist sein überaus inhaltsreiches und ausdrucksstarkes Kartenbild zu erklären.

Auf dem weiten Gebiet der Karte Mitteleuropas hat kein anderer Kartograph solch weitgehende Reformen durchgeführt wie Nicolaus Cusanus. Er korrigierte das mehr oder weniger konfuse ptolemäische Kartenbild Mitteleuropas, ersetzte veraltete Ortsnamen durch zeitgemäße Benennungen und verbesserte teilweise auch Hydro- und Orographie. Seine Karte ist in das Donissche Trapez des Gradnetzes gesetzt, wie es bei den alten und neuen Atlanten der Ptolemäusausgaben üblich war. Im Gebiet der ptolemäischen Tradition verbleiben die Randbemerkungen über geographische Längenwerte, klimatische Verhältnisse, jeweilige Dauer des Tageslichts bei den einzelnen Breitenkreisen sowie ein Plan des Gradnetzes. Der Verlauf gewisser Parallelkreise und Meridiane ist nicht ganz exakt, so daß Jütland und die Apenninhalbinsel nach Osten vorgeschoben sind, die friesische und baltische Küste um 2°–4° zu weit nach Norden reichen; die Lage einzelner Städte und Gebirge ist vertauscht, in Osteuropa beließ Cusanus die fehlerhafte Einzeichnung der Flüsse Dnjester und Dnjepr u. ä.

Die Grundzüge von Cusanus' Kartenentwurf wären aus seinem Konzept-Manuskript zu erkennen gewesen — wenn es überliefert wäre. Der Kardinal hatte es Anfang der 50er Jahre zu Eichstädt in Bayern vollendet. Von diesem Original wurden direkt oder indirekt zwei Kopien angefertigt. Die erste ist die sog. Eichstädter Karte, die als „tabulae modernae" für die römische Ptolemäusausgabe 1478 oder 1490 erstellt wurde. Diesen aus unbekannten Gründen unvollendeten Kupferstich erwarb der uns bereits bekannte Humanist Konrad Peutinger während seiner Italienreisen. Er ließ ihn vollenden, aber kümmerte sich nicht weiter darum, da es ihm, dem eifrigen Sammler alter Drucke, nicht kostbar genug erschien. Im Jahre 1491 zog der Augsburger Kupferstecher *Hans Burgkmair* (1473—1531) etliche Kopien nach ihm ab — sie gehören heute zu den allerältesten Kupferstichen. Der Baseler Professor Sebastian Münster verfaßte zu der Karte eine 80 Seiten umfassende Schrift, die *Germaniae descriptio* (1531), in der er auch einige in der Karte nicht beschriebene Städte anführt. — Die zweite Kopie der Cusanuskarte ist die Bearbeitung des Florentiners Henricus Martellus Germanus im Ptolemäuskodex *Magliab;* er setzte sie noch in das ältere rechteckige Gradnetz. Die Historiker geben Burgkmairs Kupferdruck jener Kopie von 1491, die mit einigen Hexametern Cusanus' Autorschaft andeutet, Vorrangstellung.

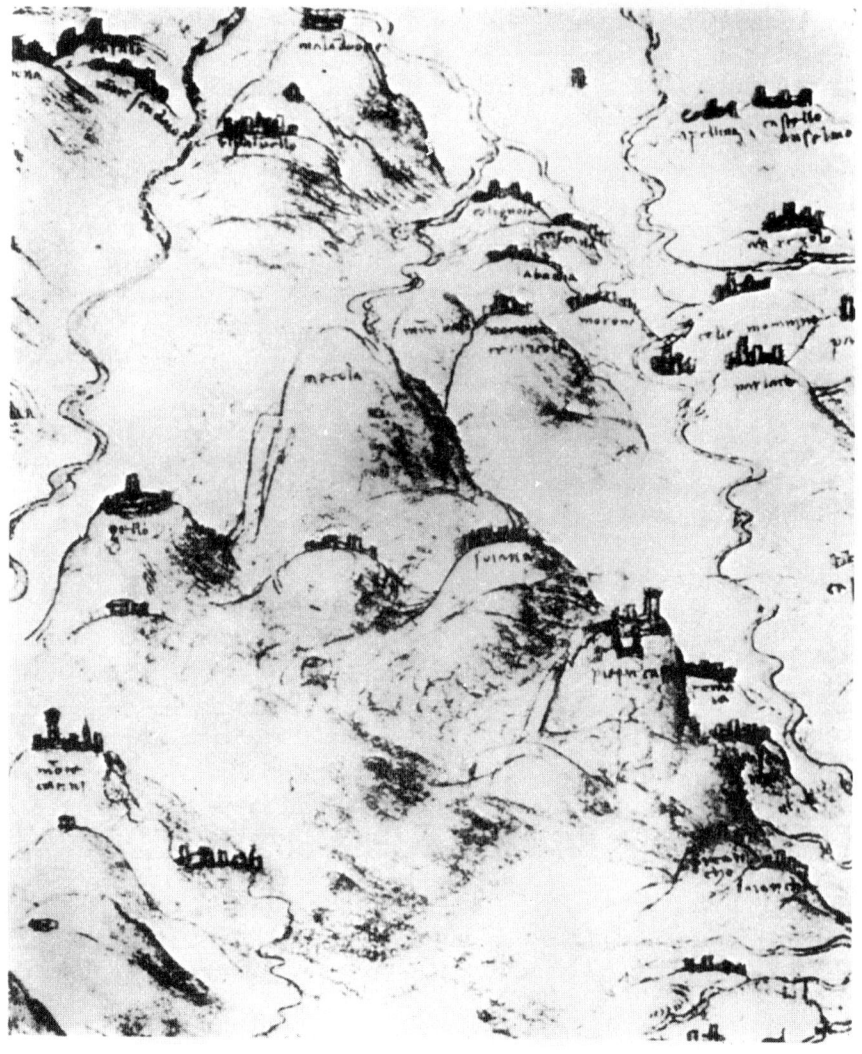

25
Die Toskana auf der Italienkarte von Leonardo da Vinci. 1502–1503, Rötelzeichnung. Teilansicht (Königliche Biblitohek, Windsor)

Die Kopien der Cusanuskarte wurden zu einer Zeit, da in den Ländern nördlich der Alpen Landkarten noch von Holzschnitten abgezogen wurden, als Kupferstichkarten gedruckt. Mit der Cusanuskarte war die erste moderne Karte Mitteleuropas entstanden, der Prototyp der neuen, namentlich in Bayern, im Rheinland und in Italien hergestellten Karten; im letztgenannten Land stand das Kartenschaffen unter dem Einfluß des Stechers und Herausgebers *Francesco Roselli* (1445–ca. 1513). Die Gegenüberstellung des Gehalts dieser Landkarten einerseits und der kosmographischen Ansichten der Entdecker neuer Länder andererseits bewirkte in den Folgejahren, daß die altgewohnte Kartenproduktion in den Ländern nördlich und südlich der Alpen allmählich ihren Sinn verlor.

Kartenfrühdrucke /Inkunabeln/

Bis zur Erfindung des Buchdrucks waren Karten als Handzeichnungen im Umlauf, sie wurden in den Werkstätten von Rom, Venedig, Ulm, Straßburg, Antwerpen und einigen anderen Städten hergestellt. Mit dem Druck der ersten Karten begann man keine drei Jahrzehnte nach Gutenbergs Mainzer Erfindung. Aus jener Zeit stammt die Radkarte vom TO-Typus in der gedruckten Ausgabe der *Etymologiae* Bischof Isidors von Sevilla (Augsburg 1472), die als ältester Kartendruck des Abendlands angesehen wird. Anfangs druckte man Karten von Hand oder mittels einer einfachen Handvorrichtung. Die Anzahl der so gedruckten Karten war gering, die Herstellungskosten hoch und ihr Informationsgehalt recht bescheiden. Überdies stimmten viele Karten nicht mit dem Original überein und unterschieden sich infolge des unvollkommenen Druckverfahrens auch untereinander.

Die Entwicklung des Buchdrucks förderte in der Anfangszeit vor allem die Herausgabe des Ptolemäus. Die 1477 zu Bologna hergestellte Erstausgabe seiner „Geographie" erschien in einer Auflage von fünfhundert Stück und erlangte trotz des langsamen Absatzes größere Berühmtheit als so mancher griechische oder lateinische handgeschriebene Kodex; diese wurden noch bis ins ausgehende 15. Jh. mühselig und kostspielig abgeschrieben. Der Text des Ptolemäus-Kartenfrühdrucks ist von Dominicus de Lapis, den Druck der 26 Karten besorgte Taddeo Crivelli. Die Karten der Bologneser Ausgabe sind ebenso wie die 27 Karten der zweiten, römischen, ein Jahr jüngeren Ausgabe (1478) in Kupferplatten gestochen. Der Kupferstecher der römischen Ausgabe war Arnold Buckinck, beteiligt an der Arbeit war sein Lehrer Konrad Sweynheym, der deutsche Mitbegründer der ersten italienischen Druckerei (Subiaco bei Rom, 1467). Die nächsten Ptolemäus-Kartenfrühdrucke enthielten bereits die neuen „modernen" Landkarten *(tabulae modernae)* Frankreichs, Spaniens, Italiens und Palästinas (1482) sowie die anderer Länder; es waren entweder Kupferstichkarten (1482, Florenz) oder Holzschnittkarten (Ulm, 1482 und 1486). Drucker der ersteren war Nicolo Tedescho, Verfasser ihres gereimten italienischen Textes Francesco Berlinghieri, Drucker der letzteren Lienhart Holle bzw. Johann Reger. Bei beiden Ulmer Ausgaben wurden die gleichen Druckstöcke benutzt, ähnlich wie beide römische Ausgaben (1478 und 1490) von den gleichen Kupferplatten stammten. Autor dieses letzten Wiegendrucks der „Geographie" des Ptolemäus von 1490 war Petrus de Turre.

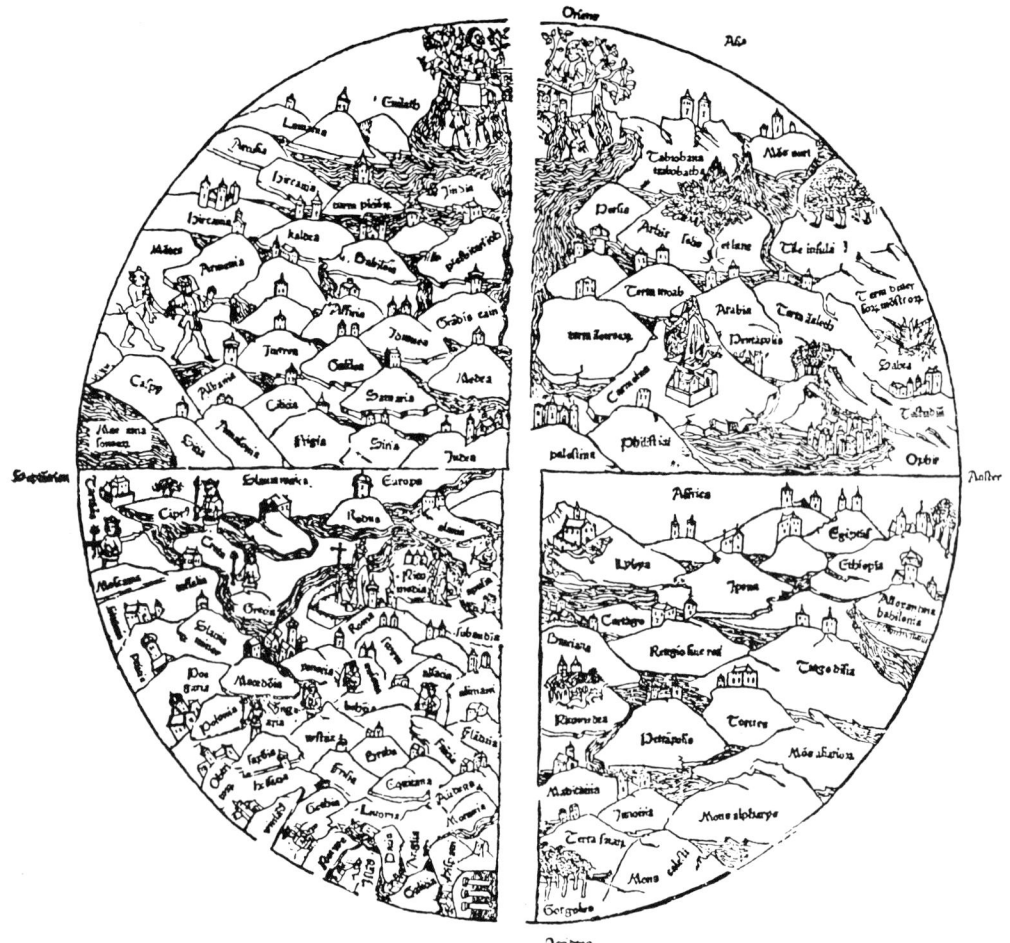

26
Inkunabel-Weltkarte aus dem Druck
„Rudimentum novitiorum". Lübeck
1475, Holzschnitt

Kartenbeilagen zum Ptolemäus waren nicht die einzigen im 15. Jh.
gedruckten Karten. Gleichzeitig erschienen Holzschnittkarten als
Beilagen anderer bedeutender gedruckter Bücher, wie z. B. das
Rudimentum novitiorum mit einer Weltkarte und Palästinakarte
(Lübeck 1475), der *Isolario* von Bartolomeo dalli Sonetti mit 49 Kar-
ten (Venedig 1485), die *Peregrinatio in terram sanctam* des Bern-
hard von Breydenbach mit einer Palästinakarte und Stadtansichten
(Mainz 1486) oder Hartmann Schedels Liber chronicarum mit einer
Weltkarte, Deutschlandkarte sowie zahlreichen Veduten (Nürnberg,
1493). Die Drucktechnik ermöglichte nun eine wahrheitsgetreuere
Wiedergabe der Originalkarte, förderte ihre Verbreitung und damit
auch einen schnelleren Umlauf und Tausch aller Kartengattungen.
Gehandelt wurde nicht nur mit See- und Landkarten, Veduten und Glo-
bussegmenten. Die neuen Unternehmer sahen ihre Chancen im Kar-
tengeschäft, mit der Erfindung des Buchdrucks beginnt die Ära der
handwerksmäßigen, professionellen Kartenproduktion, die keine
zwei Jahrhunderte später am Unterrhein und in den Niederlanden
ihren Höhepunkt erreicht. Die Zeit, da die kostbaren Karten mühsam
abgezeichnet und in Pergamentrollen in Klosterbibliotheken aufbewahrt worden waren, gehörte der Vergangenheit an. Das Zeitalter der
handschriftlichen (chirographischen) Karten hatte endgültig dem der
gedruckten (typographischen) Karten Platz gemacht. Diese verbrei-

Eine Voraussetzung für die Renaissance der Kartographie: die Kenntnis des Ptolemäus nach der Lateinübersetzung aus dem Griechischen

teten sich nach der kurzen Periode der Kartenfrühdrucke sehr schnell und erfuhren nach wenigen Jahrzehnten höchste künstlerische Bearbeitung.

Die Entfaltung der Kartenkunst in der Renaissance ist eine Folge der Entdeckungsreisen, der neuen Geräte und verbesserten Messungen, der Erfindung des Buchdrucks und der Benutzung von Kupferstich und Holzschnitt, nicht zuletzt aber auch der lateinischen Übersetzung der „Geographie" des Ptolemäus.

Der Weg zu diesem Werk war kein leichter. Griechische Gelehrte hatten auf der Flucht vor der türkischen Expansion die Handschrift des Ptolemäus nach Italien mitgebracht. Zu ihrer Erschließung bedurfte es einer Übersetzung ins Lateinische, denn das Griechische war damals selbst den meisten Gelehrten unbekannt. Als Konstantinopel und Athen fielen (1453 bzw. 1458), waren die Geographiekenntnisse der Antike dem Abendland zum Glück schon bekannt, da die lateinische Ptolemäus-Übersetzung des byzantinischen Gelehrten Emanuel Chrysoloras (ca. 1335–1415) und seines Schülers *Jacopo d'Angelo* (Jacobus Angelus) bereits vorlag; letzterer hatte die Hauptarbeit besorgt und sie 1406 vollendet. Die Kopien dieser Schrift verbreiteten sich sehr rasch, anfangs ohne Karten, ab 1427 dank Kardinal Guillaume Fillastre auch mit Kartenbeilagen.

Wie hier bereits früher dargelegt, ist die Geographie des Ptolemäus kein Erdkundelehrbuch, sondern eine Anleitung für Kartenzeichner. Mit Hilfe der Tabellen und des Koordinatennetzes konnte ein geübter Kartenmacher eine Vorlage der Karte herstellen, von der Ptolemäus ausgegangen war. Wie später ermittelt wurde, beruhten die Angaben der geographischen Koordinaten nur zu geringem Maße auf astronomischen Messungen, ihr wesentlicher Teil war aus Reiseberichten und Itinerarangaben nachträglich interpoliert worden. Die geographischen Tabellendaten stammten aus verschiedenen Jahrhunderten, die Kenntnisse der Autoren über die fremden Länder waren uneinheitlich. Vor dem Kartenfrühdruck der „Geographie" war ihr Manuskript schon verschiedentlich umgeschrieben und redigiert worden. Für die neuentdeckten Länder wurden ebenso wie für die längst bekannten die *tabulae modernae* beigefügt, die ab 1482 in keiner gedruckten Ausgabe fehlten, während sie früher nur in wenigen chirographischen Ptolemäustranskriptionen vorkamen. So erschienen beide Fassungen, die ursprünglichen *tabulae antiquae* sowie die modernen Karten nebeneinander. Weitere neue Karten wurden in Kartenfrühdrucken herausgegeben. Je mehr davon erschienen, um so größer wurde auch die Zahl der Ptolemäusatlanten und dessen wiederholte Ausgaben. Außer den genannten Kartenfrühdrucken erschien die „Geographie" samt Karten bis 1570 wie folgt: Rom 1507, 1508, Venedig 1511, 1548, 1561, 1562 und 1564, Straßburg 1513, 1520, 1522, 1525, Basel 1540, 1541, 1542, 1545, 1552, Ingolstadt 1533, Paris 1546, Lyon 1535, 1541, Köln 1540; die Lateinübersetzung des ersten Buches kam 1514 in Nürnberg heraus, seine Übersetzung ins Portugiesische erschien 1537 in Lissabon. Gewisse Ptolemäusausgaben gelten als Meilensteine in der Entwicklungsgeschichte der Kartographie. So enthalten z. B. einige Exemplare der römischen Ausgabe von 1507 die Weltkarte des holländischen Seefahrers *Johan Ruysch* († 1533) mit den portugiesischen Entdeckun-

27
*Der amerikanische Kontinent auf
Martin Waldseemüllers ,,Carta marina
universalis'', St-Dié 1507, Holzschnitt,
in dessen Werk ,,Universalis
cosmographia'', Straßburg 1507
(Schloßbücherei Wolfegg, Kreis
Ravensburg, Württ.; einzig erhaltenes
Exemplar)*

gen in Asien und den spanischen in Amerika. Die Straßburger Ausgabe von 1513 darf sich ihrer 20 neuen Ptolemäuskarten *(In Claudii Ptolemaei Supplementum)* rühmen, deren Autor Hylacomilus, der uns bereits bekannte Martin Waldseemüller ist. Professor Sebastian Münsters Basler Ausgabe von 1540 enthält sogar 48 Karten.

Die von Ptolemäus übernommenen und durch die neuen Karten ergänzten Geographiekenntnisse gaben den Anstoß zu neuen Entdeckungsreisen in unbekannte Meere und Binnenländer aller Kontinente. Die Menschen, die jahrhundertelang zum Glauben an das mittelalterliche Weltbild gezwungen gewesen waren, wollten sich jetzt von der Existenz neuer Horizonte anhand eines glaubwürdigen und vernunftgemäßen Kartenbilds selbst überzeugen. Dazu verhalfen ihnen nun die leichter erreichbaren und schneller zu verbreitenden gedruckten Karten.

Buchdruck, Holzschnitt und Kupferstich in der Kartenherstellung

Als zur Renaissancezeit das Interesse an den Naturwissenschaften in Italien und bald darauf in ganz Westeuropa erwachte und immer weitere Kreise an den neuen geographischen Erkenntnissen teilhatten, begann sich gleichzeitig die Buchdruckerkunst zu verbreiten, ohne die eine Weiterentwicklung der Kartographie unvorstellbar ist. Die Mainzer Erfindung Johann Gutenbergs (ca. 1397—1468) bestand im wesentlichen in der Zusammenstellung eines Drucksatzes aus beweglichen Lettern (um 1454). Das bisherige Holzblock-Druckverfahren hatte jedoch bereits im beginnenden 7. Jahrhundert u. Z. in China eine erste Entfaltung erfahren. Schriftzeichen und einfache Zeichnungen wurden in eine Holzplatte geschnitten, auf die erhabenen Stellen Farbe oder Tinte aufgetragen und das Holzschnittbild durch Druck einer Handpresse auf ein Papierblatt übertragen — Papier war in China seit 105 u. Z. bekannt. Dieser sog. Plattendruck

28
TO-Weltkarte aus dem Druck „Etymologiae" von Isidor von Sevilla. Augsburg 1472. Ältester bekannter Kartendruck auf der westlichen Halbkugel

war schneller als manuelles Kopieren. Und so gilt auch als allerälteste gedruckte Karte die Holzschnittkarte Westchinas in der chinesischen Enzyklopädie Liu Ching Thu, die um 1155 von Yang Chia herausgegeben wurde und deren Kopie sich in der Pekinger Nationalbibliothek befindet. In Europa erscheinen die ersten Holzschnittkarten in Zusammenhang mit dem Auftreten der ersten Papierfabriken. Die Holzdruckstöcke waren häufig mit typographischen Schriftzeichen kombiniert, die Beschreibung wurde aus den einzelnen Typen gesetzt und diese in den Holzschnitt eingesetzt. Zumeist wurde auf Papier gedruckt, nur selten auf Pergament, und stets nur auf eine Papierseite.

Der Holzschnitt gehört zu den ältesten graphischen Künsten und beherrschte bis in die Mitte des 16. Jh. den Kartendruck.

Meister dieser graphischen Kunst waren damals die Deutschen, vor allen anderen Albrecht Dürer und Hans Holbein d. J.; die deutschen Kartographen waren überhaupt mehr Künstler als routinierte Handwerker. Deshalb wurden ihre mit der Hand gedruckten Kartenwerke hoch geschätzt.

Die verfeinerte Holzschnittechnik gestattete sowohl den Druck der Lettern für die Kartenbeschriftung — erstmals angewandt im Lübecker *Rudimentum* von 1475 — als auch die Einführung der Stereotypie; dieses Druckverfahren aus Abgüssen — und nicht direkt aus Druckstöcken — benutzte Peter Apian in seiner herzförmigen Weltkarte von 1530. Der Holzschnittdruck erlaubte ferner die Mehrfarbigkeit des Erzeugnisses. Der erste farbige Kartendruck ist die in der Ptolemäusausgabe von Joh. Schott (1513) enthaltene, in Rot und Braun ausgeführte Karte Lothringens. Mehr noch als der Holzschnitt kam beim Kartenschaffen der Holzstich zur Geltung. Dabei wurde die Holzplatte mit dem Grabstichel nicht im Linienschnitt längs der Faser genommen, wie es beim Holzschnitt der Fall ist, sondern quer zur Faserrichtung bearbeitet. Zur Herstellung kleiner oder einfacher Landkarten wurde dieses Verfahren noch im 19. Jh. vorwiegend angewendet.

Während der Holzschnitt in Süddeutschland und im Rheinland im 16. Jh. allgemein anerkanntes Kartendruckverfahren blieb, herrschte südlich der Alpen das Kupferdruckverfahren vor, das sich für die feine und differenzierte Linienführung einer Karte besser eignete. In das weiche Kupfer konnte mit dem Grabstichel alles gegraben werden, was auf der Karte eingezeichnet sein sollte, wonach man die Farbe auf die vertieften Stellen auftrug. Mehrfarbige Karten mußten beim Tiefdruckverfahren nachträglich mit der Hand koloriert werden. Die samtweiche Oberfläche des Kupferdrucks und die scharf kontrastierende Zeichnung bewirkten, daß sich dieser bis in die Mitte des 19. Jh. in der Kartographie die Vormachtstellung bewahrte. Dabei gewannen allmählich chemische Verfahren, vor allem die Ätzkunst oder Radierung, zunehmende Bedeutung; dabei wird die Zeichnung nicht unmittelbar in die Kupferplatte, sondern in eine dünne Schichte säurefester Masse gestochen, und dann mittels einer Säure eingeätzt.

Mit der Erfindung der Aquatinta — einer Tuschtechnik, 1768 — konnten dann selbst Halbtonunterschiede im Kartenbild erzielt werden; dieses Verfahren aber wurde beim Kartendruck nur selten angewendet.

MARIS PACIFICI,

(quod vulgò Mar del Zur)

cum regionibus circumiacentibus, insulisque in eodem
passim sparsis, novissima descriptio.

MARIS ATLANTICI,

SIVE MAR DEL NORT

PARS.

Bermuda

Florida

Noua Hispania.

Mexico.

Cali= fornia

Mar Ver= meio

Cuba   Spagnola

Iamaica   S. Ioan

La Trinidad

Cartagena

Caribana.

Quito.

VVLGO

Circulus Aequinoctialis.

Peru.

AMERICAE MERIDIONA= LIOR PARS.

MANNT,

Charcas.

Chili.

DEL

Prima ego velivolis ambivi cursibus Orbem,
Magellane novo te duce ducta freto.
Ambivi, meritoq; vocor VICTORIA: sunt mi
Vela, alæ; precium, gloria; pugna, mare.

Patagones.

ZVR.

Archipe= lagus in= sularum.

Mar del Nort.

Fretum Magella nicum

NON=

Cum privilegiis Imp. & Reg. Maiestatum,
nec non Cancellariæ Brabantiæ, ad decennium.

Tierra del Fuego.

Die Auswirkungen der großen Entdeckungsfahrten

Zur selben Zeit, als das so oft kopierte und redigierte Werk des Ptolemäus auch im Druck erschien, erfuhr die staunende Welt nach und nach von großen Seeunternehmungen und Neuentdeckungen, deren Ergebnisse gesetzmäßig eine neue Auffassung der Wiedergabe der Erde mit sich bringen mußten. Drei Jahrzehnte vor der Entdeckung Amerikas hatte das Weltbild auf Fra Mauros Weltkarte noch Platz genug in einem Kreis gefunden, aber der Behaimsche Globus von 1492, dem Entdeckungsjahr der Neuen Welt, verzeichnet bereits die ersten Entdeckungen der Portugiesen an der Westküste Afrikas. Weitaus schneller noch wandelte sich das Kartenbild der Welt an der Wende des Jahrhunderts und in den beiden ersten Jahrzehnten des 16. Jh. Während die Weltkarte von Juan de la Cosa vor allem die ersten Entdeckungen im Westen berücksichtigt, verfolgt die sog. Cantino-Karte von 1502, die älteste datierte portugiesische Weltkarte, auch schon die Seefahrten nach Indien. Mit noch größerer Exaktheit und Ausführlichkeit wird die Gestalt des Indischen Ozeans und Südostasiens auf späteren Weltkarten dargestellt, insbesondere auf der des spanischen Kartographen Nuño Garcia Toreno aus den Jahren um 1522, die die erste Aufzeichnung der Philippinen bringt, oder der Karte von Diego Ribeiro, eines Portugiesen in spanischen Diensten, von 1527; sie stellt die ganze damals bekannte Welt zwischen dem nördlichen und südlichen Polarkreis samt den damals spanischen Molukken dar.

Neben diesen chirographischen Weltkarten erschienen auch die ersten gedruckten. Eine von diesen, eine italienische, wurde 1506 nach der Vorlage des *Giovanni Matteo Contarini* († 1507) von Francesco Roselli in Kupfer gestochen. Ihr Kegelmantel umfaßte nur die nördliche Halbkugel, der Nordpol bildete das Kartenzentrum. Als erster zeichnete der Lothringer Kartenkünstler Martin Waldseemüller die deutlich von Asien getrennten Kontinente Nord- und Südamerika ein. Auf seiner 1507 zu St-Dié gedruckten Weltkarte erscheint zum erstenmal der Name Amerika, der jedoch nur einen den Südteil der Neuen Welt veranschaulichenden schmalen Landstreifen bezeichnet.

Am besten können wir uns die Schnelligkeit der Veränderungen im Kartenbild der Erde vergegenwärtigen, wenn wir Waldseemüllers Originalholzschnitt mit der in der Straßburger Ptolemäusausgabe von 1513 *(Orbis typis universalis iuxta Hydrographorum traditionem)* enthaltenen Seekarte bzw. mit dem selbständigen Druck von Waldseemüllers Seekarte in zwölf Teilen von 1516 *(Carta Marina Navigatoria Portugallen Navigationes)* vergleichen. Dieses Kartenwerk wurde von dem Elsässer Nachfolger Waldseemüllers, *Laurentius Frisius* (Laurent Fries ca. 1490–ca. 1532), fortgesetzt, der nach des Meisters Tod fast das gesamte Waldseemüllersche Werk überarbeitete und neu herausgab.

Als am 8. September 1522 die wenigen Überlebenden der Magalhãesschen Expedition, die zum erstenmal die ganze Erde umsegelt hatten, nach Sevilla zurückkehrten, mußte das ptolemäische Weltbild endgültig aufgegeben werden. Dieser überzeugende Beweis der Kugelgestalt der Erde steigerte selbstverständlich die Beliebtheit von Erdgloben. Nach der Rückkehr der *Victoria* stellte der Nürnberger Kartenzeichner und Mathematiker *Johannes Schöner* einen solchen her; damit förderte er nicht nur die Kenntnis der Magal-

XVI
Johann Andreas Rauch, „Wangener Landtafel" (Allgäu), Teilansicht. 1616–1617 (Städtisches Heimatsmuseum Wangen)

99

häesschen Erfahrungen, sondern er erweitete mit der Einzeichnung des Südpolkontinents auf diesem und den folgenden Globen (1515, 1520 u. 1533) auch das ganze damalige Weltbild.

Leider besitzen wir heute nicht viele Weltkarten aus dem Zeitraum der großen Entdeckungen. Nachrichten über die neuentdeckten Länder wurden geheimgehalten, nur zufällig oder dank der Indiskretion von Expeditionsteilnehmern konnten die Kartographen Portugals, Spaniens, Italiens und Deutschlands an sie herankommen. Trotzdem kündigt der Mut, mit dem sie das bisherige Erdkartenbild änderten und es den neuen Entdeckungen anpaßten, den Anbruch der modernen Kartentechnik an. Die ganze gebildete Welt verfolgte die neuen Kartenbilder mit steigendem Interesse.

29
Giovanni Andrea Vavassore,
Mitteleuropa, Kartenausschnitt,
Venezia, um 1508, Holzschnitt

47 +8 49 40 41 42 43 44 44 46

33

Miliaria·42·

32

PVNICVM   LIBYCVM MARE

Icea

adornis insula

Mirace

Tondary Sn

31

Syrtis
Magna

Artmens

Penta
polis

phalas

Celada

Cenopolis

Libia
arcbe

Ami tite
Albarenapa

Mons Apir bus

Tucatora

Tpan

herculis
turris

Horti hesperi
la dium
A. Alpinum

Thantis

Miliaria·44

30

diamus
portus

Maratena

Aurerina

Mauanbis uilla

palus 9 palus

Auide

Entila orū Mōs

Tampiris

Inphalororm
portus

Aratmubetes

Ambis

Bnrcine CYRENES

MAMARICAE PREFCTV
RE NOMI

LIBVE PR
NOMI

Ocropanum
pinoris

Agdar

Mon tes

Arimanis
uilla

dicluron

29

Vel
pa

Tmena

Albitae

philois
uilla

Alo Migo

Saragina

Ammi

m

Matatume

Echinus uilla

Lagari
orum Spe
cus

Aegylei

Magilonis

28

Silphiophem regio

Loca ferutu plena

Aufila

Ana gom

bri

Mon tes

as

Tapanitae

27

Berolr cus

Mo ns

Lagi
palus

Auchisac

Mazebla

Clornos palns

26

MARMARICA

LIBYA

Sentites

Obilae

Billa

Anagor

24

Ezati

Miliaria 44¼

24

LIBYAE INTERIORIS PARS

Azae Mons

diamos et

23

22

47 48 49 40 41 42 43 44 44 46

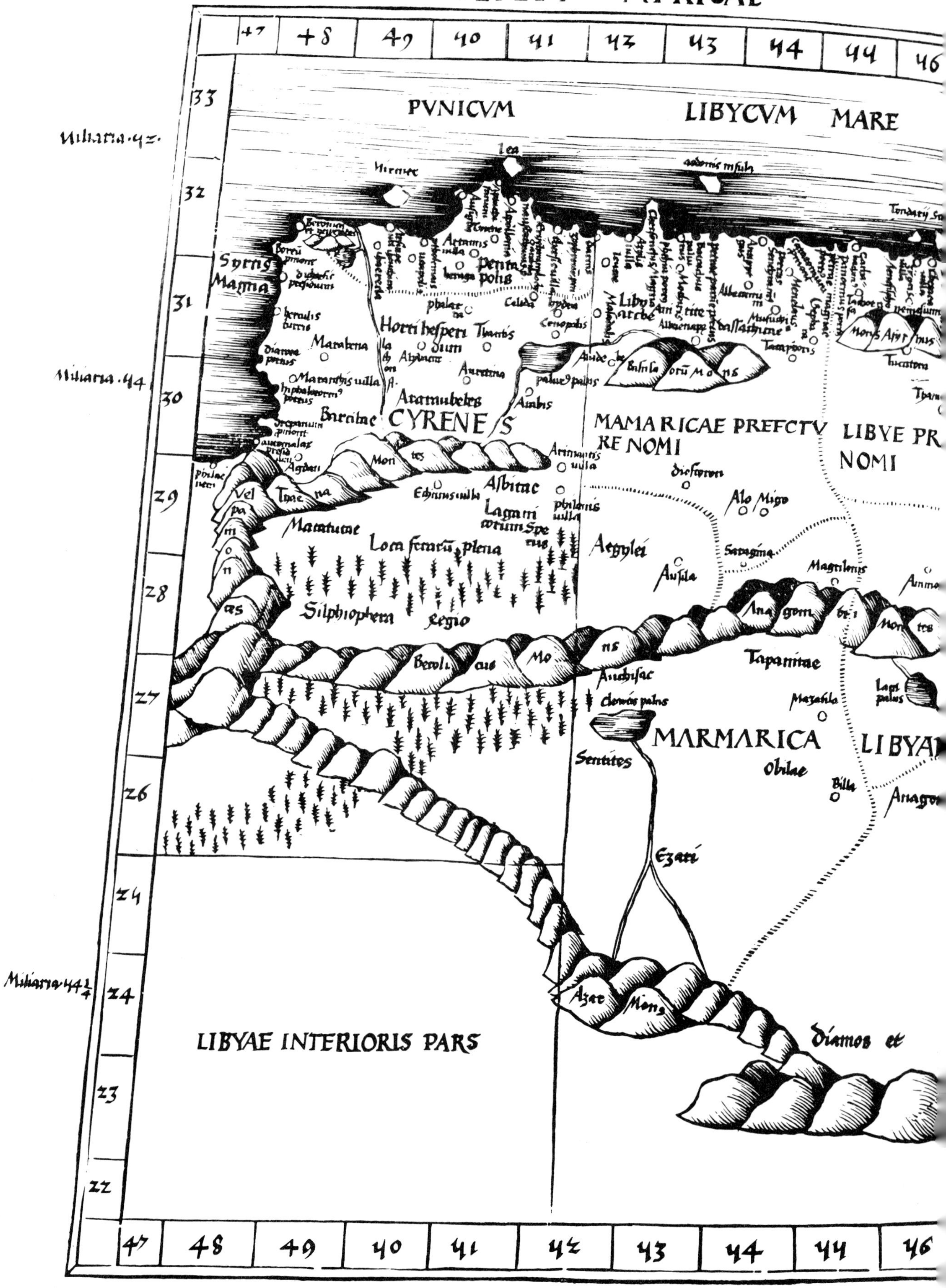

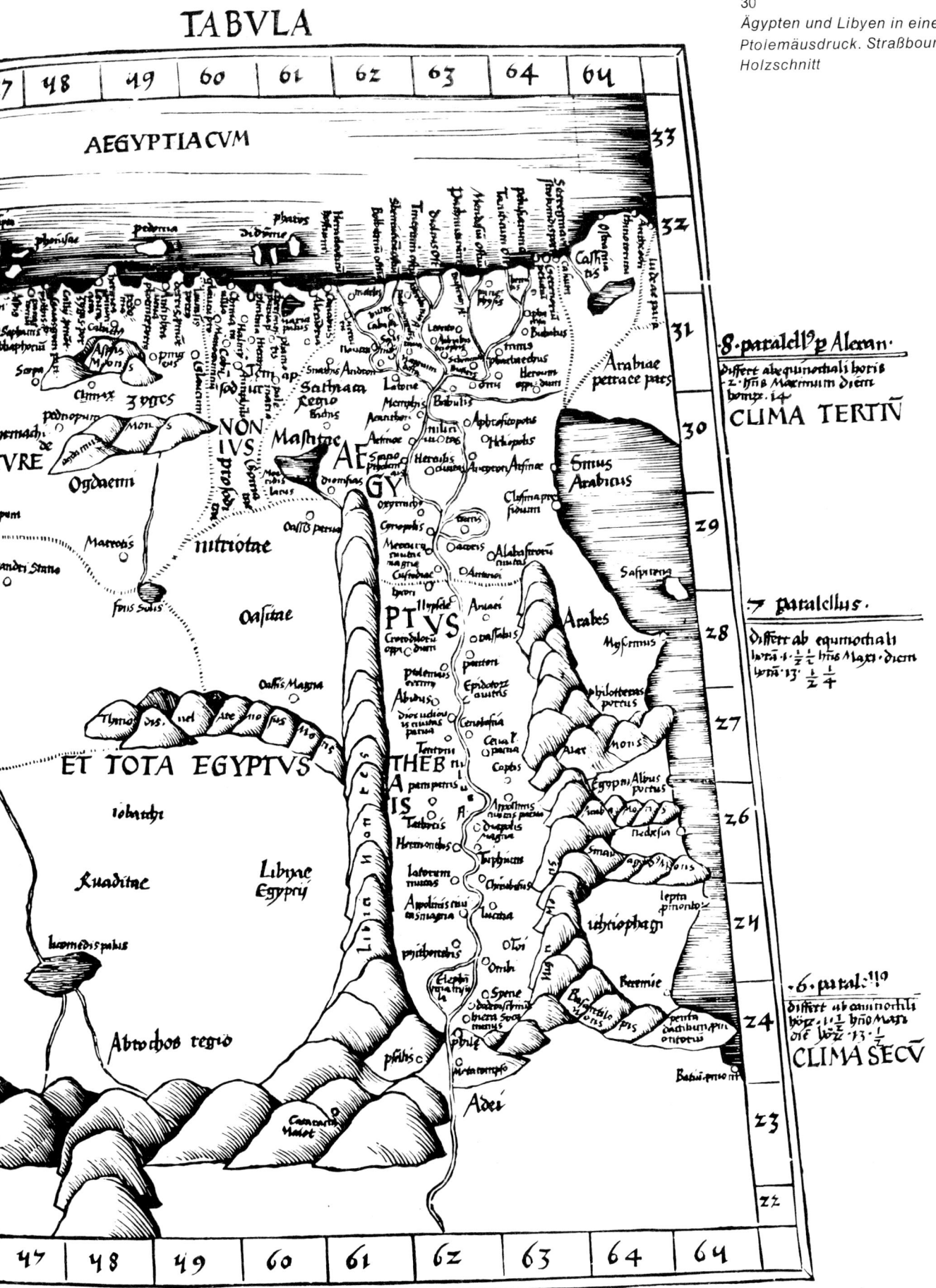

30
Ägypten und Libyen in einem Ptolemäusdruck. Straßbourg 1513. Holzschnitt

TABVLA

47 48 49 60 61 62 63 64 64

AEGYPTIACVM

33

32

8 paralell⁹ p Alexan·
differt ab equinochali boris
2· hūs Maximum diem
bomx· 14
CLIMA TERTIŨ

31

Arabiae
petrace pars

30

NON
IVS
proiso

Mastrae

AE
GY

Smus
Arabicus

TVRE

Ogdaenn

29

Marcos

nitriotae

Oasitae

7 paralellus·
differt ab equinochali
horū 1·½ hūs Maxi· diem
bmā· 13·½·¼

fons solis

28

Arabes

Mysormus

PT
VS

Oasis Magna

27

Thmois nel

Mons

philoternas
portus

ET TOTA EGYPTVS

THEB
A
IS

Arabi Mons·

26

Egipni Albus
portus

iobatht

Libyne
Egypri

Mons

Redesur

Ruaditae

25

lepta
pinonto·

laeomedis palus

uthiophagi

24

Abtochos regio

Bernie

6· paral·¹¹⁹
differt ab equinochali
horū 1·½ bnoMaxi
orē boz· 13·½
CLIMA SECŨ

Adei

Babui prno m

23

22

47 48 49 60 61 62 63 64 64

Neue Horizonte

Die Erweiterung der Ptolemäuskarten um neue geographische Daten. „Ultima Thule" und die neuen Länder /Skandinavien und Island, Osteuropa, Rußland und Sibirien/

Der Ansturm immer neuer geographischer Kenntnisse in der 1. Hälfte des 16. Jh. bewirkte, daß sich die Renaissancemenschen nicht länger mit der Kartenherstellung nach ptolemäischen Anleitungen zufriedengeben konnten. Selbst die wiederholt gedruckten Ptolemäusausgaben reichten nicht mehr aus, die Begeisterung für die „Geographie" des alexandrinischen Gelehrten aufrechtzuerhalten, da das Kartenbild der Erde ständiger Korrekturen bedurfte. Sobald der Mensch des anbrechenden humanistischen Zeitalters von der Existenz neuentdeckter Länder erfuhr, suchte er deren Darstellung bei den Kartographen, die den neuen Erkenntnissen am nächsten standen. Daß es sich dabei nicht immer um Berichte über ferne Überseegebiete handeln mußte, sondern daß man auch auf Informationen über wenig bekannte Gegenden im Norden des Alten Kontinents begierig war, war bereits in den 30er Jahren des 15. Jh. deutlich geworden. Damals, 1427, erschien auf Anregung des Kardinals Fillastre eine Skandinavienkarte als neue Beilage einer handschriftlichen Ptolemäusausgabe, die der dänische Geograph *Claudius Clausson Svart* (geb. 1388) nach älteren Quellen und Berichten skandinavischer Seefahrer hergestellt hatte. Die Landkarte dieses ältesten Kartenzeichners Skandinaviens erregte sofort große Aufmerksamkeit. Bald darauf gab es auch schon neue Landkarten Spaniens, Frankreichs, Italiens, Mitteleuropas u. a., aber es waren die Länder im hohen Norden, besonders die mythische Insel Thule im Eismeer, die den Gelehrten keine Ruhe ließen. Ihr altertümlicher Name „Ultima Thule" bezieht sich nach einigen Wissenschaftlern auf Island, nach anderen auf Unst, eine der Shetlandinseln, und geht auf die angebliche Seefahrt des Griechen Pytheas um 330 v. u. Z. von Massilia ins Nordmeer zurück. Diese, nach der unbestimmten Nachricht des Pytheas als nördlichstes bewohntes Land betrachtete Insel lag an der äußersten Grenze des ptolemäischen Weltbilds und verlief oberhalb der Halbinsel Jütland (Chersonesus Cimbrica) und durch den Nordzipfel der Insel Skandia.

Obwohl Svarts Skandinavienkarte auf die zeitgenössischen akademischen Kartographen großen Eindruck machte und lange Zeit einem Donnus Nicolaus, Henricus Martellus sowie den Herausgebern der Ptolemäus-Kartenfrühdrucke als Muster für die Zeichnung Skandinaviens diente, bedurfte sie bald einer Stütze durch eine Karte, die die Tradition der zumeist vorsichtigen Kartenergänzungen der Ptolemäus-Atlanten durchbrochen hätte. Eine solche bot als erste die sog. *Schondia* des bayerischen Astronomen und Kartographen *Jacob Ziegler* (1470–1549) aus dem 1532 in Straßburg herausgegebenen Buch über das Heilige Land und dessen Nachbarländer. Neben dieser Holzschnittkarte und sieben weiteren Länderkarten ist vor allem sein Verzeichnis von fünfhundert im Norden gelegenen Orten von großem Wert. Ziegler soll die Unterlagen zu seiner Skandinavienkarte von zwei Schweden erhalten haben: dem Drontheimer Erzbischof Erik Waldendorf und dem Erzbischof von Uppsala, Johannes Magnus. Dem Bruder des letzteren, Bischof *Olaus Magnus* (1490–1558), verdanken wir eine Nordeuropakarte, die bis ins 17. Jh. die skandinavische Kartographie beeinflußte. Die neun Blätter der Holzschnittkarte sind eine Wiedergabe des Raums von der Südküste Grönlands bis zum Weißen Meer, eines Teils der Britischen Inseln und der Küsten von den Niederlanden im Westen bis nach Litauen im Osten. Die Karte ist sehr schön gezeichnet und enthält reichliche Detailangaben; sie erschien 1539 in Venedig, dann 1572 auch als Kupferstich bei dem römischen Verleger A. Lafreri. Unter den späteren skandinavischen Kartographen ist vor allem Andreas Bure (Buraeus 1571–1646) zu nennen, ein schwedischer Hersteller von astronomischen und geodätischen Instrumenten, der in der 1. Hälfte des 17. Jh. Vermessungsarbeiten betrieb. Die von ihm hergestellte Skandinavienkarte *(Orbis arctoi...)*, ein Kupferstich von 1626, bildete bis ins ausgehende Jahrhundert eine wertvolle Quelle zur Kenntnis von skandinavischen Ländern.

Ähnlich wie um den Norden Europas stand es auch um Osteuropa. Bis ins beginnende 16. Jh. gab es keine einzelnen Länderkarten, es sind mit Ausnahme einiger skizzenhafter Handzeichnungen kleiner Landstriche auch keine überliefert. Die erste gedruckte Osteuropakarte ist die *Tabula Moderna Poloniae...* aus der römischen Ptolemäusausgabe von 1507. Richtigere Vorstellungen von der geographischen Lage und den Umrissen Polens und Litauens sind erst 19 Jahre später bei dem Krakauer Kartographen *Bernard Wapowski* (1475 bis 1535) zu finden, einem Freund des Kopernikus, der lange Zeit als einziger kartographische Informationen über Osteuropa lieferte. Die in Bruchstücken erhalten gebliebene *Mappa Regni Poloniae ac Magni Ducatus Lithuaniae* von 1526 hat bis in die Mitte des 18. Jh. ihre Bedeutung bewahrt.

Abseits des europäischen Weges entwickelte sich von allem Anfang an die Kartographie Rußlands. Dort war die Geographie des Ptolemäus unbekannt, zumindestens gibt es kein Zeugnis von ihr. Iwan IV., der Schreckliche, sammelte zwar Manuskripte in ganz Europa und vergrößerte auf einmalige Weise seine Bibliothek, doch etwaige Karten sind nicht überliefert. Aus dem 16. Jh. sind einige sog. *Tschertjeshen* erhalten geblieben, grobe Laienhandzeichnungen einzelner Teile Rußlands, die zwar recht realistisch, aber nicht frei von Irrtümern sind. Eine solche Karte konnte für die Zusammenstellung einer Übersichtskarte des russischen Reichs nicht genügen, und es fehlte nicht nur an geometrischen Unterlagen und Geldmit-

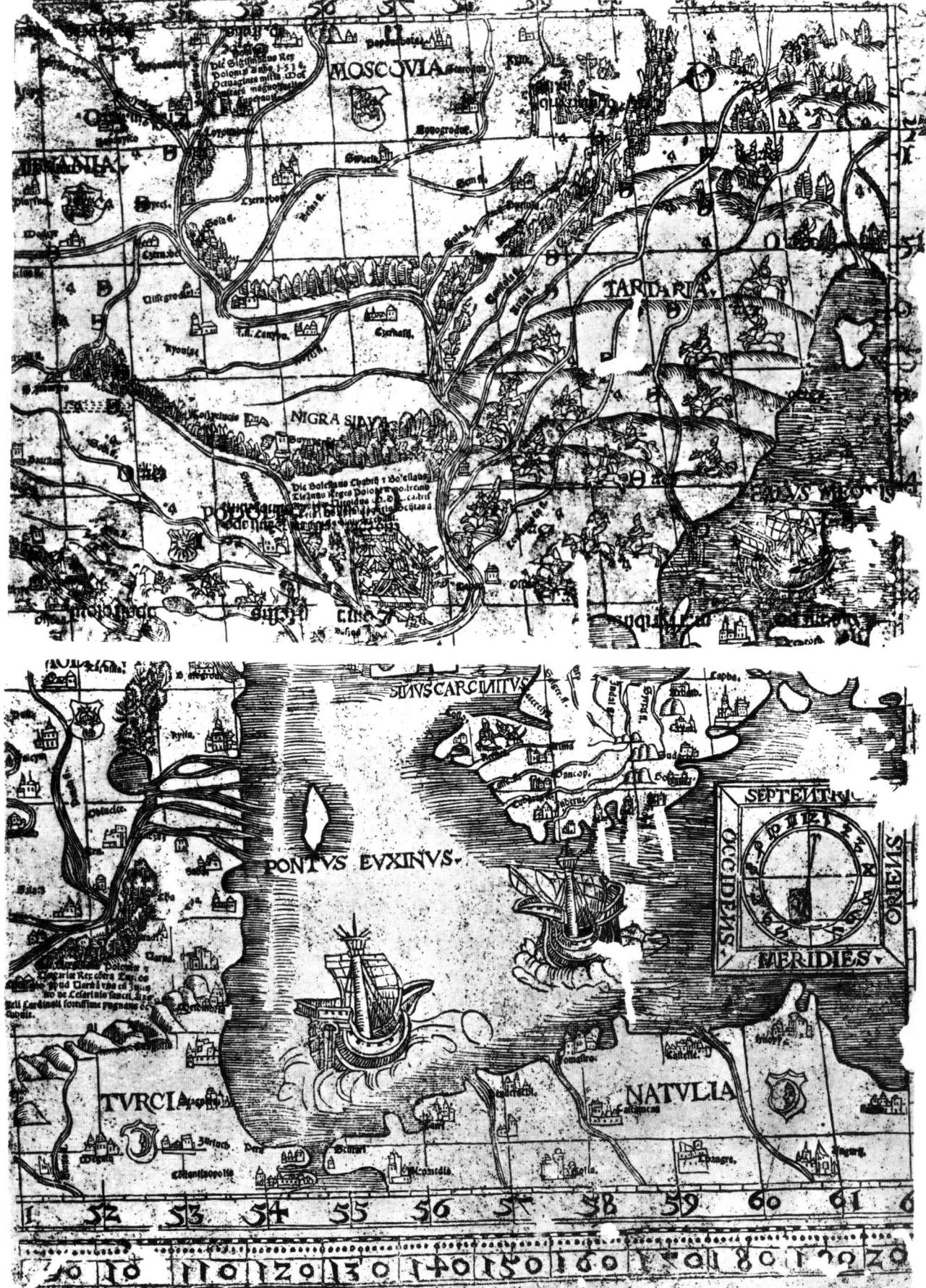

teln, sondern vor allem an geschulten heimischen Landmessern und Kartenzeichnern. So gingen die ersten Anstöße zu einer selbständigen Rußlandkarte von Westeuropa, vor allem von Italien, aus, wo heimisches sowie russisches Material benutzt wurde. Eine auffallend richtige Landkarte des europäischen Rußlands gab 1544 Sebastian Münster heraus; andere Europäer sammelten Unterlagen für eine solche, entweder während ihres diplomatischen Dienstes, wie Baron S. Herberstein für die Rußlandkarte von 1546, oder bei ihren Reisen, wie es der Engländer A. Jenkinson für die seine von 1562 tat.

Auch der *Große Tschertjesh* konnte dem in den Jahren des „russischen Sibirienmarsches" immer mehr an Umfang zunehmenden Reich nicht genügen. Aber die Vermessungen der weiten Gebiete gingen nur zögernd vonstatten, genaue Ergebnisse waren nicht zu erzielen. Diese Umstände fanden auch in der 1667 von dem Tobolsker Wojwoden *P. I. Godunow* († ca. 1669) verfertigten ersten Sibirienkarte ihren Niederschlag. Auch wenn diese in den Folgejahren verbessert wurde, so konnte doch erst der große Sibirienatlas (Tschertjeshnaja kniga Sibiri, 1701), der von dem sibirischen Chronisten *Semjon Remezow* (1642–1720) stammt, genauere Informationen bringen. Das war bereits zur Regierungszeit Peters I., des Großen, mit dem bessere Zeiten für die russische Kartographie anbrachen. Doch wurden Landkarten in Rußland auch später nicht zum Objekt des öffentlichen Interesses, beispielsweise des Handels, sondern verblieben im Besitz des Staates. Sie wurden auf Auftrag der Zentralregierung von dazu bestimmten Beamten hergestellt, nicht von Privatpersonen, wie in anderen Ländern. Die Regierung war an einer breiteren Veröffentlichung von Kartenmaterial nicht interessiert, und darum bilden heute die westeuropäischen Fassungen jener Landkarten den einzigen karthographischen Beleg ihrer Existenz.

Die italienische Tradition /Italien und das Mittelmeergebiet/

Die Italiener der Renaissance waren Meister der Kartenkunst. Sie scheinen durch die günstige Lage ihres Landes inmitten des Mittelmeers dazu gleichsam vorbestimmt gewesen zu sein. Die italienischen Seehäfen unterhielten sowohl mit der Levante und Asien im Osten als auch mit den Ländern an der Atlantikküste im Westen rege Handelsbeziehungen. Venedig, Mailand und Florenz standen mit den Städten jenseits der Alpen in Verbindung und erhielten durch deren Vermittlung Berichte von den Kaufleuten der Hansestädte an der Nord- und Ostsee, selbst aus dem fernen Nowgorod. Künstlerische Kartenarbeit war alte italienische Tradition, sie wurde ebenso in der Zeit der handgezeichneten Seekarten und Mittelmeeratlanten des 14. Jh. gerühmt wie bei der Herausgabe chiro- und typographischer Ptolemäus-Atlanten im folgenden Jahrhundert. Mit der Zeit verloren die italienischen Karten ihre typische Portolanform und wurden in ein Gradnetz gezeichnet.

Im beginnenden Cinquecento (16. Jh.) erfuhr die italienische Kartenkunst einen neuen Aufschwung, der in der Herstellung von regionalen Landkarten seinen stärksten Ausdruck fand und auf den großen Fortschritt des Kartendrucks in der 1. Hälfte des 16. Jh. zurückzuführen war. Unter den sieben Städten Italiens, in denen sich der Kartendruck konzentrierte, ragte Venedig hervor; in dieser kleinen Republik großer Handelsherren und Seefahrer erschien damals

31
Südsarmatien auf einem überlieferten Kartenfragment Bernard Wapowskis. Kraków 1526, Holzschnitt

107

fast die Hälfte aller in Italien gedruckten Karten. Besonders großen Ansehens erfreute sich *Giacomo Gastaldi* (1500–1565), von dem ein Großteil der Kartenproduktion stammt. Wie viele Karten, wohl an die hundert, von diesem gebürtigen Piemontesen stammen, läßt sich nur beiläufig sagen, denn bei der langen Reihe der postumen Ausgaben wurde nicht selten der Versuch gemacht, Gastaldis Autorschaft abzuleugnen. Die Kartendrucke des Golfs von Venedig (1568), Paduas (1568) und der Lombardei (1570) sind Zeugnisse seiner engen Vertrautheit mit Norditalien. Vor seinem Tode druckte er 1561 die große authentische Italienkarte ab, die einen Teil der geplanten Kartenfolge europäischer Länder bilden sollte; nur ein Torso konnte veröffentlicht werden. Für die Geschichte der Kartenkunst ist das Verschwinden von Gastaldis als Wandschmuck der Sala del Scudo im Dogenpalast zu Venedig gedachten großen Weltkarte ein besonders schmerzlicher Verlust; sie sollte die geographischen Entdeckungen, die er miterlebt hatte, veranschaulichen.

Berühmte Kartenkünstler lebten in der Lagunenstadt, sie bot vor allem Kupferstechern eine neue Heimat; unter diesen nennen wir Paolo Forlani (tätig 1560–1574), Fernando und Donato Bertelli (tätig 1558–1592 bzw. 1565–1572), Bolognino Zaltieri (tätig 1566–1570), unter den Graveuren und Druckern Giovanni Francesco Camocio (tätig 1564–1571), Fabio Licinio (tätig 1544–1570), Nicolo Nelli (tätig 1564–1570), Domenico Zenoi (tätig 1552–1569). Einige gehören zu den ersten Herausgebern von Kartendrucken in Italien, wie der venezianische Formschneider *Giovanni Andrea Vavassore* (1510–1572). Oft signierten die Kartenhändler selbst, so daß man zwischen dem Autor (fecit), dem Formschneider oder Stecher (sculpsit) und dem Herausgeber (excudit) unterscheiden muß. Der besonders tüchtige *Battista Agnese* (1514–1564), der handgezeichneten Atlanten treu blieb, gab in Venedig in 28 Jahren über 60 Atlanten heraus; sie enthielten Seekarten und einzelne Länderkarten wie solche der Toskana, Piemonts, Siziliens, Maltas, Korsikas und Sardiniens. Im ausgehenden Jahrhundert taten sich auch andere Städte Italiens in der Herstellung von Regionalkarten bzw. in der Redaktion von Atlanten hervor, wobei der Bologneser Professor *Giovanni Antonio Magini* (1555–1617) als bedeutendster Kartograph zu nennen ist. In jenen Jahren war die Glanzzeit Roms, der ersten Hochburg der italienischen und europäischen Kartenkunst, schon vorbei.

Die neuen Länderkarten Europas vom Ober- und Mittelrhein

Infolge der engen Beziehungen der Humanisten beiderseits der Alpen konnte sich die handwerkliche Kartenherstellung aus Italien sehr rasch nach Frankreich, der Schweiz, den Niederlanden und in weitere Länder verbreiten. Der größte Aufschwung des Kartenschaffens aber ist in der 1. Hälfte des 16. Jh. in den Ländern deutscher Zunge zu verzeichnen. Durchgreifende Veränderungen wurden nicht im Karteninhalt, sondern in der Kartentechnik durchgeführt. Seit Anfang des Jahrhunderts begannen sich die deutschen „Landtafeln" von ihren italienischen Vorlagen, mit denen sich ein Nicolaus Germanus, Sweynheym oder Buckinck während ihres Aufenthalts in Italien vertraut gemacht hatten, durch ihre weit exaktere und sorgfältige Ausarbeitung zu unterscheiden. Die Zahl der Städte, in denen Holzschnittkarten mit verbesserter Technik hergestellt wurden, erreichte bald die doppelte Menge der jenseits der Alpen gelegenen.

Neben den traditionellen Herstellungsstätten in Nürnberg und Wien blühte dies Handwerk vor allem in den Städten am Ober- und Mittelrhein. Die Kartenzeichner, Holzschneider, Drucker und Herausgeber in Basel, Straßburg, St-Dié und Köln befaßten sich noch nicht mit der Herausgabe aufwendiger Atlanten, wie es in der 2. Jahrhunderthälfte die konkurrierenden Städte am Niederrhein und an der Schelde taten, sondern mit dem Druck neuer Landkarten einzelner europäischer Gebiete. An Gegenständen und nichtverarbeitendem Material herrschte besonders seit Münsters zielbewußtem Aufruf kein Mangel.

Sebastian Münster (1489–1552), Professor für Hebraistik in Basel, erhob diese Stadt zum Mittelpunkt geographischer Studien und praktischer Kartographie. Seit seiner Heidelberger Studienzeit und bei seinen späteren häufigen Reisen widmete er sich dem Kartieren und Sammeln erdkundlicher Kenntnisse. 1528 veröffentlichte er in Ingolstadt einen Aufruf an alle deutschen Gelehrten, in dem er sie zur Einsendung geographischer Angaben und Lokalbeschreibungen aufforderte. Um möglichst genaue und geordnete Berichte zu erhalten, fügte er seinem Aufruf die „Anleytung wie man geschicklich eyn umbkreys eyner Statt beschreiben soll" bei. Als Musterbeispiel diente seine eigene Beschreibung von Heidelberg und ihrer Sechsmeilenumgebung aus demselben Jahr. Seine von wissensdurstigen Bürgern geförderten Bemühungen waren bald von Erfolg gekrönt; aus der großen Zahl von Berichten, die Münster nicht nur aus deutschen, sondern auch aus entfernten europäischen Städten erhielt, stellte er seine historisch-geographische Länderbeschreibung, die 471 Holzschnittdrucke enthaltende *Cosmographia Universalis*, zusammen und gab sie 1544 in Basel heraus.

In Lothringen wußten die Kartographen das Interesse ihres Herzogs, Renés II., für glänzende Leistungen zu nutzen. Insbesondere *Martin Waldseemüller* sammelte in St-Dié als einer der ersten neben den neuen Angaben der Entdeckungsreisenden auch die „modernen" europäischen Landkarten, deren Herausgabe er in der berühmten Straßburger Ptolemäusgeographie selbst redigierte. Obgleich er selbst keine direkten Schüler hatte, standen fast alle späteren Kartographen lange Zeit unter dem Einfluß seiner Persönlichkeit und seines Werks.

Rheinabwärts lag das Zentrum der — man darf wohl sagen — europäischen Kartenkunst nun in Köln. Die führenden Männer sind der Mathematiklehrer *Caspar Vopel* (1511–1561) und der Stecher und Formschneider *Matthias Quad* (1557–1613). Von ersterem stammen die bekannte Rheinlaufkarte (1555), eine Weltkarte (1545) sowie eine Europakarte (1555) und Erdgloben; der letztere befaßte sich vorwiegend mit der Kartenherstellung für den Europa-Atlas *(Europae totius orbis terrarum),* der 1592 erschien und 1594 und 1596 Neuauflagen erlebte. Der bekannte Kölner Drucker *Johann Bussemacher* (1580–1613) gab aus der Reihe Quadscher Atlanten zwei heraus und durchbrach damit als einziger die beginnende niederländische Hegemonie auf diesem Gebiet.

Großen Ruhm erwarb der Kölner Kapiteldekan *Georg Braun* (1541–1622) mit der ersten Vedutensammlung europäischer sowie einiger außereuropäischer Städte seiner Heimat. Das *Civitates orbis terrarum* benannte, prächtige sechsbändige Werk erschien 1572 bis

1618 in Antwerpen. Mitherausgeber war der begabte Graveur *Frans Hogenberg* (1535–1590), beteiligt war auch der Mathematiker und Kartograph *Jacob van Deventer* (1515–1575). Der Gruppe der Zeichner und Kartenstecher stand *Joris Hoefnagel* (1542–1600) vor, der selbst eine Reihe prachtvoller Tafeln für dieses Sammelwerk zeichnete. Nicht geringerer Beliebtheit erfreuten sich die mit verschiedenen Karten ausgestatteten Reisebeschreibungen, wie z. B. die des flämischen Graveurs und Frankfurter Verlegers *Theodor de Bry* (1528–1598).

Jenseits des Rheins, in Frankreich, waren die kartographischen Arbeiten des 16. Jh. vor allem auf die Herausgabe von Weltkarten und die Suche nach der dazu geeigneten kartographischen Abbildung gerichtet. Repräsentanten dieser Richtung waren der Pariser Mathematikprofessor *Orontius Finaeus* (1494–1555), der Kartograph und Astronom *Guillaume Postel* (1510–1581) und der Seefahrer und Kartenzeichner *Jehan Cossin* (3. Viertel des 16. Jh.), der führende Vertreter der damals berühmten Diepper Seekartenschule, zu der Pierre Desceliers, Nicolas Desliens u. a. gehörten. Unter den damaligen Frankreichkarten ist die Holzschnittkarte *Nova totius Galliae descriptio* von Orontius Finaeus aus dem Jahr 1538 an erster Stelle zu nennen. Erst im folgenden Jahrhundert widmeten die französischen Kartenkünstler ihrem eigenen Land größere Beachtung; dann aber kamen ihre Kartographiekenntnisse auf einmal der ganzen gebildeten Welt zugute.

Deutsche, österreichische, schweizerische und südosteuropäische Länderkarten

In den meisten Ländern begann mit dem Anfang des 16. Jh. eine neue Entwicklungsetappe der Kartographie. Neben Erd-, See- und Kontinentkarten, die mit dem großen Interesse für geographische Entdeckungen zusammenhingen, erschienen jetzt auch die Vorläufer der topographischen Karten, in großem Maßstab angelegte Karten kleinerer Gebiete. Ihr Erscheinen war eine Folge der Entwicklung der exakten Wissenschaften, der neuen Meßmethoden und -instrumente; in der Regel bestanden sie aus mehreren Dutzend Blättern. Die Entstehung dieser Landkarten von Königreichen, Fürstentümern, Großherzogtümern, Markgrafschaften und ähnlichen territorialen Einheiten ist einerseits der Anregung des betreffenden Herrschers, der ihnen militärische und administrative Bedeutung zumaß, andererseits der Initiative der von wissenschaftlichen Interessen geleiteten Humanisten zu verdanken.

Diese vorwiegend in Holzschnitt ausgeführten Landkarten gelangten in den deutschen Ländern zur höchsten Blüte. Die von den deutschen Mathematikern und Astronomen Johannes Stöffler aus Tübingen und Peter Apian aus Ingolstadt eingeführten neuen kartographischen Abbildungen erleichterten genaue Detaileinzeichnungen ebenso wie es die Bekanntschaft mit den Grundzügen der Triangulation tat, die der flämische Mathematiker *Gemma Frisius* (1508–1555) in seinem *Libellus de locorum describendorum ratione et de eorum distanciis inveniendis* (Antwerpen, 1533) veröffentlicht hatte. Diese Methode, zweifellos Winkelmessung, wurde von Apians Sohn *Philipp Apian* (1531–1589) bei seiner Landkarte von Bayern (1 : 50 000) aus den Jahren 1554–1563 angewendet. Das vierzig Blätter umfassende Originalwerk ist nicht erhalten geblieben, nur die im verjüngten Maßstab 1 : 144 000 in Ingolstadt gedruckten

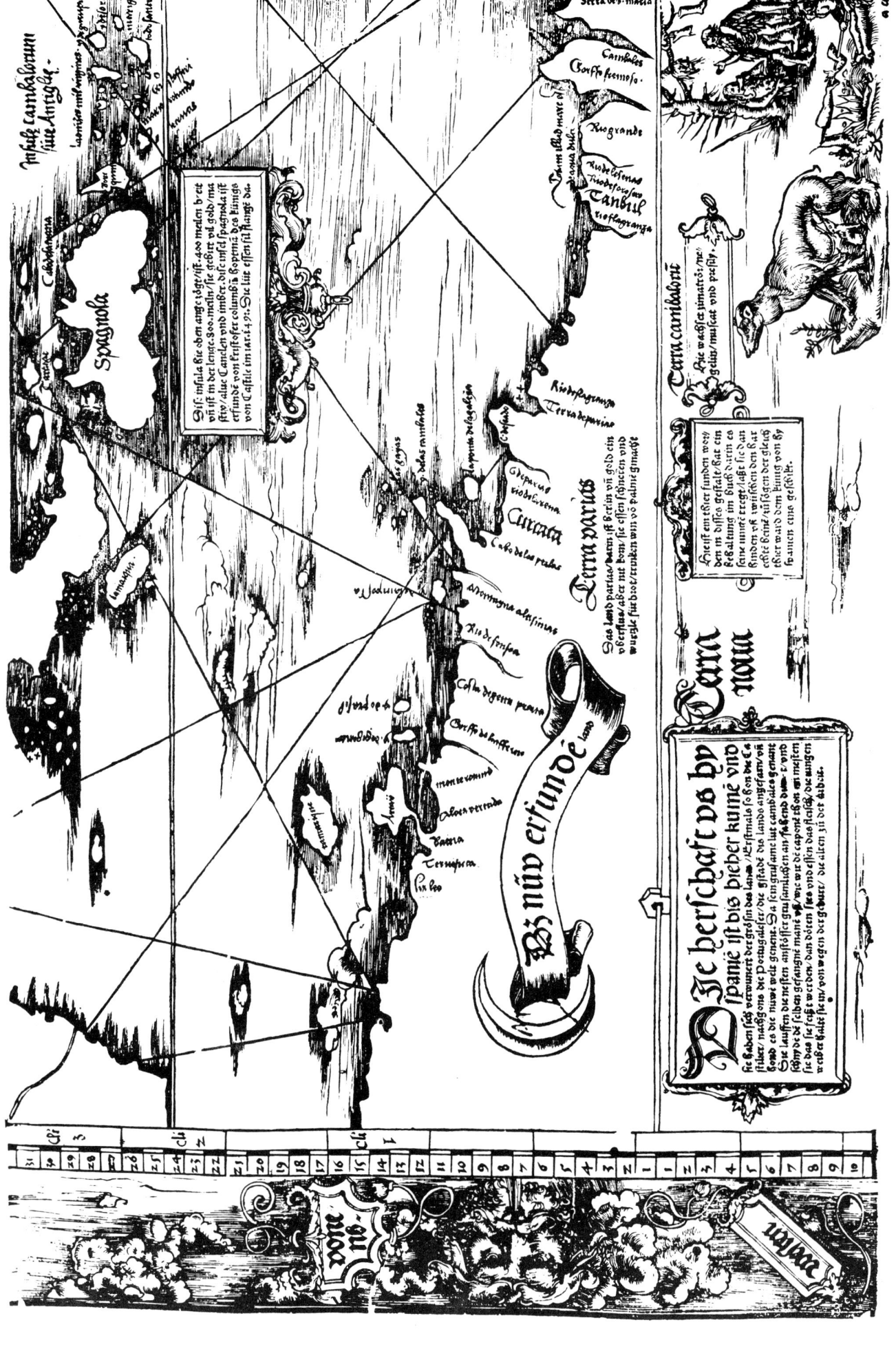

vierundzwanzig Kartenblätter. Diese vom Züricher Jost Amman (1539–1591) stammenden meisterhaften Holzschnitte wurden 1568 abgezogen und sind unter dem Namen „Bairische Landtafeln" bekannt.

Die ersten deutschen Länderkarten gehen auf die 20er Jahre, die Jahre knapp vor Münsters Aufruf, zurück. Die Bayernkarte von 1523 des *Johannes Aventinus* (1477–1534) sowie das viele Landkarten und Veduten enthaltende aufsehenerregende Buch Peter Apians *Cosmographicus Liber* (1524) wurden in Landshut gedruckt. In der Ingolstädter Druckerei gab Apian 1533 die Landkarte Frankens heraus, in Nürnberg die Landkarten der Pfalz (1740) und Preußens (1542). Die weiteren Kartendrucke stammen aus der Zeit nach der Veröffentlichung der *Chorographie* des *Joachim Rheticus* (1514–1574), eines bedeutenden theoretischen Beitrags zur Einzeichnung einer Landschaft mittels Meßband und Bussole (1550). Zu den wichtigsten gehören die Erstausgaben der Landkarten von Württemberg und Holstein (1559) sowie die 1567 in Leipzig herausgegebene Kupferstichkarte Sachsens und Meißens von *Johann Criginger* (1521–1571). Gleichfalls ein Kupferstich ist die dreiblättrige Landkarte des Elsaß (1576) von *Daniel Speckel* (1536–1589), einem Straßburger Festungsingenieur, während die Karte von Preußen *Kaspar Hennebergers* (1529–1600) aus dem gleichen Jahr eine Holzschnittkarte ist.

Zu den ältesten gedruckten deutschen Länderkarten, die insgesamt reichen Wappenschmuck tragen, kamen später das auf Geländeaufnahmen Sachsens (1586–1607) fußende Kartenwerk *Matthias Öders* († 1614) sowie die gleichfalls auf Aufnahme begründete Württembergkarte *Wilhelm Schickharts* (1592–1635) hinzu. Nicht alle geplanten Aufnahmen konnten beendet, nicht alle vollendeten Kartenwerke gerettet werden. Der Blütezeit der deutschen Kartographie folgte ihr Niedergang im vernichtenden Dreißigjährigen Krieg; der Schwerpunkt des Kartenschaffens verlagerte sich längs des Niederrheins in die friedlicheren Niederlande.

Auch im Gebiet der österreichischen Alpenländer entfaltete sich das Druckwesen von Landkarten größeren Maßstabs. Anlaß gab die Berufung des Dichterphilosophen *Konrad Celtis* (1459–1508) durch Kaiser Maximilian I. an die Wiener Universität (1497); er gründete bei dieser das *Collegium poetarum et mathematicorum*, die erste wissenschaftliche Gesellschaft auf deutschem Boden. An ihrer Spitze standen die Humanisten *Johann Spießhaimer (Cuspinianus,* 1473 bis 1529*)* und der kaiserliche Hofastronom *Johann Stöberer (Stabius,* ca. 1450–1522*)*. Letzterer verfertigte nach den Ergebnissen eigener Geländeaufnahmen eine Holzschnittkarte Österreichs, die unter Mitarbeit des Wiener Hofarztes *Georg Tannstetter (Collimitius,* 1482–1535*)* wahrscheinlich auch im Druck erschienen ist. Sie sollte den Text des historischen Werks Cuspinians ergänzen, ist aber, ähnlich wie Stabians Kärntenkarte, nicht erhalten geblieben. Das gleiche Schicksal hätte beinahe die erste bekannte Landkarte Ungarns ereilt, die 1513 Stabians Schüler Lazarus Rosetti (ca. 1475- nach 1528), Sekretär des Grazer Erzbischofs, mit beachtlicher Wahrheitsgetreue aufgezeichnet hatte. Sein jahrelang verschollenes Kartenoriginal wurde zum Glück von Tannstetter und Spießhaimer aufgefunden. Der erste vollendete und versah es mit Maßstab und

33
Nordteil der südamerikanischen Küste auf Laurentius Frisius' „Carta marina universalis". 1530, Holzschnitt (Bayerische Staatsbibliothek, München)

Erläuterungen, der zweite fügte historische Bemerkungen hinzu, und der dritte, Peter Apian, druckte die Karte 1528 in seiner Ingolstädter Offizin ab. Unter den Künstlern am Wiener Kaiserhof nahm ferner der Graveur *Augustin Hirschvogel* (1503–1553) eine führende Stelle ein.

Die Weiterentwicklung der Wiener Kartographie ist mit dem Namen des Medizinprofessors und hervorragenden Kartenkünstlers *Wolfgang Lazius* (1514–1565) verbunden. Neben der verschollenen Länderkarte von Ober- und Niederösterreich (1545) und der Ungarnkarte von 1552, für die die fehlerhafte Einzeichnung des Donaustroms charakteristisch ist, veröffentlichte er den ersten elfblättrigen Atlas der Habsburger Erbländer; dieser wurde unter dem Titel *Typi chorographici Austriae* 1561 von Michael Zimmermann abgedruckt, der Kupferstich war Lazius' eigenes Werk. 1571 übernahm der ungarische Historiker und Antiquitätensammler *Janos Zsámboki (Sambucus,* 1531–1584) die Einzeichnung des Donaustroms und anderer Fehler der Laziuskarte; sie wurde des öfteren kopiert, erwähnenswert ist die Kopie des Nürnberger Stechers *Matthias Zündt* (1498–1586) aus dem Jahr 1567.

Die 1604–1605 im Maßstab 1 : 247 000 in Prag herausgegebene und neun Blätter umfassende selbständige Karte von Tirol stammt von dem Hofkammerrat *Warmund Ygl* († 1611). Ausführlicher dargestellt sind die ober- und niederösterreichischen Länder sowie Steiermark in den Landkarten des Tiroler Pfarrers und Kartenzeichners *Georg Matthäus Vischer* (1628–1696); die beiden ersten sind im Maßstab 1 : 150 000 entworfen und gehen auf die Jahre 1668–1669 bzw. 1670 zurück, die dritte, im Maßstab 1 : 160 000, ist 1678 entstanden. Nach der Niederlage der Türken bei Wien gab Vischer 1685 eine schon längst fällige Übersichtskarte Ungarns im Maßstab 1 : 570 000 heraus, nachdem die Donauniederungen eineinhalb Jahrhunderte lang den Kartographen praktisch unzugänglich gewesen waren. Die große Notwendigkeit einer Ungarnkarte war kurz vor der Katastrophe bei Mohács (1526) deutlich geworden, doch scheint es keine gegeben zu haben, die sich für die Führung der Kriegsoperationen geeignet hätte, zumindest ist keine überliefert. Die jüngeren Ungarnkarten waren nur grobe Holzschnitte, und auch die Laziuskarte und deren spätere Fassungen konnten den Anforderungen nicht genügen. Erst 1664 wurde dieser Mangel von dem Militäringenieur *Martin Stier* (1630–1669) mit der Wiener Herausgabe seiner großen Ungarnkarte und der 1684 folgenden Nürnberger Ausgabe beseitigt. Die genannte Ungarnkarte G. M. Vischers ist gleichfalls eine Kopie der von Stier angefertigten. Erst in den letzten Jahren der türkischen Besetzung Ungarns wurden die lange Zeit verschlossenen Gebiete in dem kleinen Österreich-Atlas des ungarischen Geistlichen Gabor Hevenesi (1656–1715) dargestellt (1689) und unmittelbar darauf von dem jungen Nürnberger *Johann Christoph Müller* (1673 bis 1721) genau kartiert. Dieser kaiserliche Militäringenieur gab die vierblättrige Ungarnkarte als eine seiner ersten Detailkarten der habsburgischen Länder heraus — sie erschien 1709 im Maßstab 1 : 550 000. 1716 erschien dann Müllers Brünner Kupferstichkarte Mährens (1 : 180 000), 1720 seine Augsburger Landkarte von Böhmen (1 : 132 000).

Auch Schlesien konnte nicht außerhalb der Wiener strategischen

114

MARCHIONATUS SACRI ROMANI IMPERII

MERI DIES

SEPTEN TRIO

Ant juerpia.

SCALDIS

GERMANICVM MARE, Vulgo De Noordt Zee.

DE ZVYDER ZEE

FRISIÆ PARS

FRISIÆ PARS

Vlielandt Vreedtlandt en der Schelling.

ZVYDER ZEE

DVCATVS BRABANTIÆ PARS

ZEELANDIÆ PARS

COMITATVS HOLLANDIÆ novissima descriptio Designatore Balthazaro Florentio à Berckenrode.
AMSTELODAMI, Sumptibus Henrici Hondii habitantis à Bruno ab integra Stabuli.
Anno Domini 1645.

AFRICÆ
nova Tabula
Auct. Iou. Blaeu
1631

Interessen bleiben. Die erste Holzschnittkarte Schlesiens vollendete 1561 der Breslauer Pädagoge *Martin Helwig* (1516–1574); genauere, auf Landvermessungen fußende Darstellungen waren erst den Ingenieuren *Johann Wolfgang Wieland* († 1737) und *Matthäus Schubarth* (1723–1757) vorbehalten.

Es gibt wohl kein anderes Land, in dem die Menschen von allem Anfang an eine so enge Beziehung zu ihren Landkarten hatten wie in der Schweiz. Das ist sicher auch der Grund, warum die Schweizer Landkarten bis auf den heutigen Tag den Kartographen der ganzen Welt zahlreiche ideelle und praktische Anregungen geben, warum sie Gegenstand sorgfältiger kartographischer Untersuchungen sind. Die älteste selbständige Landkarte der Schweizer Eidgenossenschaft ist die Handzeichnung von *Konrad Türst* (1450 bis 1503), Leibarzt Kaiser Maximilians I. Sie ist in sepiabrauner Tusche auf Pergament gezeichnet und, wie aus dem 1496–1498 gesondert erschienen Begleittext hervorgeht, aufgrund örtlicher Landvermessungen hergestellt worden. Diese Landkarte diente zweifellos dem ersten Schweizer Kartendruck als Muster, der *Tabula Nova Heremi Helvetiorum*, die Waldseemüller 1513 als eine der modernen Beilagen der Straßburger Ptolemäusausgabe veröffentlichte. Einer der besten Kartographen seiner Zeit, der Historiker *Aegidius Tschudi* aus Glarus (1505–1572), vollendete 1528 die Handzeichnung seiner mustergültigen Karte der Schweiz, nachdem er mit dem Skizzenbuch das ganze Land durchwandert und dabei die notwendigen topographischen Angaben aufgezeichnet hatte. Diese Erstausgabe ist spurlos verschwunden, doch schon Jahre später gab Sebastian Münster Tschudis Holzschnittkarte heraus. Sie wurde nach Münsters Tode von führenden italienischen und niederländischen Kartenkünstlern wie Salamanca und Ortelius neu herausgegeben. Der Holzschnitt-Kartendruck des Züricher Humanisten und Historikers *Johannes Stumpff* (1500—1578), die *Schweizer Chronik* von 1548, stellt mit ihrem reichen Inhalt einen der ältesten heimatkundlichen Atlanten dar.

Zur gleichen Zeit entstanden die ersten Kantonalkarten. Der Holzschnitt von 1566 ist der Stadt und Umgebung von Zürich zur Reformationszeit gewidmet; die Karte stammt von dem Dichter und Maler *Joost Murer* (1530–1580), sie wurde 1566 von Murers Mitarbeiter Sebastian Schmid, der auch die Vermessungen ausführte, im Handbuch *Chorographia et Topographia* beschrieben. Von nicht geringerer Bedeutung ist die Berner Kantonkarte, des Stadtarztes *Thomas Schöpf* (1527–1577) aus dem Jahr 1578. Das Kartenbild des Genfer Sees und der Hochburg des Kalvinismus, der Stadt Genf, stammt von *Jean du Villard* (ca. 1539–1610) und ist erst 1588, mindestens 10–15 Jahre nach seiner Entstehung, im Druck erschienen. Die verbesserte Auflage der Villardschen Karte ist das Werk des Theologen *Jacques Goulart* (1580–1622). Die Schweizer Kartenkunst des 16. und 17. Jh. erreichte mit der Tätigkeit des Züricher Kartenmachers *Hans Conrad Gyger* (1599—1674) ihren Höhepunkt; er war Wegbereiter einer neuen Geländedarstellung für gegliedertes Gebirgsrelief und wies mit seinen Quartierkarten von 1644–1660, insbesondere aber mit dem Ölgemälde auf das gleiche Motiv von 1667, der Entwicklung der Kartenkunst neue Wege.

Nicht in allen Ländern Europas konnten im 16. Jh. Landkarten den

XIX ←←
Henricus Hondius „Comitatus Hollandiae" aus dem Werk von Gerhard Mercator und Henricus Hondius „Atlas sive Cosmographiae meditationes de fabrica mundi et fabricati figura". Amsterdam 1631

XX ←
*Henricus Hondius. „Africae nova tabula" aus dem Werk von '
G. Mercator und H. Hondius „Atlas, das ist Abbildung der ganzen Welt". Amsterdam 1633*

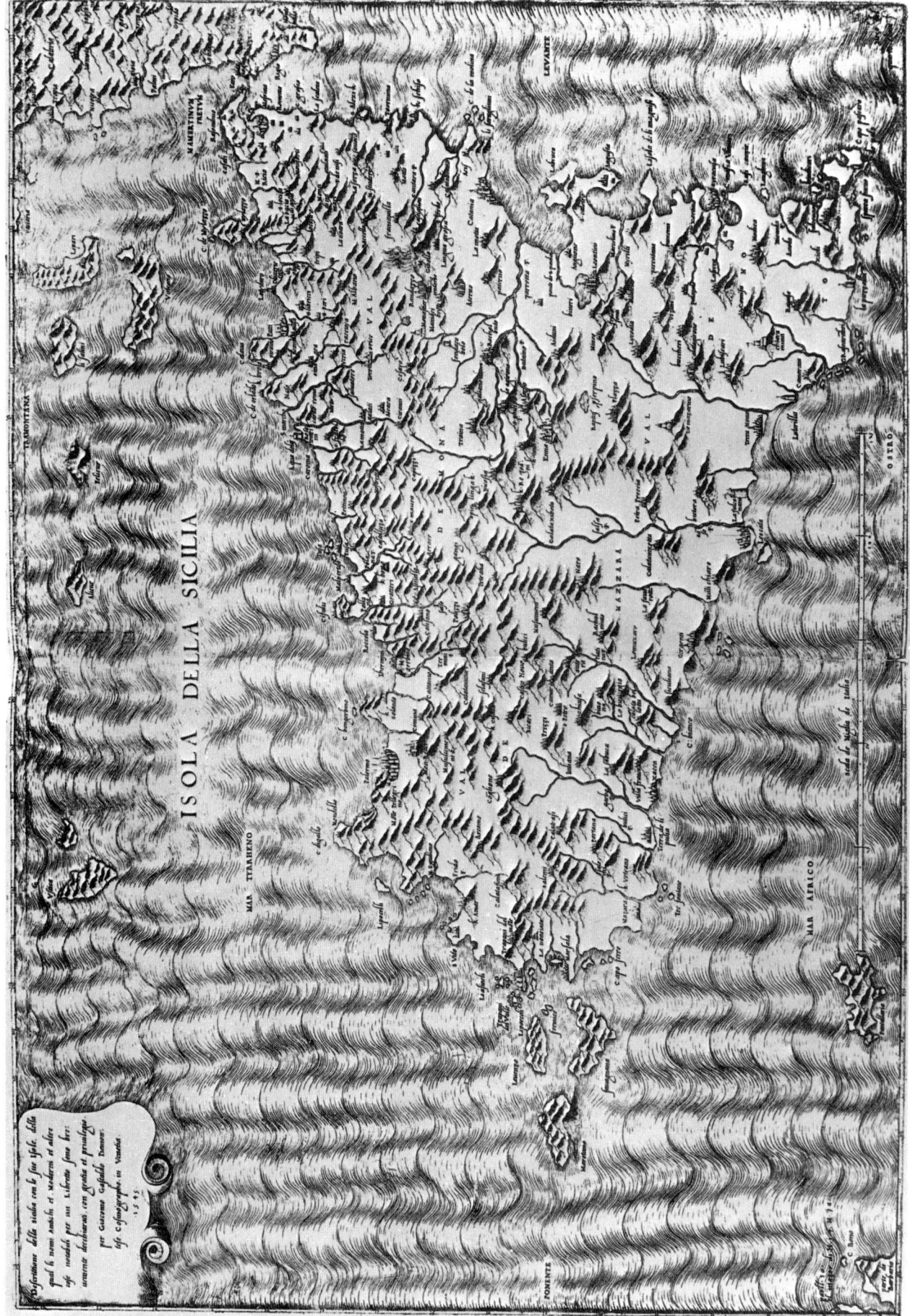

ISOLA DELLA SICILIA

Menschen eine Vorstellung von der wahren Gestalt ihres Landes vermitteln, da es für weite Gebiete überhaupt noch keine genaueren Landkarten gab. Ein solches Gebiet war der Balkan und die unteren Donauländer. Die frühesten Landkarten der Balkanhalbinsel stammen von den Norditalienern Roselli, Vavassore (1544) und Gastaldi (1560). Erst um viele Jahre später richteten die Wiener Militärkartographen ihre Aufmerksamkeit hierher und verfertigten meisterhaft ausgeführte und genaue Landkarten, mit denen sie diese schwer zugänglichen Landstriche erschlossen. Die Balkanländer besitzen nur wenige eigene Kartographen; zu ihnen gehört *Nikolaos Sophianos*, geboren auf Korfu und tätig in Venedig (1533–1548), sowie *Johannes Honter* (1498–1549), sein Zeitgenosse aus Siebenbürgen. Dieser deutschstämmige Kartenzeichner hat sich mit der Umdichtung des beliebten Geographielehrbuchs *Rudimentum cosmographiae* in lateinische Hexameter (1542) und der Herstellung der 16 beigefügten Holzschnittkarten einen Namen gemacht.

Die niederrheinischen Kartenproduktionsstätten

Die Entdeckung Amerikas und die Erschließung des Seewegs nach Indien förderten den schnellen Aufschwung der Seehäfen an der Atlantikküste Europas. Im 16. Jh. verluden die Handelsschiffe der ganzen Welt ihre Ware zum größten Teil in flandrischen und holländischen Häfen. Mit dem wachsenden Wohlstand der Handelsstädte stieg auch das Interesse der Bürger für Kunst und Wissenschaft. Zahlreiche Gelehrte sowie Kupferstecher, Formschneider, Illuminatoren und Drucker zogen in den ersten Jahrzehnten nach Antwerpen, das nach dem Verfall Brügges das Handelszentrum der südlichen Niederlande geworden war. Die Scheldestadt entwickelte sich bald zum Sammelpunkt schriftlicher und zeichnerischer Berichte über alle Länder der bekannten Welt, zur zentralen Herstellungsstätte verläßlicher Welt-, Land- und Seekarten, da ihr durch ihre glänzenden Handelsverbindungen mit ganz Europa alle notwendigen wissenschaftlichen und technischen Kenntnisse zuflossen.

In Antwerpen und im nahen Mecheln wirkte eine ganze Reihe von Graveuren sowie Kartenhändlern, dieser neuen erfolgreichen Unternehmerschicht, wie der Kupferstecher *Hieronymus Cock* (1510 bis 1570), die Verleger *Hans Hogenberg* (1. Viertel d. 16. Jh.), *Johannes Liefrinck* (1518–1573) und dessen Bruder *Mynken*, der klassische Holzschneider *Bernard van der Putte* (1528–1580), vor allen anderen aber *Christoffel Plantijn (Plantin,* 1514–1589). Dieser Druckerei- und spätere Verlagshausbesitzer beschäftigte viele ausgezeichnete Künstler: *Petrus van der Borcht, Gilles Boileau de Bouillon, Peter van der Heyden, Peter und Frans Huys, Peter Draeck, Arnold Nicolai, Hendrik Terbuggen* u. a., auch der Florentiner Geograph und Historiker *Ludovico Guicciardini* (1521–1589) arbeiteten für ihn. Bald erreichte Plantins Haus den höchsten Absatz von Karten, Navigationsbüchern und später auch Atlanten. Er unterhielt rege Handelsbeziehungen zu London, Paris, Frankfurt, Augsburg und anderen europäischen Zentren des Kartenschaffens und nahm mit seinem Kartenangebot bald eine Monopolstellung ein. So mancher Formschneider oder Kupferstecher arbeitete in Antwerpen für Kölner oder Duisburger Offizinen, und die größte Kölner Edition, die *Civitates orbis terrarum*, ist zum Teil gleichfalls Antwerpener Provenienz;

34
Sizilienkarte von Giacomo Gastaldi.
Venezia 1545, Kupferstich

andere Kartenmacher wieder wurden im Ausland, vor allem in England berühmt, wohin sie in jenen bewegten Zeiten aus Glaubensgründen hatten auswandern müssen.

Am Rande dieser handwerklichen Erzeugung, in der harte Konkurrenzkämpfe zwischen den einzelnen Verlagshäusern herrschten, zeigten sich hier und da erste Anzeichen einer wissenschaftlichen Methode, deren Initiator in dem bereits an anderem Ort genannten Löwener Mathematiklehrer Gemma Frisius zu suchen ist. Seinem Ruf nach streng exakten Kartenherstellungsmethoden kam als einer der ersten sein Mechelner Zeitgenosse *Jacob van Deventer* (ca. 1500–1575) nach, indem er aufgrund genauer Geländeaufnahmen Landkarten einzelner Provinzen konstruierte, von denen die wiederholten Kartenausgaben von Brabant (1558), Gelderland (1556), Holland (1558), Zeeland (1560) und Friesland (1565) überliefert sind. Auf seinem großen dekorativen Kartenbild sind Hügel, Dünen und andere Geländeerhebungen anschaulich eingezeichnet, die Grundrisse der Städte in entsprechender Größe und Gestalt festgehalten. Vom Ende der 50er Jahre ab widmete sich van Deventer ausschließlich der Zeichnung von Stadtplänen.

In verschiedenen Städten der Niederlande ging *Christian Sgrooten* (ca. 1532–1608), der aus dem rheinischen Sonsbeck stammte und ab 1557 als Kartograph in Diensten des spanischen Königs Philipp II. stand, seinen Geländeaufnahmen nach. Nur wenige seiner Karten sind im Druck erschienen, berühmt gemacht haben ihn vor allem zwei im Auftrag des Herzogs von Alba mit der Hand ausgeführte Atlanten. Der erste, von 1573, enthält 38 niederländische und deutsche Gebietskarten und befindet sich heute in Brüssel, der aus dem Jahr 1592 stammende zweite ist wesentlich umfangreicher und wird heute in Madrid aufbewahrt. Auch wenn diese und andere handgezeichnete Karten Sgrootens die auf handwerksmäßig gedruckte Atlanten gerichtete zeitgenössische Entwicklung nicht beeinflussen konnten, so stellt ihr reicher Inhalt für jedes Land Europas, das er durchreiste und kartierte, einen bleibenden Gewinn dar.

Von Kalkar, wo Sgrooten den größten Teil seines Lebens verbrachte, ist es nicht weit nach Duisburg, der Wirkungsstätte *Gerhard Mercators* (1512–1594), des geistigen Vaters der niederländischen Kartenkunst. Er war ein Schüler der Universität Löwen und des Gemma Frisius, ein Freund Christoffel Plantins, ein begabter Kupferstecher und Konstrukteur astronomischer Geräte und Karten, der an dem Globus des Frisius mitarbeitete und 1541 auch selbst einen Globus verfertigte. Nachdem Mercator in den 40er Jahren nach der zwar bedeutenden, doch etwas abseits liegenden Kartographenstadt Duisburg gekommen war, stellte er dort in seiner eigenen Offizin eine Europakarte zusammen (1554), die bei der Fachwelt große Anerkennung fand. Zum erstenmal war hier der Kontinent Europa auf exakte Weise dargestellt, und das nur aufgrund einer strengen Kritik der neuesten maritimen und terrestrischen Kenntnisse, der neuen Regionalkarten und erreichbaren Portolane. Auf das wahrheitsgetreue Europabild folgten Mercators weitere Kartenwerke, mit denen der Kartenzeichner des Herzogs von Cleve eine Revolution in der Geographie hervorrief, die das bis dahin unerschütterliche ptolemäische Weltbild samt allen Nachträgen und Korrekturen endgültig den Geschichtsschreibern überließ.

35 →
Mittel- und Niederrhein auf der Karte des Natalius Bonifacius „Nova Germaniae descriptio". Roma 1553, Kupferstich

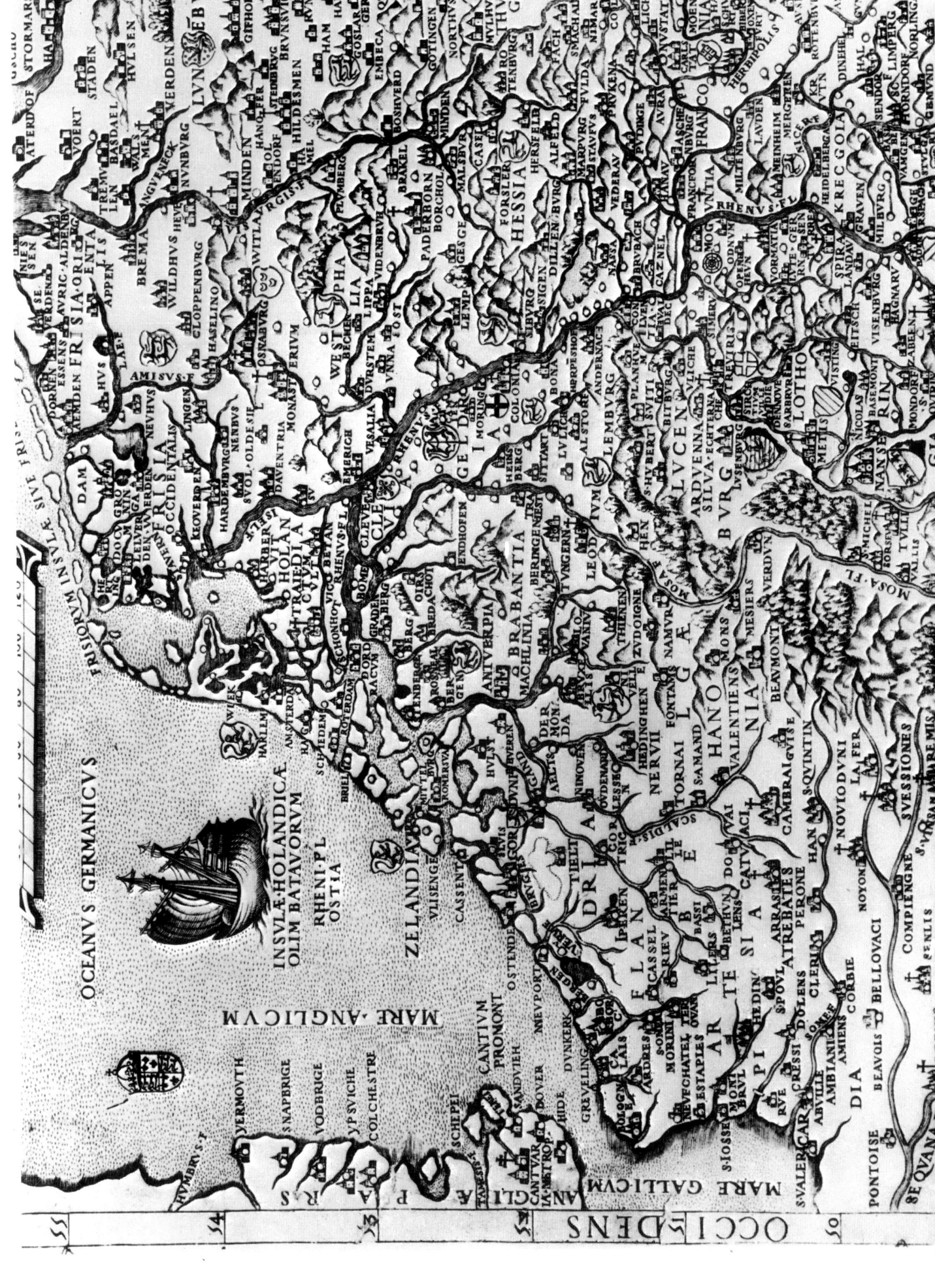

Die Einführung neuer Seekarten /1570/

Die emsige kartographische Tätigkeit in den südlichen Niederlanden steht in krassem Gegensatz zu der diesbezüglichen Bedeutungslosigkeit der nördlichen Provinzen. Erst nach der Erhebung gegen Philipp II., die der Zerteilung des Landes ein Ende bereitete, verschob sich der wirtschaftliche Schwerpunkt von Süden nach Norden. So übernahm die Stadt Amsterdam auch auf dem Felde der Kartenkunst das Erbe Antwerpens, und Holland betrat mit wiederum monopolisierter Kartenproduktion die Szene des 17. Jh. Es tat diesen Schritt auf eine Art und Weise, der bisher kein anderes Land der Erde gleichgekommen war.

Nich minder stürmisch war die Entwicklung der Seekarten des 16. Jh. Bis dahin hatten die Seefahrer Kompaßkarten verwendet, die ebenso wie die ersten Portolane und Schiffahrtsanleitungen des 13.–15. Jh. zum Großteil aus dem Mittelmeergebiet stammten und deren Urheber sich zumeist bei starker Betonung ihrer mediterranen Heimat mit der Darstellung der bekannten Welt begnügten. Die auf See so dringend erforderliche Exaktheit darf weder bei den normannischen oder Diepper Seefahrern, noch bei den Kompaßkarten der großen Entdecker gesucht werden. Letztere wurden zum Teil bereits als Kartendrucke herausgegeben, so daß das Risiko weiterer Fehlerquellen bei ihren Neubearbeitungen entfiel. Auch die im 16. und 17. Jh. verbreiteten Seekarten der Hafenstädte am Mittelmeer und Atlantik waren derartige Kompaßkarten.

Auf hoher See mußte sich der Schiffskapitän vor allem auf die eigenen Erfahrungen verlassen, zur Karte griff er nur bei der Küstenschiffahrt. Diese Schiffahrtsanleitungen, die bei der Küstenfahrt von einem Hafen zum anderen behilflich waren, tragen in den verschiedenen Ländern verschiedene Namen: in Deutschland heißen sie *Seebuch*, in Holland *leeskaart*, in England *rutter*, in Frankreich *routier* oder *livre de mer*, in Portugal *roteiro*, in Italien *portolano* u. ä. Als die Seefahrer später die europäischen Gewässer verließen und sich in ferne Ozeane vorwagten, konnten sie sich nicht mehr nur nach den Windrichtungen und Meeresströmungen richten oder die jeweilige geographische Breite einfach mit dem Astrolabium bestimmen, sie mußten Gebrauch von Kompaß und Kompaßkarte machen, um den richtigen Kurs einzuhalten. Bei weiten Seefahrten aber erwiesen sich die Veränderungen der magnetischen Deklination als hinderlich. Mit Hilfe der Kompaßkarten konnten sich die Seefahrer wohl annähernd zurechtfinden, doch verloren diese Karten wegen ihrer ungeeigneten Darstellungsweise ihre Verläßlichkeit.

Noch heute wissen wir nicht, wie Mercator in seinem kleinen Binnenstädtchen auf den Gedanken verfiel, eine Seekarte herzustellen, auf der der Seemann den vorgeschriebenen Kurs geradlinig vermerken konnte. Wichtiger aber ist, daß ihn seine sorgfältige Experimentierarbeit zu einer Darstellungsweise führte, die seinen dauernden Ruhm begründete und Jahrhunderte überdauerte. Die von ihm benutzte Methode ist als Mercatorabbildung bekannt und wird noch heute für alle See- und Luftschiffahrtskarten gebraucht. Ihr Vorteil besteht darin, daß die Linie des konstanten Azimuts, die sog. Loxodrome, auf der Karte als Gerade dargestellt wird und ihr Azimut in wahrer Größe erscheint. Diese einfache Anweisung, wie ein konstanter Kurs auf der Karte aufzufinden ist, wurde 1569 von Mercator in der Karte *Nova et accurata orbis terrae descriptio ad usum navigantium emendate accomodata* gegeben, jedoch weder sofort noch allgemein in Gebrauch genommen.

Nach dem Abflauen der ersten Welle der großen Entdeckungen waren es wiederum die Holländer, die eine neue Kartenkonzeption für ihre alle Meere Europas durchkreuzenden Handelsschiffe suchten. Sie richteten sich am liebsten nach ihren *leeskaarten*, Seekarten einzelner Strecken oder ganzer Meere. Die älteste in Nordeuropa gedruckte derartige Seekarte ist die *Caerte van de Oostersche Zee* (1526) von *Jan van Hoirne* (1. Hälfte d. 16. Jh.), ihr ähnlich ist die 1532 von *Cornelis Anthonisz* (ca. 1500–ca. 1552) hergestellte friesische Küstenkarte. Von diesen oft als Ergänzung der genannten Seebücher auftretenden Seekarten war nur mehr ein Schritt zu gedruckten Seeatlanten.

Mit der ersten gedruckten Seekartensammlung eröffnete der Holländer *Lucas Janszoon Waghenaer* (1533/4–ca. 1593) eine neue Epoche in der Geschichte der nautischen Kartographie. Unter dem bezeichnenden Namen *Spieghel der Zeevaerdt* druckte Christoffel Plantin 1584–1585 in Leiden diese von den Brüdern van Doetecum in Kupfer gestochene Seekarten ab. Der Seefahrtatlas muß ein sehr begehrtes Werk gewesen sein, denn sein erster, 23 Karten umfassender Teil war bis zur ein Jahr späteren Herausgabe des zweiten Teiles mit 21 Karten bereits dreimal erschienen. Der erste Teil beschreibt die Seefahrt von Texel in Westfriesland durch den Ärmelkanal nach Gibraltar, der zweite die von Texel zu den östlichen Ostseehäfen Narwa und Wiborg, nach Aberdeen in Schottland und nach dem Kap Lindesnes im südlichen Norwegen. Sandbänke, Klippen, Ankerplätze, Orientierungszeichen, Küstenprofile, Angaben über Meerestiefen, alles ist sorgfältig verzeichnet. Die Entfernungen sind auf den meisten Karten in holländischen oder spanischen Seemeilen angegeben.

Während zu Leiden und Amsterdam die wiederholte Auflage von Waghenaers Atlas bzw. Ausgaben mit lateinischem, deutschem oder französischem Text vorbereitet wurden, ging in London bereits der Druck der Englischfassung unter dem Titel *Mariner's Mirrour* (1588) vor sich. Die Tatsache, daß das Druckjahr mit dem des Untergangs der spanischen „unüberwindlichen Flotte" zusammenfällt, ist sicher ein bloßer Zufall, auf alle Fälle jedoch bezeichnet die Londoner Edition den Beginn einer unabhängigen Eigenproduktion von Seekarten in England, der neuen Großmacht zur See.

Seinen zweiten Seeatlas, den *Thresoor der Zeevaerdt*, gab Waghenaer im praktischeren Kleinformat 1592 zu Leiden heraus. Die wesentlich feinere Kartenzeichnung sowie der umfangreichere Text veranschaulichen die ausgedehnten Fahrtstrecken von Candala am Roten Meer bis zu den Inseln Wajgatsch und Nowaja Semlja am fernen Ufer der Barentssee. Dem *Thresoor* kommt um so größere Bedeutung zu, als ein ganzer Teil den Erkenntnissen gewidmet ist, die die englischen Seefahrer Francis Drake und Thomas Cavendish bei ihren Weltumseglungen 1577–1580 und 1586–1588 erwarben. Er bildete ferner die Vorlage für den nächsten Seeatlas, das *Licht der Zeevaerdt* von *Willem Janszoon Blaeu* (1608).

Waghenaer standen keine Mittelmeerkarten zur Verfügung. Der erste holländische Mittelmeeratlas ist das Werk des berühmten

ISLANDIA.

HÆc Insula duplo Sicilia maior est. A frigoribus quæ acutissi-
ma ibi sunt, nomen habet: continuis enim octo mensibus glacie
infestatur. Piscium isthic maxima est copia: frumentum non habet nec vinum, nisi aliunde e circumiacentib. maritimis locis Hispaniæ,
Angliæ, Noruegiæ. &c. isthuc conuehantur. Frumentaque huiusmodi ac
vina aduecticia Mercatores piscibus permutant. Velificatio in hanc Insu-
lam vtplurimum sex hebdomadis ante Ioannis, & sex post videlicet fie-
ri potest, quod anni reliquo tempore perpetua glacie mare constringa-
tur. Panis loco plerunque piscibus vulgo vescuntur. Huius Insulæ iu-
risdictio ad Noruegiæ Regem spectat. Multa sunt in hac Insula mirabi-
lia, auditu incredibilia, quæ infra per literas A B signata, declarabitur.

Mons excelsus VVitzare appellatus, in cuius summitate
Index marinus factus est à duobus piratis Pinnige &
Poxhorst, in nostrum protectionem à Grundlandia.

OCCIDENS

WEST

FOGLASKER

Hafford.

Vestrabord.

Iokel. G

A Scalholdin.

Mōs Hekla.

Hāna fiord.

Caos F

Rock. F

helgefelc

A

F

B

I

H

Caos

Ostrabord

vespeno

O

NOORDEN

Cnptoporticus

M

N

C

C

A

D

Cruets.

Bergen.

L

Hollensis

Vallen.

IS SACT.

Q

K

Helgefele.

P

ORIENS

OOST

G

Rerum mirabilium declaratio.

A. Sunt tres montes excelsi, quorum summitates perpetua niue, & bases sempiterno igne
æstuant. B. fontes quatuor diuersissimæ naturæ, quorum unus suo perpetuo ardore omne im-
missum quam ocyus conuertit in saxum, priore forma manente: alter est intolerabilis algoris:
tertius cerealem liquorem producit: quartus pestiferam contagionem exhalat. C. Corui albi,
falcones, picæ, uulpes, ursi, & lepores albissimi: quanquam inueniantur etiam uulpes nigerri-
mæ. D. Ventus hic adeò est ualidus, ut equitem etiam armatum equo deijciat. E. Glacies
miserabilem humanæ uocis gemitum edens, fidem facit ibi hominũ animas tormentari. F. Vo-
rago est, in quæ etiã homines apparentes cõtinuo euanescũt. G. Ignis depascens aquã, & stu-
pam non comburens. H. Sulphuris ea est abundantia, ut mille libras Ducati decima parte com-
mutent. I. Piscium tanta copia, ut ad altitudinem domorum sub aperto cœlo uendendi ex-
ponantur. K. Pabula usque adeò læta, ut nisi ermenta à pascuis ducantur, aruina rumpantur.
L. Domus sunt maximæ, ex maximorum piscium ossibus & costis extructæ. M. Lusores sunt,
qui ludendo aues & pisces ad se trahunt. N. Præ nimio frigore habitant in latebris subter-
raneis Cryptoporticus appellatæ. O. Nautæ in dorsa cetorum, quæ insulas esse putant, ancho-
ras figentes, sæpe periclitantur. P. Cete grandia adinstar montium, naues euertunt, nisi sono
tubarum, aut missis in mare rotundis & uacuis uasis absterreantur. Q. Butyri copia incre-
dibilis.

PARISIIS,
Apud Hieronymum Gourmontium Anno. 1548.

ZVIDEN

Seefahrers und Kartographen *Willem Barents* (ca. 1560–1597). Diese 1595 erschienene *Nieuwe beschrijvinghe ende Caertboeck van de Middelantsche Zee*, deren Kupferstiche von *Pieter van der Keere* oder von *Jodocus Hondius* stammen, erlebte mehrere holländische und französische Ausgaben. Ein Jahr später erschien Barents' Nordseekarte, der *Nieuwe Spieghel der Zeevaerdt*, und 1598 die postume Karte der nördlichen Polargewässer.

Barents' Mitarbeiter scheint *Peter Plancius* (1552—1622), der bekannte Amsterdamer Kartograph der Ostindischen Gesellschaft, gewesen zu sein. Von diesem Verfechter des Seehandels mit dem Fernen Osten liegt eine Weltkarte vor, die *Nova et exacta terrarum orbis tabula geographica ac hydrographica*, die 1592 auf 18 Blättern von den Verlegern Cornelis Claeszoon in Amsterdam und Jan Baptiste Vrients in Antwerpen herausgegeben wurde; den Kupferstich besorgten Joannes van Doetecum und sein Sohn Baptista. Für das letzte Jahrzehnt des 16. Jh. sind unter den Kupferstechern die Brüder van Langren zu nennen, die neben anderen Seekarten besonders für das Itinerario (1596)· des *Jan Huygen van Linschoten* (1563–1610) arbeiteten. Die Ähnlichkeit mit den Planciuskarten war nicht zufällig, da dieser ja nicht wenige selbst herstellte. Eine wichtige Produktionsstätte für Seekarten war für gewisse Zeit auch das Städtchen Edam bei Amsterdam. Dort wirkten die *caertschrijvers* *Cornelis Doedtsz, Jan Dirchezoon Vijckemans, Evert Gijsberts* sowie die Brüder *Harmen und Marten Janszoon*.

Nach diesen ersten Erfahrungen konnten auch die Seeleute selbst keine Zweifel mehr an den Vorzügen der neuen Seekarten und Seeatlanten hegen. Nach dem Niedergang der niederländischen Kartenproduktion im 17. Jahrhundert wurde London zu deren neuem Mittelpunkt, stilmäßig jedoch blieben die englischen Seekarten noch lange ihren niederländischen Vorbildern verpflichtet. Ersichtlich ist dies u. a. aus zwei Seeatlanten, dem *Atlas Maritimus* (1675) und dem *English Pilot* (1671–1672) des führenden britischen Hydrographen *John Seller* (tätig 1667– ca. 1701).

36 ←
Olaus Magnus, Island. Paris 1548,
Holzschnitt

DIE ZUSAMMENFASSUNG DER VORLAGEN ZU EUROPA- UND WELTKARTEN

Die Zeit der großen Atlanten

Die Kartenkunst der Renaissance südlich und nördlich der Alpen: Lafreris römischer Kartenverlag

Die große Menge von Gebietskarten, die in der 1. Hälfte des 16. Jh. an den verschiedensten Orten Europas gedruckt wurde, hat kauflustigen Interessenten wohl oft keine geringen Sorgen bereitet, denn selbst die gewandtesten Händler konnten der ständig steigenden Nachfrage nach neuen Kartendrucken nicht immer nachkommen.

Da kamen die Italiener mit einer originellen Idee. Sie begannen, für ihre Kunden mehrere Karten zu binden und schufen mit diesen Sammelbänden die Vorläufer der späteren Atlanten. Wer auf diesen Einfall kam, wissen wir nicht; bekannt ist der Namen des aus Besançon stammenden, in Rom lebenden Kupferstechers, Druckers und Verlegers *Antonio Lafreri* (1512–1577), der jenen Einfall am glücklichsten in die Tat umsetzte. Er gründete mit seinem Mitarbeiter *Antonio Salamanca* (ca. 1500–1562). i. J. 1553 in Rom einen Gravurenverlag, den er als Alleininhaber im Jahr nach Salamancas Tod zu einem blühenden Unternehmen machte. Aus seinem Verlagshaus an der Via del Perione gingen die heute sehr geschätzten und seltenen Lafreri-Atlanten in die weite Welt. Zusammengestellt waren sie freilich aus Kartendrucken verschiedener Herkunft. Lafreris Sammelbände bestanden nicht nur aus seinen eigenen Karten, sondern auch aus solchen, die er entweder von anderen Verlegern übernommen hatte oder die aus Frankreich, Deutschland oder den Niederlanden stammten. Eine derartige Kollektion erforderte weder die mühevolle kritische Zusammenstellung noch die Überprüfung der Karten, wie sie bei späteren Atlanten selbstverständlich ist. Kartenauswahl und -anzahl waren Sache des Kunden, so daß dann ein jeder Atlas anders aussah. Aber sie präsentierten sich alle mit einheitlichem Titelblatt: einem Kupferstich, auf dem der mythische Atlas die Weltkugel auf seinen Schultern trägt. Überdies gab Lafreri den kleineren, aus den Jahren 1570 bis 1572 stammenden Teil seiner Kollektion schon unter dem einheitlichen Titel *Geografia* heraus: *Tavole moderne di Geografia de la maggior parte del mondo di diversi autori racolte et messe secondo l'ordine di Tolomeo con idisegni di molte citta et fortezze di diverse provintie stampate in rame con studio et diligenza in Roma.* Aus dem Titel, der nicht nur den Lafrerischen Atlanten gebührt hätte, ist ersichtlich, daß die römischen Verleger den größten Wert auf die lokale italienische Topographie legten, die dann mit Stadtansichten, Plänen historischen Schlachtfelder sowie weiteren Abbildungen geschmückt wurde.

In den überlieferten 60 bis 70 Exemplaren der Lafreri-Atlanten läßt sich kein einheitlicher, festgelegter Inhalt finden. Ein Band umfaßt in der Regel über 140 Karten, sein Charakter ist ein eklektischer. So findet man in einem und demselben Atlas z. B. Amerika als einen Kontinent dargestellt, der durch eine Meerenge bzw. das offene Meer deutlich von Asien getrennt ist, während auf einer anderen Karte beide Kontinente verbunden sind. Diese Nachlässigkeit gegenüber dem Wunsch der Kunden setzt den Wert der Lafreri-Atlanten etwas herab, doch keineswegs den der prachtigen Kupferstichkarten, aus denen die Atlanten zusammengestellt sind. Ihr größter Schmuck sind die Karten von Gastaldi, daneben findet man in der Ausgabe von 1572 z. B. die Mittelmeerkarte von *Diogo Homem*, den

37
Das oberitalienische Seengebiet auf der Karte der Schweiz von Antonio Salamanca. Rom 1555, Kupferstich

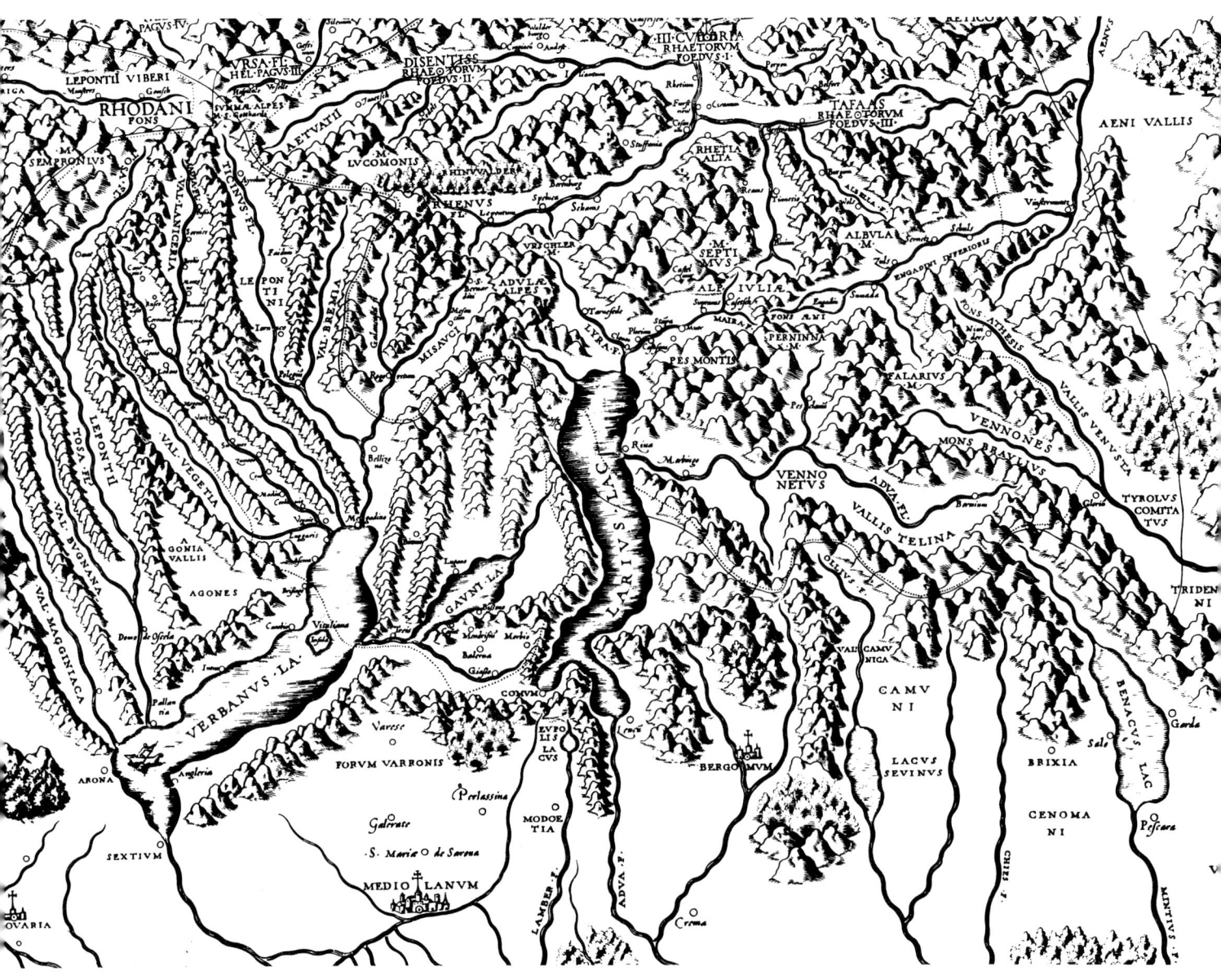

Die Kosmographien der deutschen Geographen P. Apian und S. Münster /1. Hälfte des 16. Jh. / und derer Kartenbeilagen und Stadtansichten

ersten Kupferdruck einer Seekarte (P. Forlani, Venedig 1569). Ferner nahm Lafreri in seine Atlanten Landkarten des römischen Verlegers und Druckers *Michele Tramezini*, des Flamen *Jacob van Deventer*, der Italiener *Gasparo Argaria, Nicolas Beatricetto, Antonio Floriano* und anderer Kartographen auf. Zu Lebzeiten Salamancas arbeitete auch der flämische Stecher *Belga van Bos* in seinem Haus.

Lafreri blieb bis zu seinem Tode der führende römische Gravuren-händler, sein Erbe und Nachfolger war der Kupferstecher *Claudio Ducheti* (tätig 1570–1592). Andere italienische Verleger interessierten sich früh für das einträgliche Geschäft mit Sammelbänden. In Venedig war *Fernando Bertelli* Lafreris Konkurrent, in Rom folgten *Giovanni Francesco Camocio* und *Paolo Forlani* seinem Beispiel. Ihnen allen ist die Rettung vieler Renaissancekarten zu verdanken, da ja nichtgebundene Einzelstücke viel leichter dem Verlust oder der Vernichtung anheimfallen, wie die beträchtliche Anzahl der zeitgenössischen Separatkarten in den Ländern nördlich der Alpen, die für immer verschollen sind, beweist.

Die Mitte des 16. Jahrhunderts ist in allen Teilen Europas eine Zeit reger Tätigkeit auf dem Gebiet der Kartenherstellung und Herausgabe. In deutschen Landen führte die Begeisterung über die neuen geographischen Erkenntnisse zu deren Aufzeichnung in Kosmographien, die sehr oft von Holzschnittkarten begleitet waren. Die Kosmographien gehören zu jener Gattung der Renaissanceliteratur, die nicht nur das von Ptolemäus überlieferte Wissen bereicherte, sondern der Geographie der neuen Zeit auch entsprechende Aufgaben stellte. Diese Verknüpfung traditioneller Anschauungen und moderner Vorhaben hat am treffendsten Peter Apian, ein Kosmograph der ersten Generation des 16. Jahrhunderts, veranschaulicht, als er auf der Titelseite seiner Weltkarte *Universalior cogniti orbis tabula* (1530) die Porträts beider Autoritäten, Ptolemäus und Amerigo Vespucci, nebeneinander stellte.

Peter Apian (Apianus, Bienewitz, 1495–1552) wirkte als Astronom und Kosmograph in Ingolstadt. Neben seinen astronomischen Beobachtungen und Verbesserungsarbeiten an sternkundlichen Geräten gab er ab 1523 in seiner Landshuter Druckerei Karten heraus. Die erste, der *Typus orbis* von 1520, eine Analogie der Weltkarten Martin Waldseemüllers und Laurentius Frisius'. In der zehn Jahre jüngeren Ingolstädter Weltkarte in herzförmiger Darstellung, seinem bekanntesten Werk, kommt sein Mathematiktalent der Kartographie zugute. Apians Abbildung entsprach dem damaligen Wissensstand, denn die bei ihm recht verzerrt dargestellte südliche Halbkugel war noch lange nicht ins Blickfeld der Öffentlichkeit gerückt. Es muß wohl hinzugefügt werden, daß er dabei die Vorlage des Nürnberger Mathematikers *Johannes Werner* (1468–1528) überarbeitete, die ihrerseits auf den Wiener Astronomen Johann Stabius zurückgeht. Übrigens stammen die meisten der unter Apians Namen herausgegebenen Karten von anderen Autoren.

Sein bedeutendstes und zweifellos authentisches Werk ist der 1524 in Landshut herausgegebene *Cosmographicus liber*. Er enthält den Grundriß der mathematischen und physikalischen Geographie, eine kurze Beschreibung der vier Weltteile sowie den unentbehrlichen *Abakus*, ein Verzeichnis bedeutender Örtlichkeiten mit Angabe ihrer geographischen Breite und Länge. Das Werk erlebte in 85 Jahren fast sechzig Auflagen. Diese stattliche Höhe ist wohl vorwiegend den verschiedenen Kartenbeilagen und beliebten Stadtansichten (Veduten) zuzuschreiben. Auch der Basler Humanist Sebastian Münster hat sie in seiner wohl noch beliebteren Kosmographie verwendet.

Wir haben bereits gesagt, daß Münster um eine Schließung der Lücken in den damaligen Geographiekenntnissen eifrig bemüht war. 1530 veröffentlichte er seine achtzig Seiten umfassenden Erklärungen zu der Deutschlandkarte des Nicolaus Cusanus, 1536 erschien in Frankfurt seine *Mappa Europae, eygentlich fürgebildet, auszgelegt und beschriben.* Es handelt sich um keine Europakarte — eine solche enthält das Werk noch nicht —, sondern um welt wertvollere methodische Anweisungen für das Kartenzeichnen. In Münsters 1540 erschienener erweiterter Ptolemäusausgabe befindet sich unter den zwanzig neuen Karten auch eine Amerikakarte mit von Grund aus geänderten Konturen des Kontinents, einer Nomenklatur und der kühnen Einzeichnung der Meerenge zwischen Asien und Amerika.

Münster nahm sämtliche für diese Ptolemäusausgabe vorbereiteten Karten in sein Hauptwerk, die Kosmographie auf. Mit ihren wiederholten Auflagen und Übersetzungen in fünf Sprachen wurde sie zum meistverbreiteten Geographie-Kompendium des humanistischen Europas. Da sie für weiteste Gebildetenkreise bestimmt und ungemein beliebt war, darf man annehmen, daß auch ihre groben Holzschnittkarten die allergeläufigsten Vorstellungen der Menschen von der Gestalt der Erde, der Kontinente und Länder wiedergaben. Die deutsche Erstausgabe erschien 1544 in Basel, sie heißt: *Cosmographia. Beschreibung aller Lender durch Sebastianum Munsterum...* und besteht aus sechs Teilen. Der erste enthält die Abrisse der physikalischen, mathematischen und astronomischen Geographie, der zweite ist der regionalen Erdkunde Süd- und Westeuropas gewidmet, der dritte der Geographie Deutschlands, der vierte der Beschreibung Nord- und Osteuropas, der fünfte bezieht sich auf Asien und die neuentdeckten Inseln, der sechste auf die Geographie Afrikas. Erdkundliche Ausführungen wechseln mit historischen Schilderungen und astronomischen Abhandlungen ab, bei gewissen geographischen Fragen hält sich Münster noch an die Bibel.

Als populärwissenschaftliche Werke bemühten sich die Kosmographien, diejenigen Gegenden und Städte, auf die sich die beschriebenen Erscheinungen oder Ereignisse bezogen, möglichst nahe an den Leser heranzubringen. Dessen jahrhundertealte Bekanntschaft mit dem Charakter einer bestimmten Örtlichkeit konnte weniger durch Beschreibungen als durch Stadtansichten und ähnliche Kartenbeilagen vertieft werden. Bei den Kosmographien Peter Apians und Sebastian Münsters hat man auch den Eindruck, beide hätten das Zeichnen dem Schreiben vorgezogen. Münster war der erste bewußte Sammler von Stadtprospekten. Seine Veduten sind mit großer Sorgfalt und einem ausgeprägten Gefühl für die Harmonie von Stadt und Umgebung gezeichnet. Dabei war sein Arbeitsverfahren keineswegs leicht, denn das Übertragen der zentralperspektivischen Ansicht auf eine Stadt konnte im 16. Jh. in der deutschen Malerei und Graphik nur sehr langsam heimisch werden. Zumeist

Die niederländische Schule, Atlanten von Abraham Ortelius, Gerard de Jode und Gerhard Mercator

begnügte sich der Zeichner damit, einen geeigneten Standort oberhalb der Stadt oder auf der gleichen Ebene zu finden und das Stadtpanorama auf dem Papier festzuhalten. In der Regel zeichnete man Veduten auf der Schrägansicht, die eine gewisse Orientierung in dem mittelalterlichen Gassengewirr gestattete. Nicht selten befand sich der Standort des Zeichners auf so steiler Höhe über den Gassen der Stadt, daß seine Vedute den Eindruck perspektivischer Darstellung erweckt. Später ersetzt das Vogelschaubild die terrestrische Ansicht, wobei auch die weitere Stadtumgebung wiedergegeben wird. Typisch in Münsters Kosmographie ist die Stadtansicht von Lindau am Bodensee mit den Ausläufern des Bregenzer Waldes im Hintergrund. Eine größere Zahl solcher Ansichten, die eigentlich schon Stadtpläne sind, schmückt das graphische Werk des Frankfurter Meisters *Matthäus Merian* (1593–1650). Sie waren von Texterläuterungen zu den betreffenden europäischen Ländern begleitet und begründeten den Ruhm des Hauses. In der Offizin Merians arbeitete auch eine Zeitlang der große Meister seines Fachs, *Wenceslaus (Václav) Hollar* (1607–1677) aus Prag.

Die von Münster und Apian in den Kosmographien fest verankerten Veduten wurden bis ins ausgehende 17. Jahrhundert mit Vorliebe als Dekorationsrahmen an den Kartenrand gesetzt. Zumeist waren es Darstellungen wichtiger Siedlungen in dem von der Karte wiedergegebenen Gebiet, weshalb ihnen die gleiche dokumentarische Bedeutung zukommt wie den Karten selbst. Sie führten ja eine Stadt so vor Augen, wie sie dem herankommenden Reisenden erschien. Sämtliche Veduten, die in Apians und Münsters Kosmographien, in Braun-Hogenbergs *Civitates orbis terrarum* enthalten sind, die Kartenstiche Merians d. Ä., Hollars und anderer Künstler waren um das für jede Stadt kennzeichnende Abbild bemüht — sie sahen die Stadt als zusammenhängendes Ganzes mit der jeweiligen Dominante einer Kathedrale oder Burg, umklammert von den Stadtbefestigungen. Die letztgenannte Ansicht erhöhte auch dann noch das Interesse der Öffentlichkeit an Veduten, als die mittelalterlichen Befestigungen barocken Bastionen und Befestigungswerken gewichen waren.

Die Stadtansichten überlebten kaum drei Jahrhunderte, denn um die Mitte des 19. Jh. beginnen die genauen Lage- und später auch Höhenmessungen der Städte und ihrer Umgebung. Dazu kommt die seit den 40er Jahren rasch aufstrebende Photographie; die Herstellung von Stadtplänen findet ferner beim Katastrieren der Länder Mitteleuropas neues Quellenmaterial. Stadtpläne und Karten der nächsten Umgebung sind nichts Besonders mehr, sind selbstverständlicher Besitz der Stadtverwaltung. Als das typisch mittelalterliche Stadtbild verschwand, verlor in dem Durcheinander von neuen Wohn- und Wirtschaftsgebäuden auch der Stadtprospekt endgültig seine Bedeutung.

Die Atlanten Lafreris waren ebensowenig wie andere ähnliche italienische Sammelbände systematische Sammelwerke von einheitlichem Format, d. h. sie waren keine Atlanten im modernen Sinn des Wortes. Das gilt auch für die Karten der Kosmographien P. Apians und S. Münsters: mit wenigen Ausnahmen bildeten sie bloße Illustrationsbeilagen zu verschiedenen, nicht immer geographischen Tex-

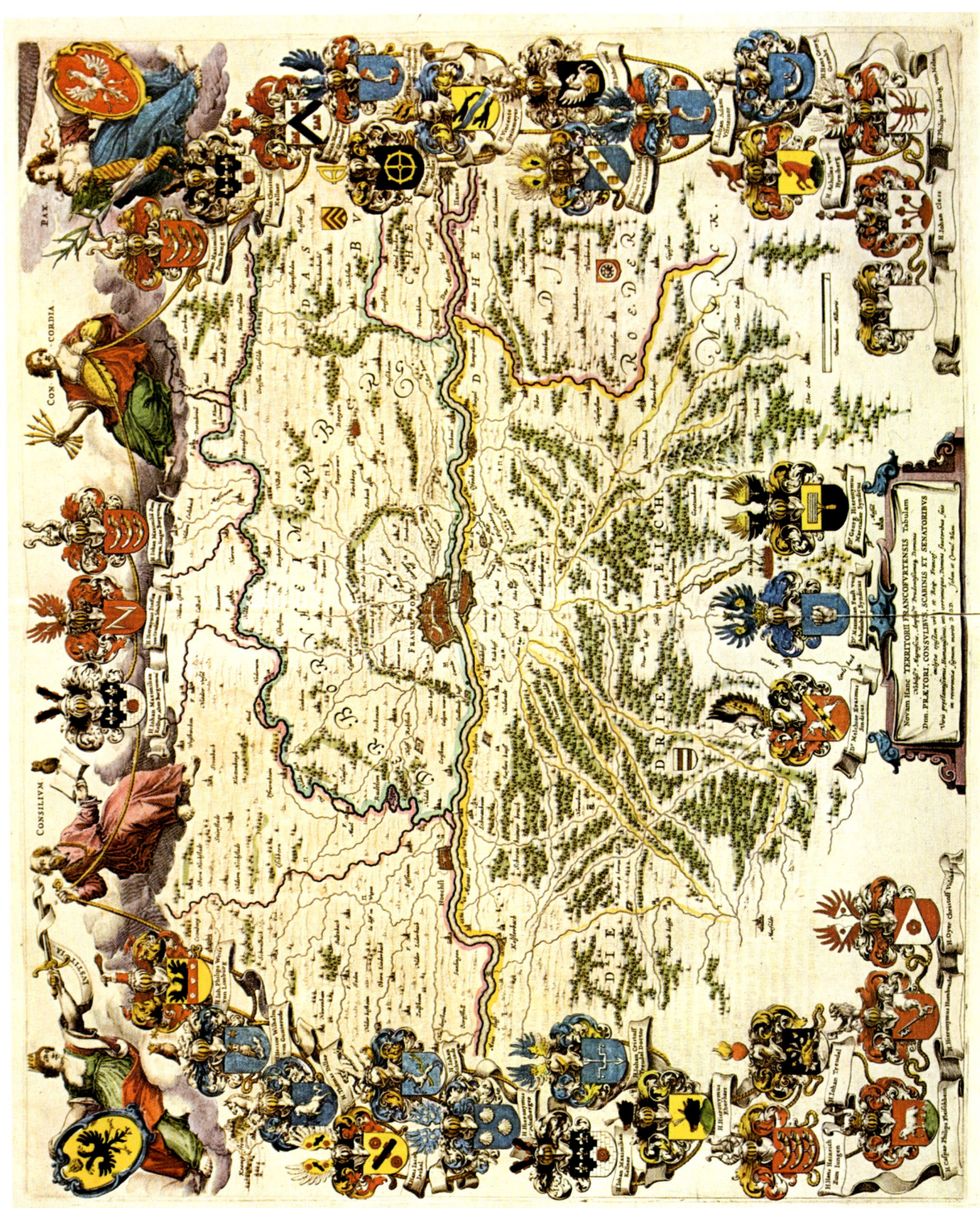

COMITATIS
CANTABRI-
GIENSIS;
vernacule
CAMBRIDGE
SHIRE.

ten. Das Kartenbild entbehrte noch immer die nötige Glaubwürdigkeit, und so lag es auf der Hand, daß derjenige, der als erster die Forderung nach einer strengen Kritik des Quellenmaterials erheben würde, des Vertrauens aller Kartenbenutzer sicher sein könnte.

Diese Forderung wurde öffentlich von Gerhard Mercator in Duisburg erhoben. Dank ihm und den glänzenden Handelsbeziehungen der niederländischen Offizinen verschob sich der Schwerpunkt der europäischen Kartographie für die nächsten hundert Jahre aus Wien, Nürnberg, den Städten Italiens und des Rheinlands in die Niederlande. Es ist das bleibende Verdienst der niederländischen Verleger, daß sie sich zum Segen für die Kartenkunst in der 2. Hälfte des 16. Jh. des von zahllosen Kartenzeichnern vieler Länder erarbeiteten reichen Materials annahmen und es in kritisch herausgegebenen Sammelbänden veröffentlichten, die seit Mercators Werk (1585) nach diesem „Atlas" genannt werden.

Wenn wir den Beginn der Vorherrschaft der niederländischen Atlantenherstellung in das Jahr 1570 setzen, sind wir dazu mehr als berechtigt, denn es ist das Druckjahr der Antwerpener Erstausgabe des berühmten *Theatrum orbis terrarum*. Paradoxerweise wurde dieser erste Atlas der niederländischen Schule nicht von Mercator selbst, sondern von seinem fünfzehn Jahre jüngeren Freund *Abraham Ortelius* (1527–1598), einem Antwerpener Koloristen und Kartenhändler, herausgegeben. Der Ortelius-Atlas enthält 70 genaue Länderkarten Europas, Afrikas, Amerikas und Asiens, vier Kontinentkarten und eine übersichtliche Weltkarte, alle zum erstenmal auf 53 Blättern systematisch geordnet. Infolge seiner augenblicklichen großen Wirkung erschien er im selben Jahr in drei Auflagen. Auf der Rückseite jeder Landkarte waren entsprechende geographische und historische Erläuterungen abgedruckt, schon in der ersten Auflage (Mai 1570) war ein Verzeichnis von 87 Kartographien beigefügt, deren Arbeiten Ortelius für seinen Atlas herangezogen hatte. Dieser ständig anwachsende *Catalogus auctorum tabularum geographicarum* ist insofern von Bedeutung, als er eine Reihe von Kartenschöpfern anführt, deren Namen sonst wahrscheinlich in Vergessenheit geraten wären.

Mit den Neuauflagen des Theatrum stieg auch die Zahl seiner Karten, so daß die erste posthume Auflage i. J. 1601 bereits 118 Kartenblätter zählte; Ortelius fügte nämlich ab 1573 in regelmäßigen, fünf- bis sechsjährigen Abständen die in verschiedenen Sprachen gehaltenen sog. *Additamenta* (Nachträge) bei. Auch die *Parerga*, der ab 1579 erscheinende Anhang historischer Karten, erhöhte das Interesse der Käufer. Nicht zuletzt war ein großer Teil des Erfolgs der Plantinschen Offizin zu verdanken, die bereits 1579 weitere Auflagen vorbereitete. Der Druck der Erstausgabe stammt von dem vorher kaum bekannten Gillis Coppens van Diest. Die hervorragende Arbeit der im Plantinschen Druckhaus beschäftigten Stecher durfte die Qualität der nächsten Ausgaben gewährleisten; nicht weniger als 42 waren es bis 1612; ihre neuen Landkarten ersetzten die veralteten Originalgravuren.

Es war kein leichtes, es mit der kommerziellen Popularität und dem akademischen Prestige eines Ortelius aufzunehmen. Das *Theatrum* konnte fraglos nicht lange ohne Konkurrenten bleiben. Aber Mercator hatte mit der Veröffentlichung seines lange vorbe-

XXIII ← ←
Abel Tasman, Australien, Kartenausschnitt. 1644 (Mitchell Library, Sydney)

XXIV ←
„Comitatus Cantabrigiensis" (Cambridgeshire) aus Johann Janssons „Novus atlas", Band 4. Amsterdam 1647

reiteten Atlas keine Eile, und dem anderen, der in Frage gekommen wäre, *Gerard de Jode* (ca. 1508–1591), wurde lange Zeit die Lizenz verweigert. Das Rivalitätsverhältnis zwischen den Antwerpener Verlegern galt auch für Ortelius und den fast zwanzig Jahre älteren de Jode. Schließlich erschien sein Atlas trotz aller Hindernisse, es ist das zweiteilige *Speculum orbis terrarum* von 1578. Der erste Teil enthält 43 Länder- und Gebietskarten, der zweite 47 deutsche Provinzkarten. Die von den feingestochenen Platten der Brüder *Joannes* (1559 bis 1601) und *Lucas* (1538–1593) *van Doetecum* — sie hatten eine neue Radierungsmethode erfunden—abgezogenen Karten übertrafen den Ortelius-Atlas an Qualität, konnten jedoch trotzdem nicht mit ihm konkurrieren. Die Rückseite der Kartenblätter ist bei de Jode mit geographischen Beschreibungen versehen, beigefügt sind ein Katalog von 92 Kartographen, der den Namen Ortelius vermissen läßt — das ist de Jodes Revanche —, sowie ein zweiteiliges Kupferplattenverzeichnis. Die durchgesehene Neuausgabe des de Jode-Atlas von 1593 trägt ein neues Titelblatt, ein Werk seines Sohnes *Cornelius* (1558–1600); die Zahl der bereits arabisch bezifferten und von 83 Kupferplatten abgezogenen Karten ist auf 109 gestiegen.

Jodes solider Atlas konnte von seinen Landsleuten nicht übersehen werden. Obgleich er aus unbekannten Gründen sehr schnell vom Markt verschwand und seine Kupferplatten nur für zwei Auflagen verwendet wurden, arbeitete de Jode, anders als Ortelius, unermüdlich weiter und erwarb in den letzten Lebensjahren hervorragendes Geschick in der Kartenherstellung. Nach dem Tode seines Sohnes Cornelius erlosch das Verlagshaus, so daß beide *Speculum*-Ausgaben heute zu den kartographischen Seltenheiten gehören. Von den bisher bekannten 8 Exemplaren der Erstausgabe und den 14 der zweiten sind zwei der ersten und drei der zweiten Auflage in den Niederlanden geblieben.

G. Mercator, der eigentliche Urheber kritischer Herausgaben von Atlanten, hat die Veröffentlichung seines eigenes Atlas nicht erlebt. Die Schwierigkeiten bei der Besorgung von Kartenvorlagen, der Mangel an geschulten Kupferstechern und Mitarbeitern, die sein anspruchsvolles Anliegen unterstützt hätten, nicht zuletzt auch die unruhigen Zeiten der niederländischen Erhebung gegen die Spanier rafften ihn dahin. Zu seinen Lebzeiten erschienen zwei seiner Sammelbände, die er nach dem legendären mauretanischen König benannte: *Atlas sive Cosmographicae Meditationes de Fabrica Mundi et Fabricati Figura.* Der erste kam 1585 heraus und umfaßte in drei Heften mit selbständigen Titelblättern 51 französische, flämische und deutsche Länderkarten, der zweite, 23 Karten zählende, war Italien, Slawonien und Griechenland gewidmet und erschien vier Jahre später. Vier Monate nach Mercators Tode veröffentlichte sein Sohn Rumold die letzten 33 unveröffentlichten Karten und vollendete damit 1595 das Lebenswerk des Vaters. Das Gesamtwerk, das samt den Nachtragskarten Europas, Afrikas, Asiens und Amerikas 107 Stück enthält, erlebte 1602 in Duisburg eine Neuauflage, wo es infolge Rumolds frühem Tode (1599) bereits von den Erben zur Herausgabe vorbereitet worden war.

Dann, nur wenige Jahre nach Mercators Ableben, entledigten sich die Erben endgültig seines wissenschaftlichen Nachlasses — 1604 wurden in Leiden seine Bibliothek und Atlas-Kupferstiche ver-

steigert. Überdies kam gleichzeitig seine bis heute unübertroffene Herausgabe der Ptolemäustafeln von 1578 unter den Hammer; Mercator hatte darin 27 Ptolemäuskarten „ad mentem auctoris" (im Geist des Verfassers) nach modernen Begriffen umgearbeitet. Seine sämtlichen Kupferplatten gingen in den Besitz des Antwerpener Karten- und Gerätemachers *Jodocus Hondius* (1563–1612) über. Die nächsten Mercator-Atlanten erschienen in Amsterdam, wohin Hondius in den Folgejahren gezogen war. Bis zum Jahr 1636 folgten mindestens dreißig Auflagen in 20 Lateinausgaben, 8 Französisch-, 6 Deutsch- und 3 Holländisch- und Englischausgaben aufeinander; es gab eine umgearbeitete türkische, eine übersetzte russische Ausgabe sowie handschriftliche Kopien. Die Amsterdamer Ausgabe verdrängte selbst die Konkurrenten Ortelius und de Jode vom Markt, doch verlor der Mercator-Atlas bei seiner ständigen Erweiterung die Geschlossenheit der Duisburger Originalausgabe. Immer weniger ursprüngliche Mercatorkarten waren in den Neuauflagen zu finden. Als 1638 Hondius' Schwiegersohn Johann Janssonius das Verlagshaus übernahm, war der Atlas zu sechs Bänden angewachsen; noch nach 1660 war der niederländische Kartenmarkt von ihm überschwemmt. Doch bloß 18 Stück waren von Mercators Originalkarten übriggeblieben, sein Name war von den Titelblättern verschwunden. Die Bezeichnung „Atlas" aber bewahrt ihn im Gedächtnis der Menschheit.

Die zeitgenössischen Globen und deren Verhältnis zu den Erd- und Seekarten

Die bedruckten Erdgloben des 16. Jh. stehen in enger Beziehung zu den niederländischen Weltatlanten und Seekarten. Ihrer Herstellung wurde in vielen Ländern Europas keine geringere Sorgfalt zuteil als der Kartenproduktion, und die erhaltengebliebenen Globen sind Zeugnisse der hoch entwickelten Globographie der Renaissance.

Eine erste Blütezeit fällt in die Jahre, in denen sich die Kenntnisse von der Erde häuften. Das hatte aber zur Folge, daß die Globen mit jeder Neuentdeckung zu Wasser oder zu Lande rasch veralteten. Wegen ihrer Dreidimensionalität erfuhren sie dann eine schlechtere Behandlung als Landkarten, verloren äußerst schnell an Wert und galten als nicht bewahrungswürdig, was sie heute zu einer großen Rarität macht. Im ausgehenden 17 Jh. standen Globen wieder im Vordergrund des Interesses, da die italienischen Hersteller, nicht selten auf Kosten des geographischen Inhalts, ihre äußere Form mit reicher Ausschmückung hervorhoben und sie so zu Dekorationsstücken machten. Ein Jahrhundert früher war dem nicht so gewesen, da hatten die Globen, namentlich in den Niederlanden und Deutschland, ebenbürtig neben Atlanten und Karten gestanden.

Mercator hatte in den Jahren der Mitarbeit an Frisius' Erdgloben (1534–1536) große Erfahrungen gesammelt. Als er dann selbständig arbeitete, grub er Loxodromen (gedachte Linien, die die Meridiane unter dem gleichen Winkel schneiden) in Globensegmente und benutzte eine neuartige Beschriftung, indem er für die Kontinente römische Majuskeln einführte und für Länder, Provinzen, Flüsse, menschliche Rassen u. ä. abwechselnd und in verschiedenen Variationen lateinische Minuskeln gebrauchte. Sein bekanntester Erdglobus geht auf das Jahr 1541 zurück, während von den Frisiusgloben einige Exemplare, die von 1537, erhalten geblieben sind. Bei Jodocus Hondius trifft man bereits auf Verbesserungen: in der

Arktis sind die Entdeckungen von Barents, Frobisher und Davis festgehalten, ferner werden die Forschungsreisen Teixeras, Sir Raleighs und anderer Seefahrer verfolgt. Er gründete ein blühendes Familienunternehmen und arbeitete auch in England als Graveur des englischen Seefahrers, Mathematikers und Konstrukteurs Emery Molyneux; dieser schenkte 1592 der Königin Elisabeth einen Erdglobus von 637 mm Durchmesser, auf dem die Entdeckungsfahrten Drakes, Cavendishs und anderer eingetragen waren. Jodocus Hondius, sein Sohn Jodocus und sein Schwiegersohn Johann Jansson widmeten sich mehrere Jahre, 1600–1613, 1615 und 1618, der Herstellung von Globen, von denen Jodocus mehrere eigenhändig kolorierte; Inhalt und Ausschmückung stimmen mit ihren Karten überein. Bei der Herstellung seiner Erdgloben, auf denen die Entdeckungen der Erdumsegler Schouten und le Maire dargestellt sind, knüpfte Willem Blaeu an jene Atlanten an.

In den Jahren 1570–1597 war Jacob Floris van Langren ein bekannter Globenmacher. Langrens Söhne, *Arnold Floris* (1580 bis 1644), der weniger bekannte *Floris* und *Hendrik Floris* (geb. ca. 1574) setzten das väterliche Werk fort. Der letzte Erbe war der Sohn Arnolds, *Michael Floris van Langren* († 1675).

39
Carolus Clusius, „Hispaniae nova descriptio", Kartenausschnitt der von Abraham Ortelius veröffentlichten Spanienkarte. Antwerpen 1570, Kupferstich

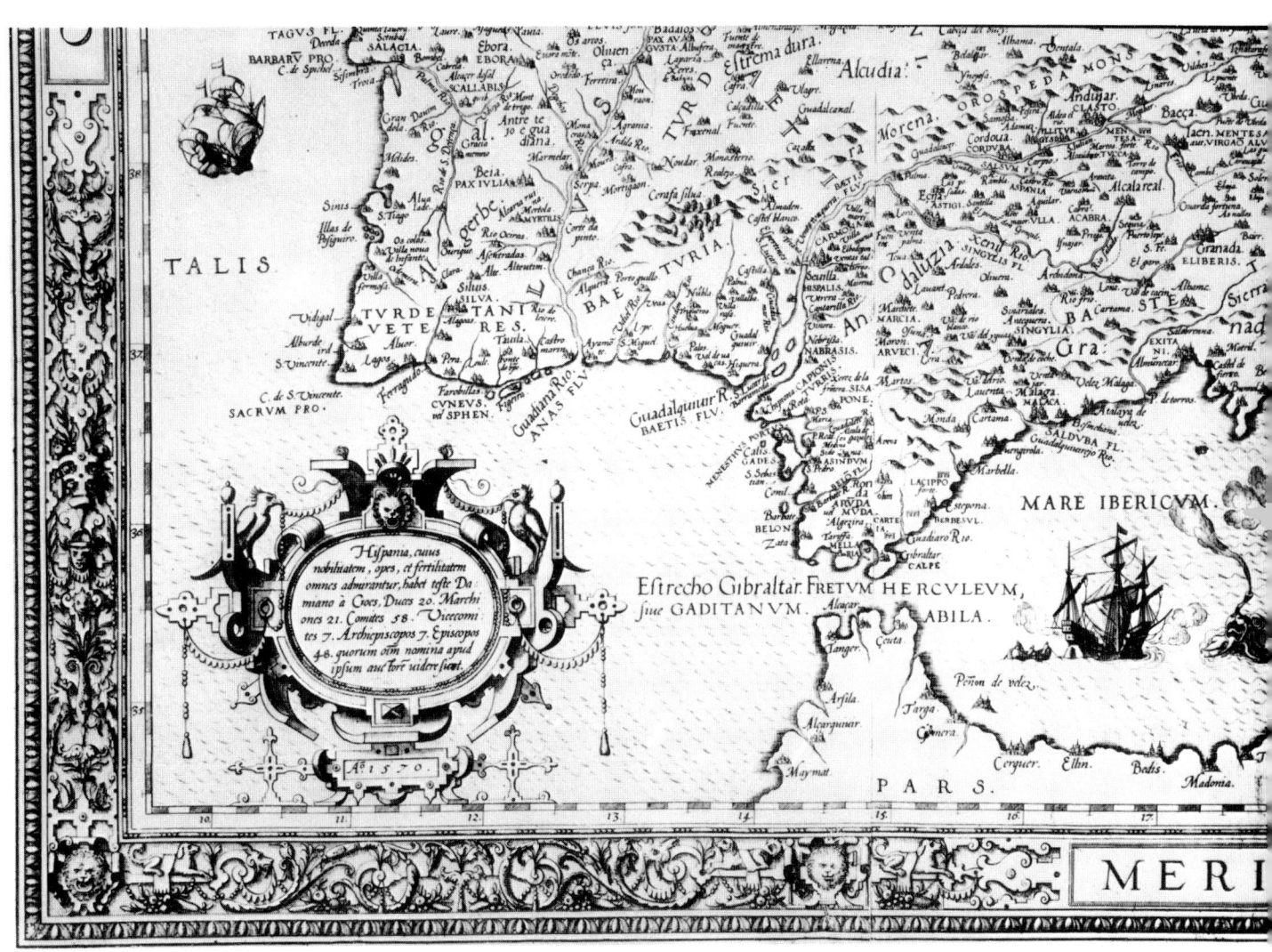

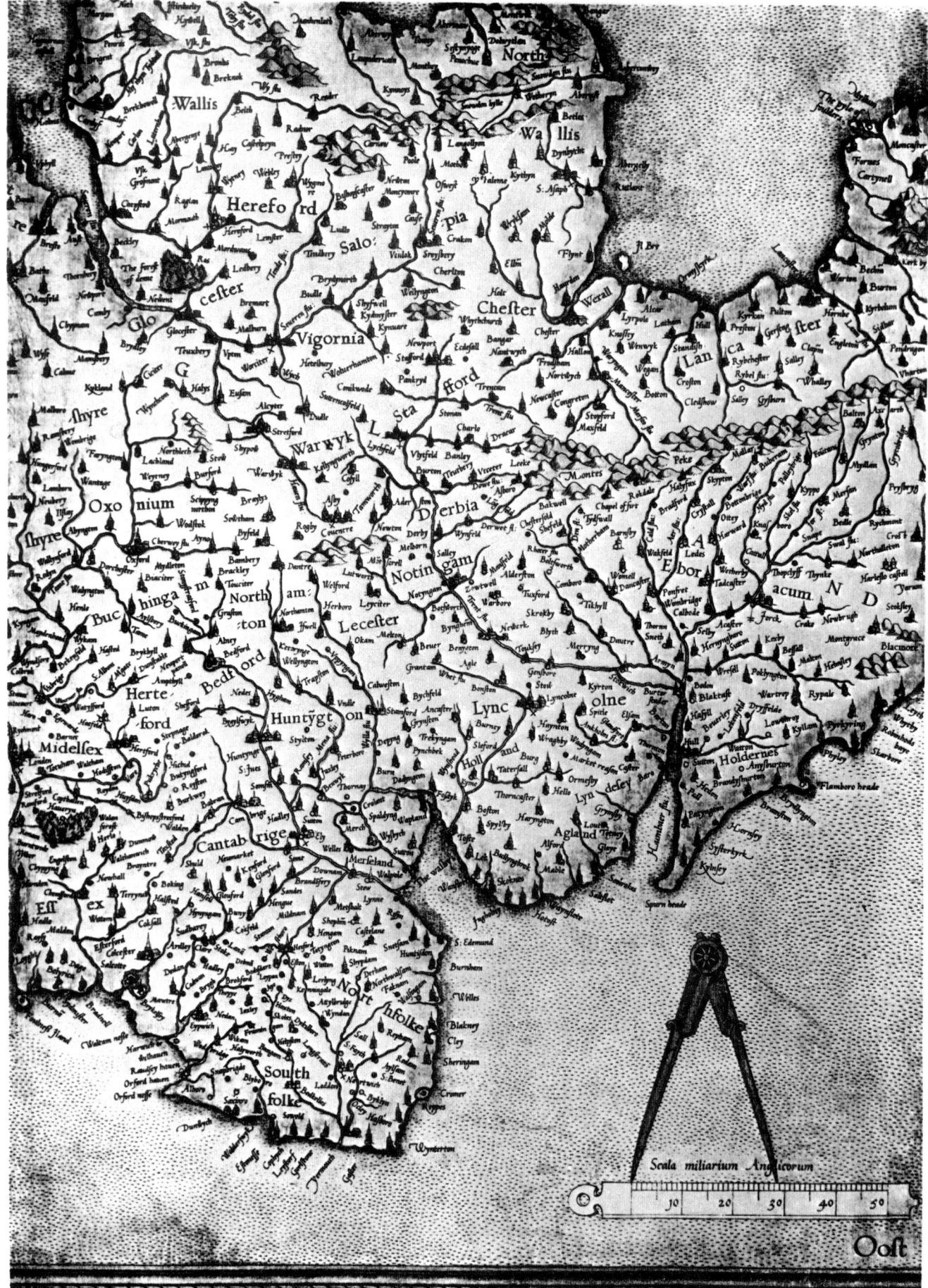

Als die exaktest gearbeiteten Erdgloben galten bei den Zeitgenossen die des Amsterdamer Verlegers *Carel Allardt* (1648–1709). Sie wurden ebenso hoch geschätzt wie seine Atlaskarten und sehr teuer bezahlt. Andere Globen gehen auf den seit 1585 in Amsterdam ansässigen flämischen Kartenzeichner *Peter Plancius* zurück. Als *gloobenmaker* waren ferner *Pieter van der Keere* (Peter Kaerius 1571 bis ca. 1646) und Jan Jansson, ein Hersteller der astronomischen Geräte, der sog. Armillarsphären, bekannt. Eigene Wege, um der steigenden Auslandskonkurrenz gewachsen zu sein, gingen später *Gerard Valcks* (ca. 1651–1726) und sein Sohn *Leonhard* (1675–1755). G. Valcks intensivste Tätigkeit fällt in die Jahre um 1700; er zögerte nicht, die geographische Genauigkeit seiner Globen einer effektvollen Wirkung zu opfern.

Unter den deutschen Globenmachern steht der bereits erwähnte *Johannes Schöner* in der vordersten Reihe. Sein ältester Globus (1515) mit der Einzeichnung Südamerikas als einer im Süden von der „Brasilie regio" — einer mit dem Südpolgebiet zusammenhängenden, langgestreckten Halbinsel — getrennten Insel, vermittelt, ebenso wie seine späteren Globen, die noch recht wirren Vorstellungen von der Gestalt der Ozeane und Kontinente. Als weitere Globenmacher sind *Matteo Greuter* (1556–1638) und *Isaac Habrecht* (1544–1620) zu nennen. Von einer direkten Anknüpfung an die Seekarten der Weltmeere läßt sich nur bei Waldseemüllers Globus von 1507 sprechen; er bildete den Anhang bzw. zweiten Teil seiner *Cosmographiae introductio* und ist der erste nördlich der Alpen gedruckte Globus. Unter den übrigen hervorragenden Stücken soll der Kupferglobus von Lenox (1506–1511), ferner der dem vergoldeten Pariser Globus als Muster dienende Stuttgarter (ca. 1528, eigentlich eine Globuskarte) und schließlich der silberne Globus von Nantes aus den Jahren nach 1530 nicht unerwähnt gelassen werden.

Mit der Zeit wurden die Globen allseitig vervollkommnet, sie gewannen besonders in Italien an Präzision und künstlerischer Formschönheit. Man kam dem barocken Zeitgeschmack vor allem in Venedig entgegen, wo sich die Globenmacher in exzentrischen Stücken gefielen; einer ihrer Meister ist *Marco Vincenzo Coronelli* (1650–1718), Kosmograph und Begründer der geographischen „Argonauten"-Gesellschaft. Von ihm stammt eine Reihe von Erd- und Himmelsgloben verschiedener Größe, unter denen die zwei Riesenexemplare von 4,87 m Durchmesser aus den Jahren 1681 bis 1683 den stolzen Besitz Ludwigs XIV. bildeten. Die Nomenklatur ist ähnlich wie bei Greuter in mehreren Sprachen gehalten, Loxodrome fehlen bei Coronellis Erdgloben. Die geschickte Art und Weise, wie dieser ein Maximum an Informationen bringt, ohne die Oberfläche im geringsten zu überfüllen, macht den Vorzug dieser Globen aus.

Später haben die Meister in den Niederlanden, Deutschland und Italien zahlreiche Nachfolger, die Erd- und Himmelsgloben einen festen Platz in Bibliotheken, Sammlungen und Schulen gefunden.

Moderne Länderkarten in niederländischen Atlanten von 1570-1670

In der 2. Hälfte des 16. Jh. hatten die Niederlande die Kartenproduktion auf eine nie dagewesene Weise monopolisiert; am Anfang dieses großartigen Aufschwungs standen die Atlanten von Ortelius und de Jode. Nun bereiteten die Druckhäuser immer neue Ausgaben vor, in denen an die Stelle der veraltenden Karten neue, aus ganz Europa geholte Darstellungen traten. So kann man in den niederländischen Atlanten die Werke vieler Kartographen finden — alphabetisch genommen von Apian bis Ziegler —, sämtliche in einheitlicher Aufmachung und gleichem Format. Den europäischen Länderkarten, die im Westen von England, Schottland und Irland bis nach Rußland im Osten reichten und den umfangreichsten und wesentlichen Teil beispielsweise der Ortelius-Atlanten bildeten, waren Weltkarten sowie Kontinentkarten (von Amerika, Asien, Afrika und Europa) vorangestellt. Im Nachtrag erschienen einige außereuropäische Länder: Indien, Persien, die Türkei, Palästina, Anatolien, Ägypten u. a. Verzerrte Kontinentumrisse bei Amerika oder weiße Flecken im Binnenland, wie „Barbaria" in Äquatorialafrika waren geläufige Erscheinungen, da die Vorlagen für die Karten der niederländischen Atlanten nicht exakt waren und es auch gar nicht sein konnten. Durch zweckdienliche Auswahl und verschiedene Veränderungen und Verallgemeinerungen wurde der Inhalt der ursprünglichen Kartenvorlagen überdies wesentlich vereinfacht. Nachbarländer waren in der Regel zu größeren Einheiten zusammengefaßt und zumeist in kleinerem Maßstab dargestellt als auf den Mustern. Der Kompilationsarbeit der Verleger stand nichts im Wege, ihr einziges Motiv, Geschäftsinteresse, ließ auch bald Mercators Forderung nach kritischer Durchsicht des Kartenmaterials in Vergessenheit geraten. Die zahlreichen erweiterten Neuausgaben der niederländischen Atlanten wiesen in steigendem Maße auffällige Unstimmigkeiten zwischen Kartenbild und Wirklichkeit auf — eine Folge der mangelnden Überprüfung der geographischen Koordinatenangaben. Auch die späteren Besitzer von Mercators ausgezeichneten Kupferplatten erweiterten aus Geschäftsgründen dessen Atlas auf 11 Bände, die insgesamt 400 prächtige gravierte und reichkolorierte Karten enthielten.

Die niederländischen Atlanten leisteten der Verbreitung von Geographiekenntnissen mit ihren mehrsprachigen Ausgaben und den auf der Kartenrückseite abgedruckten geographischen Beschreibungen unschätzbare Dienste. Nach Johann Janssonius, dessen Erzeugnisse in der 1. Hälfte des 17. Jh. den niederländischen Kartenmarkt überschwemmten, übernahmen seine Erben *Johann Waesberg* († 1681) und *Elizée Weyerstraet* den Atlantenverlag, unterlagen jedoch mit der Zeit dem aufstrebenden Konkurrenzhaus des Willem Janszoon Blaeu, das noch umfangreichere Atlaskompendien produzierte.

Ein weiteres Amsterdamer Verlagshaus ist das der Familie *Claes Janszoon Visscher* (1587–1637); die beiden ersten zwei der drei aufeinanderfolgenden Verlegergenerationen signierten ihre Karten oft mit dem latinisierten Namen Piscator. Ab 1660 stellten sie aus Karten verschieden große Atlanten zusammen, die bis ins beginnende 18. Jh. sehr verbreitet waren. Dann erwarb ein anderer Amsterdamer Kartograph, *Pieter Schenk* (1645–1715) die Kupferstiche der Visscherschen Offizin. Das von *Frederik de Witt* (1616 bis 1698) gegründete Druckhaus gab in drei Generationen Karten und Atlanten heraus, erlosch dann mit dem Enkel gleichen Namens, und ein anderer Amsterdamer Kupferstecher und Verleger, *Pieter Mortier* († 1724), erwarb die Druckplatten. Seine Nachfolger *Johannes Covens*

146

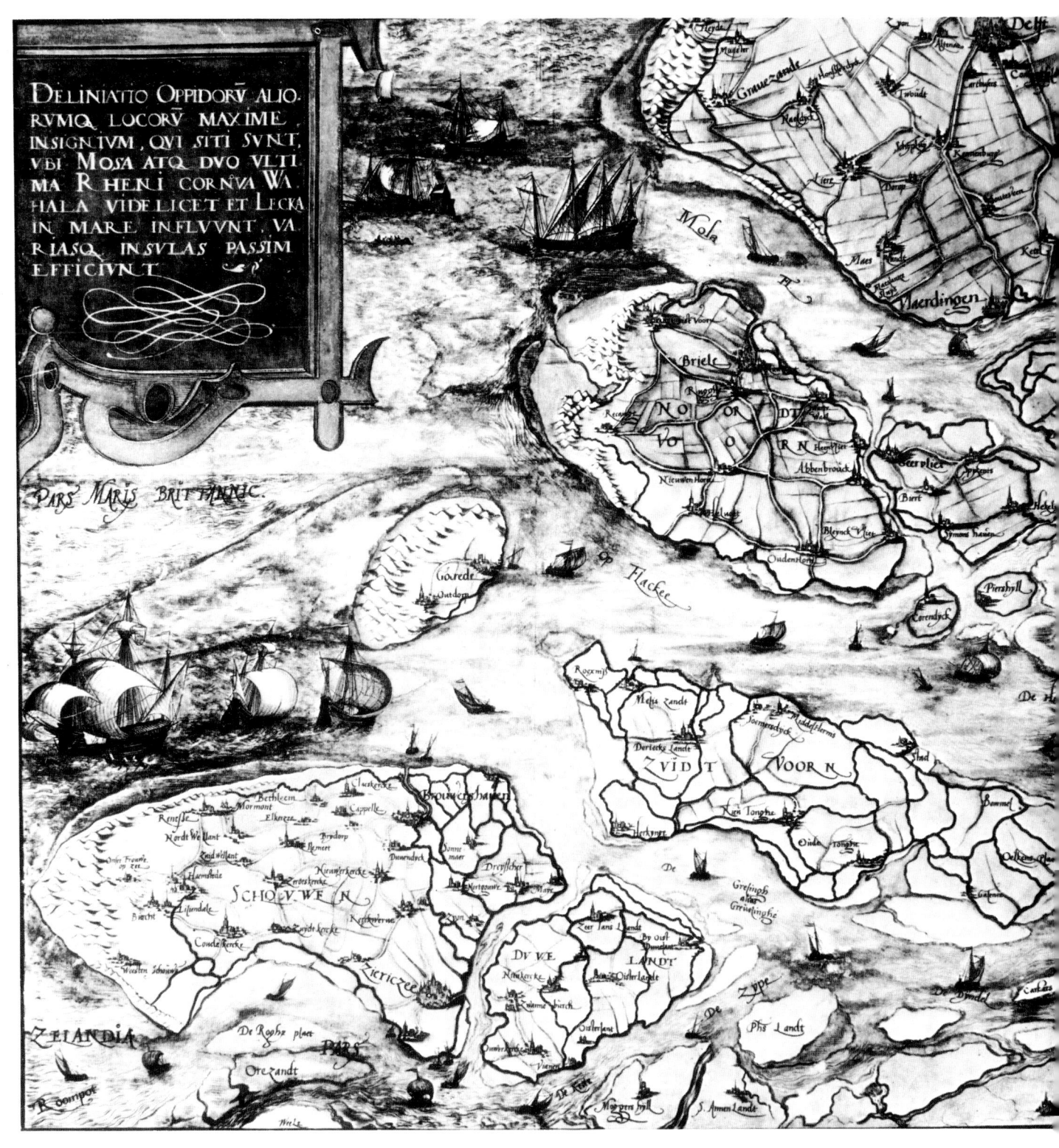

Auf der Karte erscheinende Beschriftungen:

DELINIATIO OPPIDORŪ ALIO-
RVMQ. LOCORŪ MAXIME
INSIGNIVM, QVI SITI SVNT,
VBI MOSA ATQ. DVO VLTI
MA RHENI CORNVA WA.
HALA VIDELICET ET LECKA
IN MARE INFLVVNT, VA.
RIASQ. INSVLAS PASSIM
EFFICIVNT

PARS MARIS BRITTANIC.

Delft
Heyde
Graue zande
Masslu
Haechner
Stoch
Vlaerdingen
Maes
Mola Fl.
Voort
Briele
NO OR DT
VO O R
N Heenflet
Abbenbroeck
Nieuwen Horn
Geervliet
Burt
Bleyck Vliet
Oudenhorn
Pieriehyll
Coorendyck
De
Flacke
Goerede
Outdorp
Roccmss
Melsa zandt
Sommerdyck
Middelherms
Derlecke Lande
ZVIDT VOORN
Ren Tonghe
Oude Tonghe
De Grefingh aliter Grruelinghe
Bommel
Oelkens
Brouwershaven
Bethleem
Mormont
Elkhrce
Cappelle
Clackerse
Renesse
Nordt Welant
Bridorp
Herner
Dunendyck
Sonne maer
Dreyscher
De Maer
De
Ober Fronke op zee
Harmshde
Kiramerkercke
Netkerene
Kortgaene
Zer Ians Lande
By Oist Duuelant
DVVE LANDT
Nienlecke
Odderlande
Ilsendale
SCHOVWEN
Condekercke
Zuydt kercke
Zong
Somme Diech
Westen Schouwe
Salkerke
Phis Landt
ZIERICZEE
ZELANDIA
De Roghs plae
PARS
Ouwerkerche
Vianen
De Rine
De Zppe
De Dieckel
Cackers
Orezandt
R bompot
Megeren mill
S. Amen Lande
Wele

Verlagshäuser besaßen *Huych Allardt* und seine Söhne *Carel* (1648–1709) und *Abraham* (1676–1725), der Amsterdamer Kartenmacher *Joachim Ottens* (ca. 1663–1722) und seine Söhne *Reiner* (2. Viertel des 18. Jh.) und *Josua* (1726–1766), *Gerard Valck* und Sohn *Leonard* — ihre lange Reihe ist nicht leicht aufzuzählen. Zur Zeit der Renaissance der niederländischen Kartographie erschienen an hundert Atlanten, von denen jedoch keiner in der Menge der gebotenen geographischen Daten an die folgenden, mehrbändigen Atlantensammlungen eines Blaeu oder Jansson heranreicht.

Vereinheitlichung von Kartenschrift, Komposition und Kartenstil

Die niederländischen Kartographen haben in vielen Richtungen Einfluß auf das übrige Kartenschaffen genommen. Trotz allen unleugbaren Fortschritts gegenüber der ptolemäischen Renaissance, blieb die handwerksmäßige Erzeugung in den niederländischen Offizinen vom kommerziellen Interesse beherrscht, das den Editoren wichtiger war als fachgerechte Arbeit. Mit Ausnahme G. Mercators gingen die Niederländer mit den übernommenen Vorlagen unkritisch um und füllten die ihnen unbekannt gebliebenen Gegenden mit vagen topographischen Angaben aus. Zwar waren sie mitunter selbst Autoren von Landkarten, größtenteils aber überarbeiteten sie nur ältere Karten, die sie sich von ihren Freunden im Ausland besorgen ließen. Die in den Offizinen beschäftigten Graveure und Illuminatoren bewältigten ihre anstrengende, keineswegs leichte Arbeit zwar mit ungewöhnlichem Geschick und großer Routine, sie erzielten bessere Übersichtlichkeit, Klarheit und scheinbar auch Genauigkeit bei der Umarbeitung ihrer Kartenvorlagen, ließen ihre Kopien jedoch inhaltsmäßig im großen und ganzen ohne Veränderungen. So kamen in den Amsterdamer und übrigen niederländischen Verlagshäusern Karten heraus, die sich von ihren aus Deutschland, Italien und anderen Ländern stammenden Vorbildern kaum unterschieden. Zumeist bestand die Differenz nur in farbigerem Kolorit, in der verfeinerten Beschriftung, im Maßstab bzw. in einer sorgfältigeren Auseinanderhaltung örtlicher Kategorien. In jeder anderen Hinsicht fällt die absolute Übereinstimmung mit der etwas grober gestochenen Vorlage ins Auge.

Die einzelnen Karten der Atlanten blieben noch geraume Zeit bloße Kopien der lange benutzten jeweiligen Vorlage, denn eine kritische komparative Durchsicht gab es noch nicht. Die Niederländer gingen dieser beschwerlichen Aufgabe bewußt aus dem Wege, einer Aufgabe, der sich als einziger G. Mercator unterzogen hatte und deren Bewältigung bei der Beurteilung seiner Verdienste zu Recht hoch eingeschätzt wird.

Ebenso sind die vielen Neuerungen, mit denen Mercator die niederländische und damit auch die europäische Kartographie der Spätrenaissance bereichert hat, nicht hoch genug zu schätzen. Als er nämlich erkannte, daß der italienische Kupferstich den Karten größere Kapazität und Leserlichkeit verleiht und damit der Entfaltung der künstlerischen Kartographie bessere Möglichkeiten bietet, setzte er sich energisch für seine konsequente Verwendung ein und führte gleichzeitig auch die Kursivschrift ein. Obgleich er und einige Zeitgenossen damit etwas zu früh kamen, gab ihnen die Praxis recht, und die Lateinschrift ersetzte die deutsche gotische Schrift. Mercators reformierte Kartenschrift verbreitete sich schnell

42 →

„Algerii Saracenorum urbis Fortissimae,..." eine Vogelschaukarte aus Georg Brauns und Frans Hogenbergs „Civitates orbis terrarum", Band 2. Köln/Rh. 1574, Kupferstich

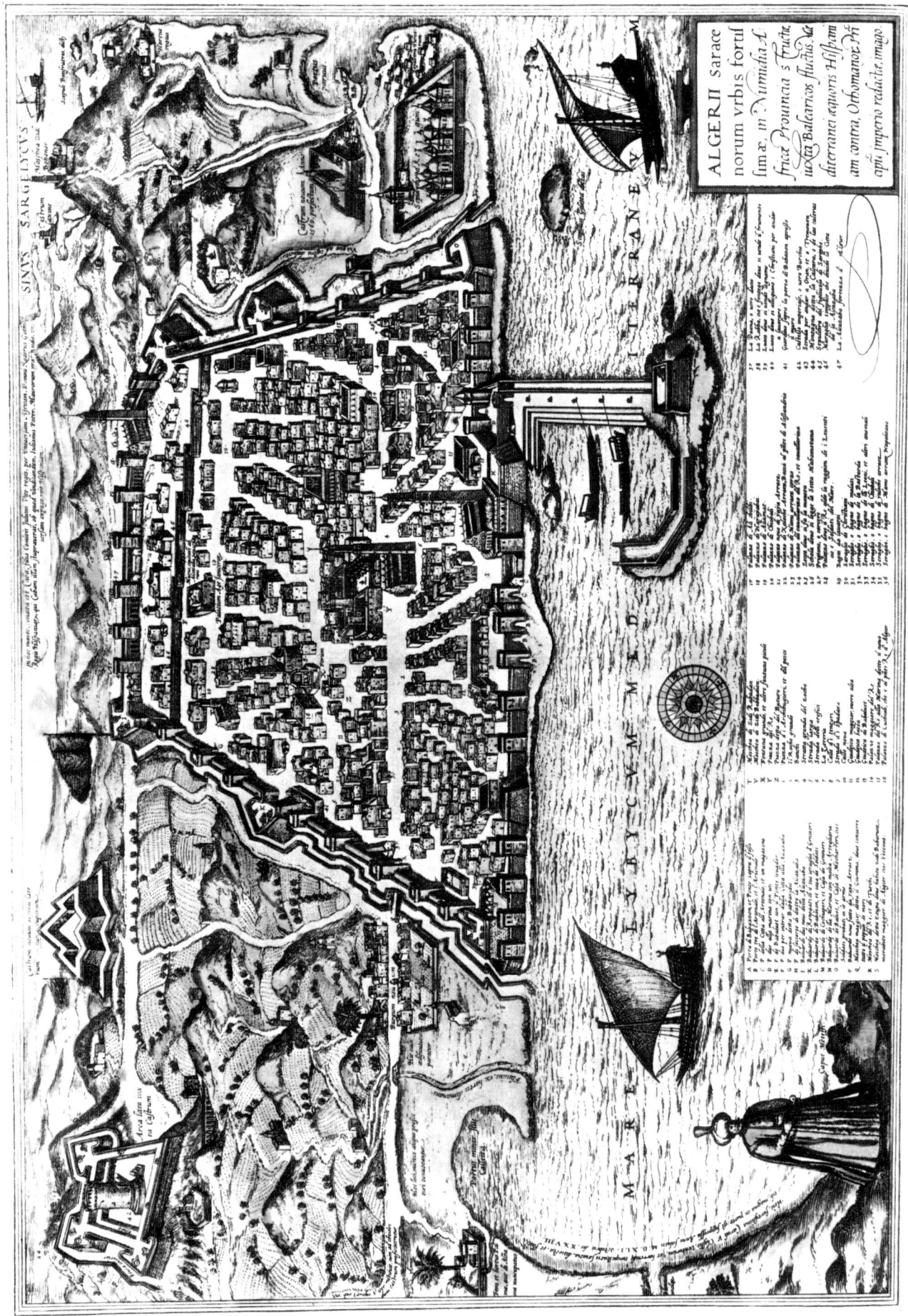

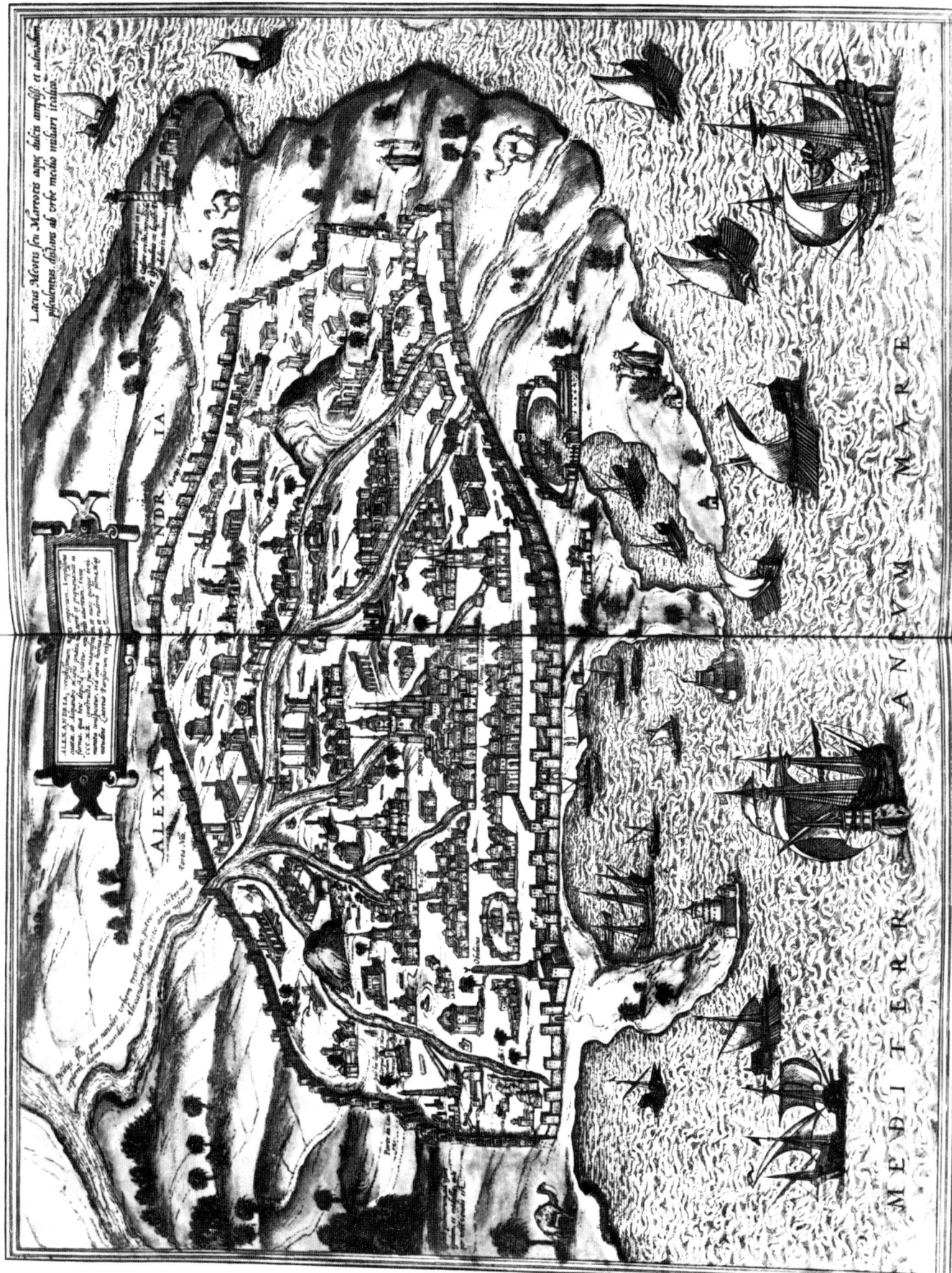

Lacus Mœotis seu Mareotis aquæ dulcis ampliß. et admodum piscosus olim ab vrbe medio milliari secundus

ALEXANDRIA

ALEXANDRIA

MEDITERRANVM MARE

„Alexandria, Vetustissimum Aegypti Emporium..." eine Vogelschaukarte aus Georg Brauns und Frans Hogenbergs „Civitates orbis terrarum", Band 2. Köln 1576, Kupferstich

Die Offizinen Blaeu und Janssonius. Mehrbändige Großatlanten auf Bestellung

und war nach kurzer Zeit auf sämtlichen in den Niederlanden gedruckten Karten und Atlanten zu finden. Sie trat als steile Antiqua oder schräge Kursive auf. Die Großbuchstaben der Typen unterschieden sich im Kartendruck in der Regel nur unwesentlich, während sich die Kleinbuchstaben der Kursive besonders bei handschriftlicher Kartenbeschriftung von den Antiquaminuskeln deutlich abhoben.

Jede Nation hat ihrem Kartenstich ihr Siegel aufgedrückt, ihm ihre Sonderformen, Farbe und Ordnung verliehen — die niederländischen Kopisten bilden da keine Ausnahme und haben ihr nationales Stilgefühl nicht selten an andere Länder weitergegeben. Die kennzeichnenden Züge der Niederländer sind auf der positiven Seite die reiche Ausschmückung des Kartenrandes und die vervollkommnete Kartenschrift, auf der negativen Seite die Gesamtkomposition und der Stil ihrer Atlanten. Mit der steigenden Anzahl von Kartographenwerkstätten wurde in den Konjunkturjahren zwar auch die Auswahl der herausgegebenen Titel immer breiter, ihrer Zusammenstellung und Stilisierung nach aber blieben die Atlanten auch in der äußeren Ausstattung auf einem ziemlich niedrigen und einförmigen Niveau. Atlanten wurden entweder als Weltatlanten oder Spezial - (Regional) atlanten bzw. als Sammlungen von Stadtplänen u. ä. hergestellt. Sie unterschieden sich in der Größe ihres Formats (von umfangreichen Foliobänden bis zu Handbüchern), in der Seitenzahl, der Dekoration u. ä., aber es gab keinen Unterschied im Inhalt. Welt- und Kontinentkarten, Land- und Provinzkarten waren in der gleichen Reihenfolge ohne redaktionelle Planung aneinandergestellt. Daher konnte die Kompilationsarbeit der niederländischen Kartographen weder für die weiteren Atlantenausgaben noch für die einzelnen aufgenommenen Karten inhaltsmäßig etwas Neues bringen. Diese für alle damaligen niederländischen Atlanten kennzeichnenden Mängel führten zum langsamen Niedergang jenes glorreichen Jahrhunderts der Atlanten.

Aber wir haben noch nicht von den bedeutendsten Amsterdamer Atlanten- und Kartenmachern gesprochen. Der aus Alkmaar gebürtige *Willem Janszoon Blaeu* (1571–1638) war um beinahe zwei Generationen jünger als Ortelius und Mercator. Als er als Inhaber der Ortelisschen Verlagsrechte und Druckplatten um 1599 seine eigene Offizin in Amsterdam aufmachte, besaß er neben der notwendigen Praxis in Kupferstich und Buchdruck auch gründliche theoretische Kenntnisse, die er u. a. in seiner Jugend bei dem berühmten dänischen Astronomen Tycho Brahe erworben hatte. Anfangs gab er Globen, später auch Karten in Atlantenformat heraus. Sein 1629 erschienener erster Atlas wurde bereits im folgenden Jahr unter dem kennzeichnenden Titel *Appendix Theatri A. Ortelii et Atlantis G. Mercatorii* neu aufgelegt — es ist ein sechzig Karten umfassender Anhang zu den Atlanten seiner berühmten Vorgänger. Um sich von seinem stärksten Amsterdamer Konkurrenten Johannes Janssonius zu unterscheiden, hatte Janszoon schon früher den Beinamen Blaeu angenommen, und um vor jenem jüngeren Kollegen den Vorsprung nicht zu verlieren, mußte er etwas völlig Neues, bisher Unbekanntes bringen. Das gelang ihm mit dem *Novus Atlas* von 1635, der sich aus seinen zwei ursprünglichen Bänden sehr schnell zu einem Werk entwickelte, in dem sich Blaeus Vorhaben, ein möglichst vollständiges Kompendium der zeitgenössischen Geographiekenntnisse vorzulegen, schrittweise in die Tat umsetzte.

Der erfolgreiche Blaeu, der 1633 zum Kartenmacher der Ostindischen Gesellschaft ernannt worden war und für sein Unternehmen ein großes Geschäftshaus auf der Bloemgracht erworben hatte, sollte die Veröffentlichung seines Neuen Atlas nicht mehr erleben. Seine Söhne *Cornelis Blaeu* (ca. 1610–ca. 1648) und *Johannes* (1596–1673) setzten die Arbeit fort, doch erst 1663 gelang es letzterem, das väterliche Werk zu vollenden und die Blaeusche Kosmographie, „en laquelle exactement la terre, le mer et le ciel" herauszugeben. Der große Atlas, *Le grand Atlas ou Cosmographie Blaviana*, lag 1665 in elf Bänden vor, nicht eingerechnet der 12., der Seekartenatlas. Er wurde in mehrere Sprachen übersetzt und sein Inhalt mit geringen Abänderungen bis ins 18. Jahrhundert von den Holländern, Deutschen, Franzosen und Engländern übernommen. Als 1672 das Blaeusche Druckhaus auf der Gravenstraat in Flammen aufging, blieb von den geretteten Kupferplatten nur ein winziger Bruchteil in den Händen Pieter Schenks und Leonard Valcks.

Wie bereits gesagt, herrschte unter den Amsterdamer Verlagshäusern ein erbitterter Konkurrenzkampf. Ein halbes Jahrhundert lang war der stärkste Rivale der Blaeuschen Offizin das Haus des *Johann Janssonius* (ca. 1588–1664). Dieser benutzte anfangs die von der mit ihm verschwägerten Familie Hondius betreuten Mercatorschen Kupferplatten und begann mit diesen, unterstützt von dem jüngeren Sohn der Familie, *Henricus Hondius* (1597–1651), die Arbeit an einem ähnlichen Kartenwerk wie dem Blaeuschen. Ihr Atlas war auch ähnlich betitelt und abwechselnd bzw. gemeinsam von beiden Verlegern signiert. Nach dem Tode seines Kompagnons gab Janssonius immer umfangreichere Auflagen heraus und war 1662 gleichfalls bei elf Bänden angelangt. Mit Ausnahme der dekorativen Ausstattung ist jedoch dieses Sammelwerk — wohl unter dem Druck der Zeitnot, der Hast, um mit Blaeu Schritt zu halten — nicht so sorgfältig ausgeführt wie das seines Konkurrenten.

Die Karten aus Janssonius' reichem Nachlaß wurden von seiner Tochter und deren Ehemann Johann Waesberg weiter herausgegeben, sein Werk aber sollte, wie es für jene Zeit kennzeichnend ist, die Familie nicht überleben. Neben Blättern mit der Signatur Waesbergers erschienen andere, die der englische Verleger Moses Pitt signiert hatte und wieder andere, die zum Teil von den Druckplatten J. Janssonius', N. Visschers und weiterer Kartographen abgezogen waren.

In der 2. Hälfte des 17. Jh. wuchsen die neuaufgelegten Atlanten gewisser niederländischer Offizinen zu stattlichen Ausmaßen an. Das gilt besonders für die individuellen Kartensammlungen, die zur Befriedigung der Ansprüche hochgestellter Persönlichkeiten angefertigt wurden. Diese nicht selten mehrere tausend Blätter umfassenden Sammelwerke wurden auch auf Bestellung wohlhabender, an Geographie und Geschichte interessierter Sammler, die sich mit den gängigen Atlanten nicht begnügen wollten, hergestellt. Als Grundlage diente in den meisten Fällen der Blaeu-Atlas, dem man dann viele gedruckte, aber auch handgezeichnete Karten, Veduten, Pläne, Kriegsszenen, Portraits, Kalender und andere Graphik beifügte.

44 →
Seekarte des Ärmelkanals (1583)
aus Lucas Janszoon Waghenaers
Atlas „Spieghel der Zeevaerdt".
Leiden 1584–1585

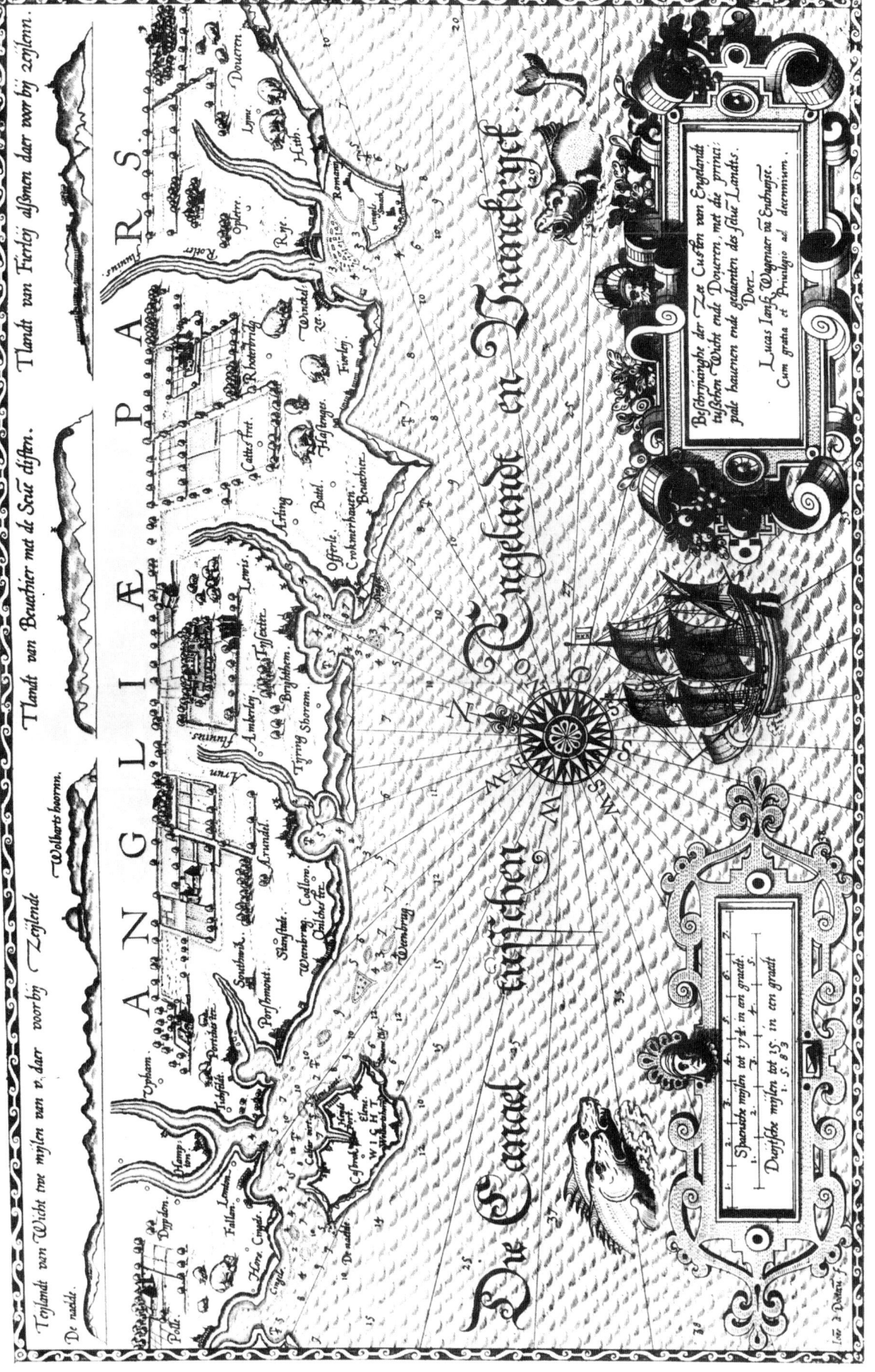

So wurde z. B. 1706–1710 ein Atlas für August den Starken in Amsterdam zusammengestellt; dieser *Atlas Royal* kostete 19 000 Taler, und war auf seinen 1400 Blättern geschmückt mit prächtig illuminierten Gravuren, handgezeichneten Karten, Stadtplänen, Veduten und Porträts, alle vorwiegend niederländischer oder französischer Herkunft. Die neunzehn Bände des „Königlichen Atlas" wurden später in Dresden aufbewahrt.

Noch umfangreicher war der Atlas, der in den Jahren 1640–1680 für die Privatsammlung des wohlhabenden Amsterdamer Patriziers und Advokaten Laurentius van der Hem (1621–1678) geschaffen wurde. Er bestand aus 46 Folio- und 4 Nachtragsbänden, zählte insgesamt 2115 Blätter, seinen Kern bildete wiederum der Blaeusche Atlas. In einem der Bände sind die von Laurents Bruder Hermann aus der Umgebung von Bordeaux stammenden Zeichnungen gesammelt, die die schönsten Ansichten Aquitaniens und die „admiranda Romanorum monumenta" jener Landschaft in Tusche oder Rötel wiedergeben. Der Atlas ging nach van der Hems Tod in den Besitz seiner Tochter über und 1730 als Auktionsstück für 22 000 Gulden in die Hände des Prinzen Eugen von Savoyen; nach diesem zeitweiligen Besitzer ist der Atlas auch benannt. Von Eugens Erbin, Prinzessin Victoria, erwarb ihn 1737 die Wiener Hofbibliothek.

Ein weiteres Monumentalwerk ist aus dem Besitz des jahrelang in Rom und Florenz tätigen Diplomaten und Kunstkenners Baron Philipp von Stosch (1691–1757) erhalten geblieben. Der in seinem Nachlaß auf 18 000 Gulden geschätzte geo-topographische Atlas hat 334 Bände und stützt sich im wesentlichen ebenfalls auf den Blaeuschen. Außer Karten enthält er Schriften über Architektur, Kupferstiche von Festlichkeiten, Schlachten, Belagerungen u. ä., die der Baron während seiner jahrelangen Sammlertätigkeit zusammengetragen hatte. Der Stosch-Atlas kam 1769 nach Wien, und wurde 1840–1843 seinem Inhalt gemäß aufgeteilt und den Sammlungen der heutigen Wiener Nationalbibliothek einverleibt.

Die niederländische Kartenkunst, die im 17. Jh. in Europa tonangebend gewesen war, ging letztlich am Konkurrenzkampf der einzelnen Offizinen zugrunde. Ihre Atlanten wurden zu bloßen Anhäufungen veralteter, nur wenig oder überhaupt nicht korrigierter Karten, die jahrzehntelang den gleichen Vorlagen nachgestochen wurden und auf denen sich höchstens der Namen des Herausgebers änderte. Der Markt war übersättigt, an eine Herstellung neuer Druckplatten verschwendeten die profitgierigen Unternehmer weder Zeit noch Geld. Zwar war der Inhalt der niederländischen Karten, Atlanten und Globen überaltert, doch Mercators Beispiel war jung geblieben. Mit der einsetzenden kritischen Bearbeitung von Vorlagen und Quellenmaterial gelangen der Kartographie allmählich wieder neue und originelle Werke von hohem wissenschaftlichem Wert und globaler Bedeutung. Und darin sehen wir den wichtigsten Beitrag der niederländischen Kartographenschule.

XXV →
„America noviter delineata" aus Johann Janssonius „Novus atlas absolutissimus", Band 6, Amsterdam 1658

XXVI → →
Georgius Carolus Flandrus, „Tabula Islandiae" aus Johann Janssonius „Novus atlas absolutissimus", Band 1. Amsterdam 1658

The Names of the Places

1. The Batteries
2. The Cassio House
3. The Vice-roys Place
4. The Bassas Garden House
5. The Warehouse
6. The Cpt Generall
7. The Bassas Castle
8. Were Ships are built
9. Fort of a Gunn
10. The Marine Gate
11. Fort of 6 Gunns
12. A Fort of 3 Gunns
13. Rampart of Bassas Castle 12 Gunns
14. The Italie Gerritta
15. The Stone Bridge
16. The Wendrick 30 Gunns
17. The Sheriffs Castle now out of use
18. The West Battery
19. Burladar Inn
20. The Merchant Fort
21. Taneens Fort
22. Iuba Roluon Fort
23. Salam Church a market horn onto the Port
24. Burgadar Church
25. The Burgh Church
26. The Souk of 5 Bazzins
27. The Amontlam Gate
28. The Place of the Marine
29. The Castle Gate
30. The Arsenal Gate

PRIMIS OFFICIALIBUS
et Commissariis Rerum Classis
Tabulam hanc D D D
Iohannes Seller Hydrographus
Generosis ac Nobilissimis Dominis

A Mapp of
The Citie and Port of
TRIPOLI
IN BARBARY

By John Seller Hydrographer
to the King . And able to be
sold at his shop in Wapping
...

Weitere Schwerpunktverlagerungen der Kartenproduktion

Französische, englische und deutsche Karten und Atlanten. Nicolas Sanson d' Abbéville und die Mitglieder der französischen Kartographendynastie

Um die Mitte des 17. Jh., da die auf handwerksmäßiger und kommerzieller Grundlage errichtete Kartenproduktion der niederländischen Kupferstecher, Illuminatoren und Amsterdamer Editoren langsam zu Ende ging, verlagerte sich der Schwerpunkt des europäischen Kartenschaffens gleichzeitig in mehrere Länder — nach Frankreich, England und Deutschland. Für die weitere Entwicklung waren vor allen anderen die Franzosen tonangebend, insbesondere mehrere Generationen der Pariser Familie Sanson. Der Begründer des Verlagshauses *Nicolas Sanson d'Abbéville* (1600–1667), der sich nach seinem flämischen Geburtsort benannte, war in seiner Arbeit anfangs noch von den Niederlanden abhängig. Bald aber wandte er sich von ihnen ab und wurde mit seinem Werk zum Begründer einer französischen Kartographenschule, die während der ganzen zweiten Hälfte des 17. Jh. und bis weit ins 18. den Stil des europäischen Kartenschaffens wesentlich beeinflußte.

Anders als die Niederländer, deren Geschäftssinn sie eine einmal hergestellte Karte so lange benutzen ließ, wie es nur irgend anging, arbeiteten die Franzosen mit weit kritischeren Methoden. Ihr Kartenbild wurde allmählich nüchterner und rationaler, der Kartenschmuck wurde immer mehr in die Ecken der Kartenblätter zurückgedrängt oder mußte sich auf die Karten- und Atlantentitel beschränken. Es ist kein Zufall, daß diese ganze Etappe mit der Regierungszeit Ludwigs XIV. zusammenfällt. Die die Überseeinteressen Frankreichs fördernde Politik der Bourbonen vermittelte den Kartographen neue Erkenntnisse über ferne Länder, vor allem über Nordamerika, und diese wußten die Gunst des Königs gut zu nutzen. Wenn dieser oder jener Kartograph sich des Titels *geographe du roi* rühmen durfte, so lag mit dieser hohen Auszeichnung der Weg zu fast unbeschränkten Unternehmungen offen vor ihm.

Als einer der ersten königlichen Kartographen begnügte sich Sanson zu Beginn seiner Tätigkeit mit der Veröffentlichung einzelner Karten, von denen er dann Zeit seines Lebens an 300 Stück herausgab. Er publizierte auch einige Atlanten, deren Anzahl und Inhalt aber erst im Lauf der Tätigkeit zweier weiterer Generationen wesentlich erweitert wurde; seine Söhne *Guillaume* († 1703) und *Adrien* († 1708), sein Neffe *Pierre Duval* (1619–1683) sowie die Enkel *Pierre*

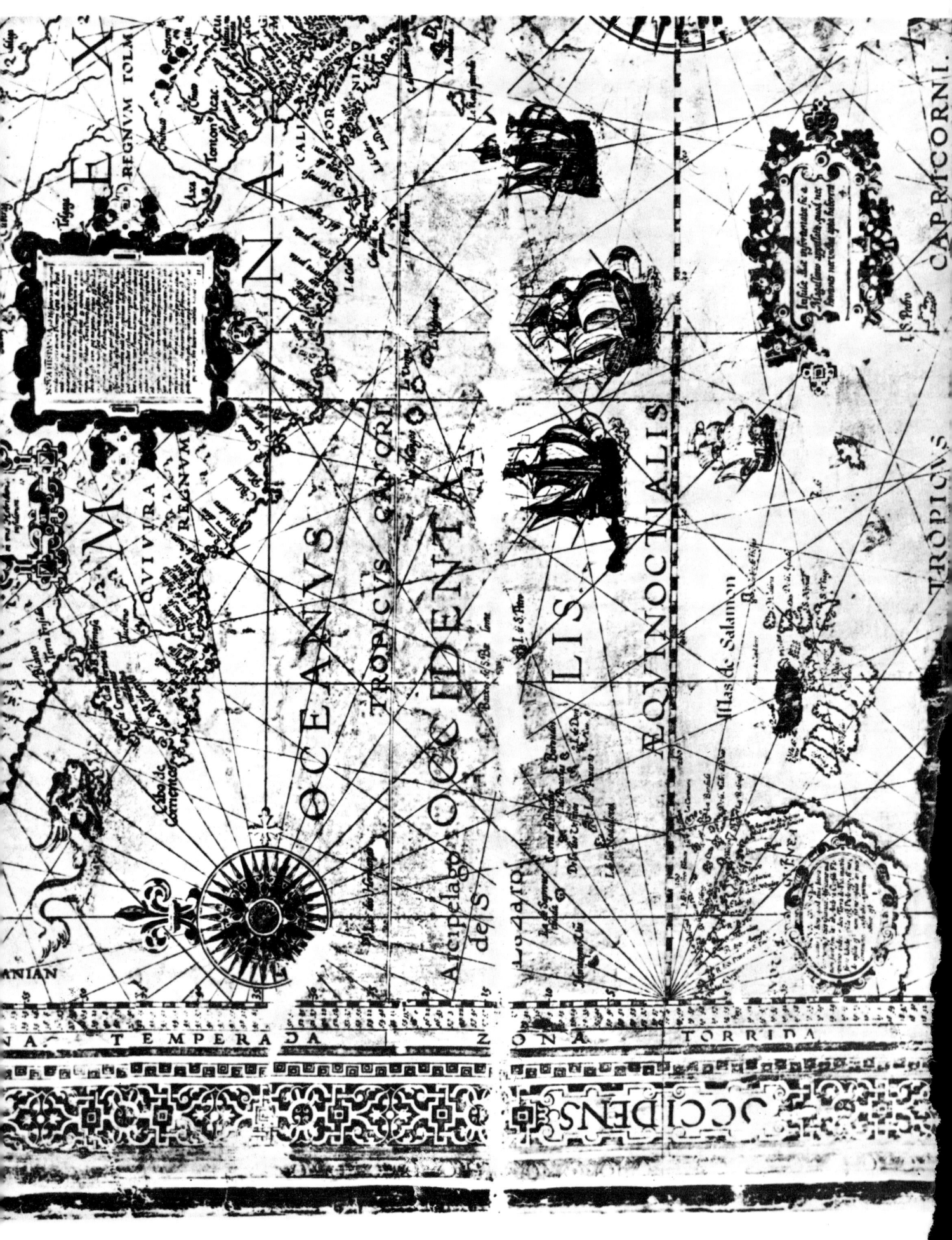

Moulard Sanson († 1730) und *Gilles Robert de Vaugondy* (1688–1766) haben sich darum verdient gemacht. Die Sansonatlanten sind bei weitem nicht so üppig ausgestattet wie die niederländischen und sind mit Ausnahme des Titelblattes bzw. einer einfachen Kartenkartusche frei von jeglichem schmückenden Beiwerk. An diesen durchgreifenden Veränderungen auf dem sorgfältig gezeichneten Kartenbild beteiligten sich neben den Sansons weitere Herausgeber und Graveure: Cordier, Mariette, Peyrounin, Somer, Tavernier u. a. Auch wenn mit dem Namen Sanson die abstandstreue Abbildung in Verbindung gebracht wird, so waren die Lagenmessungen, sofern sie überhaupt vorgenommen und in das Kartenbild übertragen wurden, noch ungenügend exakt. Die Anzahl der zur Herstellung des Kartengrundrisses notwendigen astronomisch gemessenen Punkte war bei weitem nicht hinreichend, und es dauerte noch mehrere Jahrzehnte, bevor sie die erforderliche Höhe erreichte.

Die verhältnismäßig bescheidenen Sansonkarten wurden von *Charles Hubert Alexis Jaillot* (1640–1712) in größeren Formaten und entsprechenden Maßstäben umgezeichnet. Zu den Kartographen war der frühere Bildhauer durch seine Ehe mit der Tochter des Kartenkoloristen Nicolas Berey gestoßen; er schwang sich zu einem der einflußreichsten französischen Atlanteneditoren auf und war noch zu Lebzeiten der Brüder Guillaume und Adrien Mitverwalter des Sansonschen Unternehmens. 1681 veröffentlichte er den 45 Karten zählenden *Atlas nouveau* mit attraktivem Frontispiz, vierzehn Jahre später den aus Materialien der Familie Sanson zusammengestellten großen *Atlas français* mit 115 Karten; die von dem Amsterdamer Peter Mortier redigierte Ausgabe von 1696 enthält 136 Karten sowie 196 Stadtpläne. Auf Colberts Initiative entstand 1693 Jaillots für die Seefahrt bestimmter Spezialatlas *Le Neptune François ou Atlas Nouveau des Cartes Marines*. Jaillot bereicherte den Karteninhalt um viele Einzelheiten, ein Dokument seiner großen Kartenkunst ist das Zierwerk, das er für ausgesuchte Auftraggeber in Farbe und Gold kolorierte. Zu den führenden französischen Kartographen und Herausgebern von Atlanten zur Regierungszeit des Sonnenkönigs gehören ferner *Nicolas Tassin* († ca. 1660), *Jean Baptiste Nolin* (1648–1708), *Nicolas de Fer* (1646–1720) und namentlich *Guillaume Delisle* (1675–1726), ein Schüler des Giovanni Domenico Cassini, des ersten Direktors der Pariser Sternwarte und Initiators der folgenden Reformen in der Kartographie.

Ähnlich wie auf dem Kontinent tat die Kartenkunst des 16. Jh. auch in England einen gewaltigen Schritt nach vorn und konnte in der maritimen wie in der terrestrischen Kartographie bemerkenswerte Erfolge erzielen.

Zu den wichtigsten Editionen dieser Jahre gehört der Überdruck der berühmten Weltkarte des Seefahrers und Kartenzeichners *Sebastian Cabot* (ca. 1474–1557) von 1554, die fünf Jahre später dank Clement Adams († 1587) eine Greenwicher Neuauflage erlebte. Drakes Entdeckungsfahrten scheinen die Anregung für die Weltkarte des Mathematikers *Edward Wright* (ca. 1558–1615) gewesen zu sein, die 1600 in der Mercator-Abbildung erschien.

Das englische Kartenschaffen jener Zeit war noch stark von den Niederländern abhängig. So zeigt z. B. der erste englische Seeatlas *The Mariner's Mirrour* Spuren der Werke Hondius' und de Brys,

45
Kalifornien und der Ostpazifik auf Peter Plancius' Karte „Nova et exacta orbis terrarum tabula geographica ac hydrographica". Antwerpen 1592, Kupferstich

Der erste England-Atlas von Christopher Saxton

während der Oxforder Verleger *Moses Pitt* (tätig 1654–1696) unter seinem Namen Nachstiche aus Janssons und Visschers Hinterlassenschaft publizierte. Diese und ähnliche Beispiele sind Antworten auf die Frage, warum die damalige englische Kartenproduktion stilmäßige Ähnlichkeiten mit der niederländischen aufweist.

Die Anfänge der terrestrischen Detailkartographie gehen in England auf die Zeit der Regierung Königin Elisabeths zurück, da der Arzt *Humphrey Lhuyd* (1527–1573) im Jahre 1569 die erste moderne Landkarte von England und Wales, *Angliae regni tabula et Chorogra-*

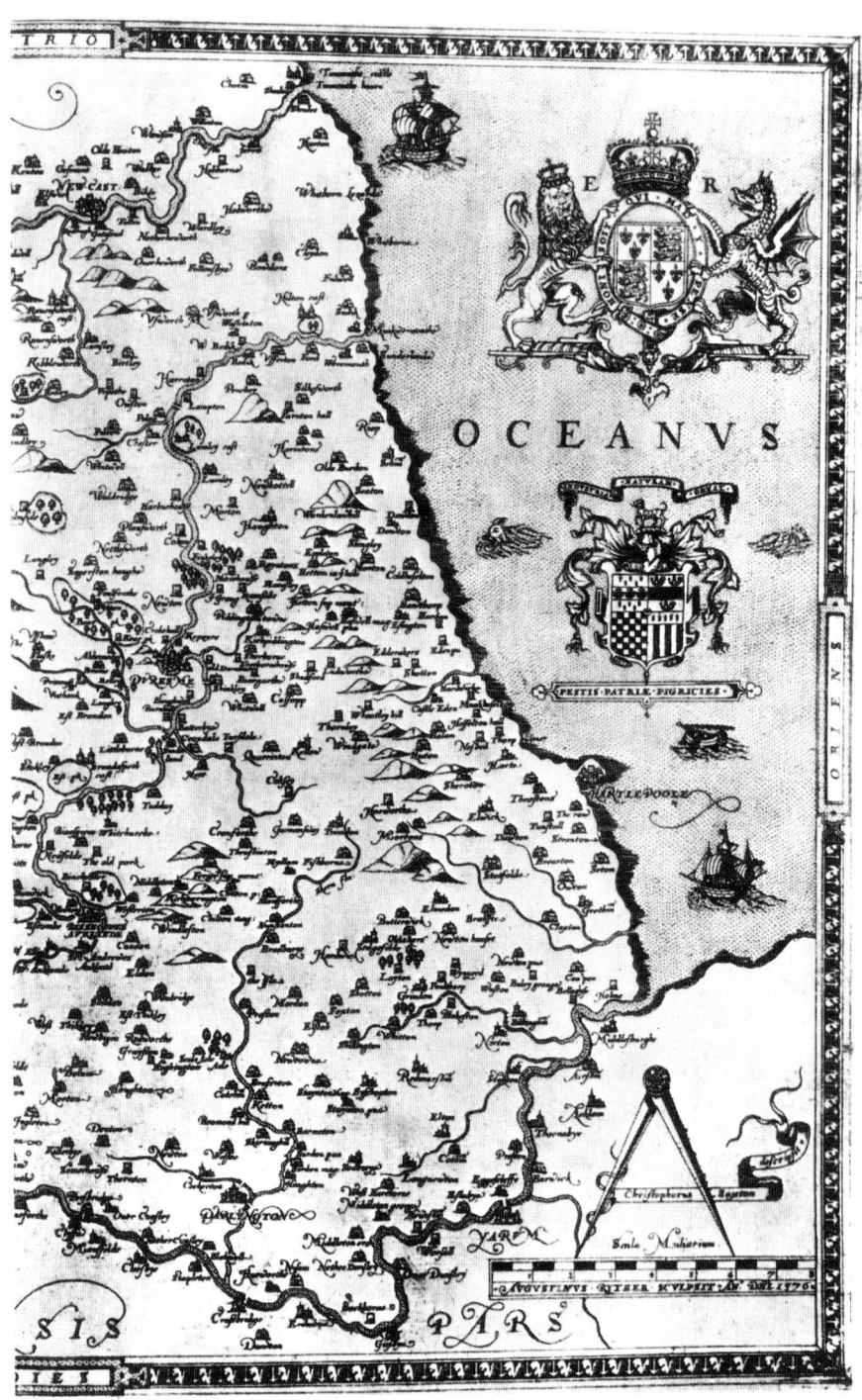

46
Kartenausschnitt der Grafschaft Durham aus Christopher Saxtons Atlas of England and Wales. London 1579, Kupferstich

phie Cambriae, herausgab. Der wahre Wegbereiter einer genauen Englandkarte ist der aus Yorkshire stammende Geometer *Christopher Saxton* (ca. 1542–1611), der sich um den verhältnismäßig frühen ersten Atlas der Grafschaften von England und Wales verdient gemacht hat. Er verfertigte diese 34 Karten aufgrund einer eingehenden Geländeerforschung in den Jahren 1574–1579; dank *Richard Norwood* (ca. 1590–1675) war in England das Triangulationsprinzip damals bereits bekannt. Obgleich auch in diesem Falle die Druckplatten größtenteils von flämischen Meistern gestochen wurden (Remigius Hogenberg, Leonard Tervoort, Cornelis de Hooghe), ist der Saxton-Atlas als erster englischer Kupferdruckatlas anzusehen. Bei seinen Vermessungen bestimmte Saxton die Richtungen von Türmen und Hügeln, maß die Entfernungen in Wegmeilen, wahrscheinlich mit Hilfe von Perambulatoren, damals gebrauchten Meßrädern, und wußte sowohl die Angaben Ortsansässiger als auch die eigenen Englisch- und Kymrisch (Welsch)-Kenntnisse geschickt für seine Arbeit zu nutzen. Trotz gewisser Mängel der Saxtonatlanten — weder Wege noch Straßen sind eingezeichnet — wurden sie sehr schnell bekannt und besonders während des Bürgerkriegs von den Soldaten beider Parteien verwendet. Der Atlas ist von verschiedenen Verlegern und mit allerhand Nachträgen und Änderungen bis zum Jahre 1770 oftmals herausgegeben worden.

Saxtons genauere und schnellere Vermessungsarbeit größerer Geländeabschnitte wäre ohne die neuen Winkelmeßgeräte aus den Londoner Werkstätten nicht möglich gewesen. Das leichtere Meßverfahren rief in Kürze eine Reihe von Nachahmern auf den Plan, die die noch geringe Zahl der englischen Detailkarten bald vergrösserten. Im letzten Jahrzehnt des 16. Jh. nahm Saxtons jüngerer Zeitgenosse *John Norden* (1548–1626) in mehreren Grafschaften Geländeaufnahmen vor. Auf ihn gehen einige technische Verbesserungen, die Einführung der Zeichenerklärung und die allgemeine Straßeneinzeichnung zurück. Von den Landkarten, die Bestandteile des *Speculum Britaniae*, einer historisch-topographischen Beschreibung der Grafschaften, bildeten, wurden zu seinen Lebzeiten nur die Blätter Middlesex (1593), Herefordshire (1598) und vielleicht auch 3 weitere (Surrey 1594, Sussex 1595 und Hampshire ca. 1596) veröffentlicht. Norden schuf auch Stadtpläne und Stadtansichten.

Seine und Saxtons Karten dienten dem Londoner Kartographen *John Speed* (1552–1629) als Vorlage für seine Darstellungen der Grafschaften. Sie wurden etwa in den Jahren 1605–1610 von Jodocus Hondius in Amsterdam in Kupfer gestochen und 1611 in London als Atlas herausgegeben. Ein groß angelegtes Werk, das sofort außerordentlichen Erfolg fand, war Speeds *Theatre of the Empire of Great Britain*. Kopien dieses Atlas stammen von Blaeu und Jansson, die Originalplatten wurden noch um 1770 verwendet. Im Jahre 1627 erweiterte Speed seinen Atlas um eine Sammlung gedruckter Karten der Welt, *Prospect of the most famous parts of the world*.

Im ausgehenden 17. Jh. fanden in einigen Grafschaften neue Landvermessungen statt, doch blieben die von Saxton und Norden vorgenommenen und von Speed vermittelten Messungen bis in die Mitte des 18. Jh. in Gebrauch. Auch wenn die Kartenschöpfer der Stuart-Zeit nicht weniger produktiv waren, so setzte doch keiner das von den Vorgängern begonnene Werk fort. Die kartographische Tä-

163

47
Afrikanische Südwestküste auf
Arnold Floris van Langrens Karte
,,Typus orarum maritimarum Guineae,
Manicongo et Angolae''.
Kupferstich aus J. Huygen van
Linschotens ,,Descriptio Totius
Guineae'' den Haag 1599 (Sächsische
Landesbibliothek, Dresden)

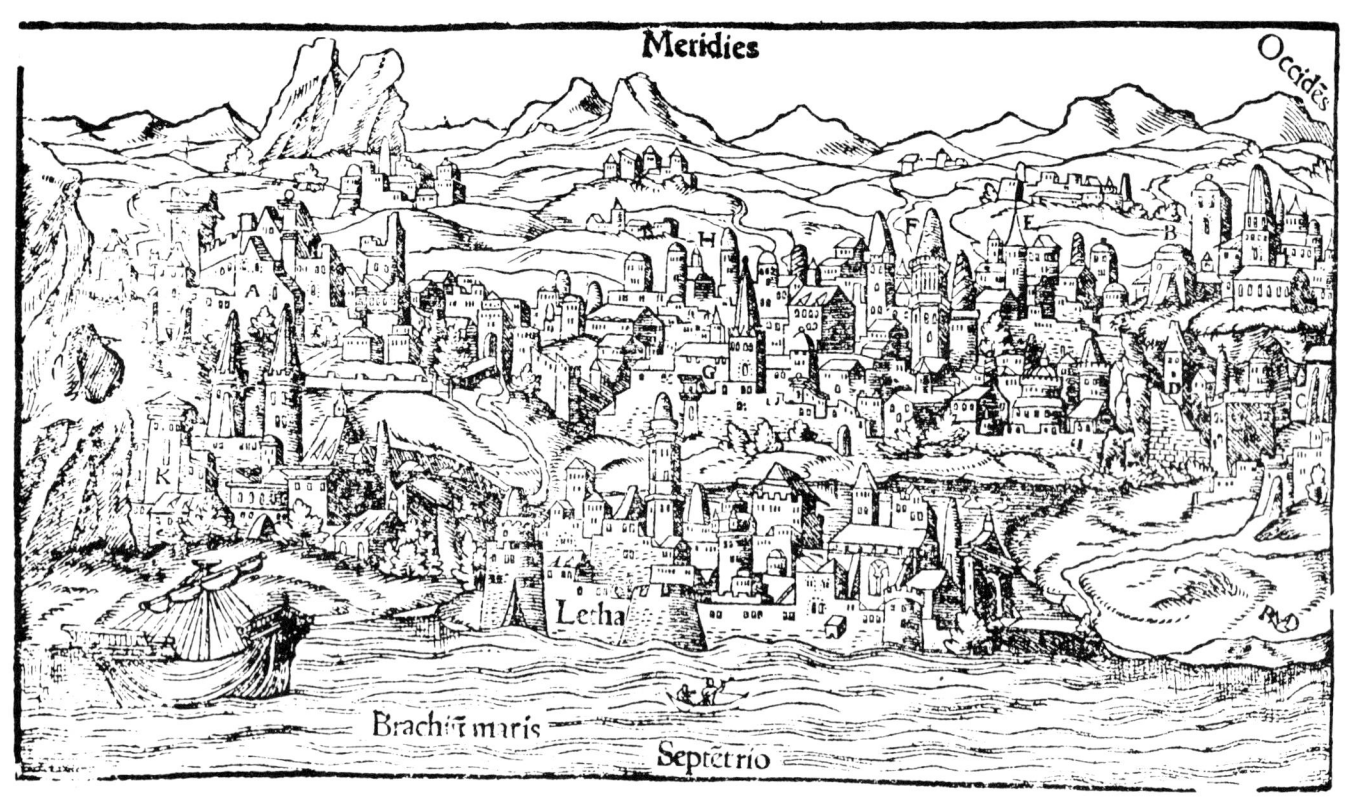

48
*Ansicht von Edinburgh in Sebastian
Münsters Cosmographia. Basel 1575,
Holzschnitt*

tigkeit geriet wiederum in kommerzielle Interessensphären, was durch den Bedarf an Karten der fernen Überseegebiete Nordamerikas und Indiens später motiviert erscheint. Für den heimischen Gebrauch veröffentlichte 1675 *John Ogilby* (1600—1676) im *Itinerar Britanie* den ersten Band der Folge Straßenkarten Englands, in Oxford erschien 1680–1683 der 4bändige *English Atlas* von Moses Pitt. Zu der nicht geringen Zahl von Amsterdamer und Pariser Kartographen, die in London einen Namen hatten, gehört auch der Niederländer *Hermann Moll* (1688–1732); im Zuge des neuen Aufschwungs des englischen Kartenschaffens gab er mehrere Karten und Atlanten mit reichhaltigen Texterläuterungen heraus. Das Hauptinteresse der englischen Offizinen war in den folgenden Jahrzehnten auf die Zufriedenstellung der mit jeder Ausweitung der britischen Herrschaft und Handelsbeziehungen steigenden Nachfrage nach Kolonialkarten gerichtet.

Die ersten Landkarten der Kolonien waren solche, die an Ort und Stelle zumeist von ortsansässigen Landmessern nach Anweisung der Plantagen- und Grundbesitzer mit der Hand gezeichnet wurden. Eine größere Karte aus der ersten Kolonisationsperiode ist die Virginiakarte des Kapitäns *John Smith* (1580–1631) von 1612; mit dem Besiedlungsstand nach weiteren 60 Jahren kann man sich aus der Karte von Virginia und Maryland des tschechischen Siedlers *Augustin Hermann* (1621—1686) bekanntmachen. Während Hermanns handgezeichnete Karte i. J. 1673 noch bei William Faithorn in London gestochen wurde, erstellte der Bostoner Drucker *John Foster* (1648 bis 1681) vier Jahre später mit der einfachen Holzschnittkarte von Neu-England die erste in Amerika gedruckte Karte.

Lange Zeit konnten die amerikanischen Autoren der ersten Drucke nicht mit den europäischen Handwerkern konkurrieren, da sie keine Erfahrungen im Gravieren besaßen und ihr Druckpapier minderer Qualität war. Die Kartenherstellung in Übersee war in jeder Beziehung ein kostspieliges und aufwendiges Unternehmen und noch in der 1. Hälfte des 18. Jh. waren die Kolonisten von europäischen Verlegern abhängig. Erst um die Zeit des Siebenjährigen Krieges und der amerikanischen Unabhängigkeitskämpfe, da die Überseekolonien stärker ins politische Blickfeld der Engländer und Franzosen rückten, verbesserten sich auch die eigenen Möglichkeiten der Kolonisten. Ein Dokument ihrer Kartentechnik ist *Lewis Evans'* in Kupfer gestochene *Map of the middle British colonies in America* von 1755, graviert von James Turner und herausgegeben in Philadelphia. Die nach London gesandte Kupferplatte erregte dort großes Interesse, da sie u. a. auch den westlich der Großen Seen gegen den mittleren Mississippi zu gelegenen Landstrich darstellte.

Zu den noch in London herausgegebenen nordamerikanischen Karten von größerer Bedeutung ist die gleichfalls 1755 datierte *Map of the British and French dominions in North America* von *John Mitchell* († 1768) zu zählen. Herausgeber von Mitchells Karten war *Thomas Jefferys* (ca. 1695–1771), einer der führenden Londoner Unternehmer in einer Zeit, da die Wege der Kartographie der ganzen Welt an der Themsemündung zusammenliefen. Das Kartieren amerikanischer Territorien erreichte mit den militärischen Geländeaufnahmen der Briten und den Arbeiten der Landmesser Washingtons in den 60er und 80er Jahren des 18. Jh. einen qualitativ höheren Stand. In jenen Jahren waren auch auf der anderen Seite der Erde, in Indien, Kartierungen des britischen Herrschaftsgebiets im Gange, bei denen Major *James Rennell* (1742–1830) bahnbrechend wirkte. Sein Bengalenatlas erschien 1779 in London, die Karte von Hindustan 1782.

Das ausgehende 18. Jahrhundert steht in Britannien im Zeichen der Atlanten *Aaron Arowsmiths* (1750–1823) und seiner Familienmitglieder, ferner der von Jefferys' Nachfolger *William Faden* (1750 bis 1836) herausgegebenen Atlanten und der Kartenproduktion der Londoner Offizinen und Verlagshäuser eines John und Thomas Bowles, Emanuel und Thomas Bowen, Thomas Kitchin, John Rocque, John Carry und anderer Unternehmer.

Auch Mitteleuropa stand während des 17. Jh. nicht abseits des kontinentalen Kartenschaffens. Namentlich in Deutschland bemühten sich Kartenzeichner und Stecher bereits seit der Jahrhundertwende um die Herausgabe eigener Karten und Atlanten. Die Gegenreformation und der Dreißigjährige Krieg, eine Zeitlang wohl auch die billigen Marktpreise niederländischer Karten, gestatteten keine stärkere Entwicklung der deutschen Kartenproduktion. Ein weiteres Hindernis bildete die politische Zersplitterung des Landes, so daß es nicht wunder nimmt, daß der erste echte Atlas erst Anfang des 18. Jh. in Deutschland hergestellt wurde. Das geschah 1707 in Nürnberg, fünf Jahre nach der Gründung des Verlagshauses des dortigen Kupferstechers *Johann Baptist Homann* (1663–1724). Sein Unternehmen beherrschte bald die deutsche Kartenproduktion und übernahm indirekt die Aufgabe der niederländischen Editoren. Mit sei-

Das Nürnberger Haus Homann /Beginn d. 18. Jh./

nem Angebot von mehr als sechshundert gestochenen und herausgegebenen Karten, die einzeln oder als Atlanten in den Handel kamen, konnte Homann länger als ein halbes Jahrhundert zumindest die mitteleuropäische Nachfrage befriedigen.

Bei der Gründung seiner Firma muß sich Homann vergegenwärtigt haben, daß er gegen die heimische, niederländische und wachsende französische Konkurrenz nur mit der hohen Qualität seiner Drucke würde durchdringen können. Zum Glück bestand in der Stadt eine starke editorische und typographische Tradition, die in Männern wie J. Chr. Lochner, Chr. Weigel, D. Funk, Chr. Riegel, Joh. Hoffmann oder J. Sandrart lebendig geblieben war, daneben wirkten hervorragende Lehrer an der Altdorfer Universität. Mit diesen beriet sich Homann und gewann bald Mitarbeiter in dem Mathematiker *Johann Gabriel Doppelmayr* (1671–1750), dem Hamburger Historiker und Geographen *Johann Hübner* (1668–1731), in *Eberhard David Hauber* (1695–1765); später zählte auch der Göttinger Astronom *Tobias Mayer* (1723–1762) zu Homanns Mitarbeitern.

Nicht nur der Produktionsumfang, auch die Neuerungen, die Homanns Karten brachten, trugen ihm frühe Anerkennung ein. Nun erscheinen Anmerkungen über geographische Längenzählung vom Hauptmeridian auf den Kartenblättern, der Name des Kartenautors wird überall angegeben. Der Verlag gibt einen aus Hübners pädagogischem Material zusammengestellten neuartigen Atlas heraus — den für die Jugend bestimmten methodischen Atlas. Der erhöhten Nachfrage nach einer glaubwürdigen Kartendarstellung der in den Spanischen Erbfolgekrieg verwickelten Länder kam Homann mit den beigefügten Skizzen und Szenen von Kriegschauplätzen u. ä. nach. Bei der Atlantenherstellung ging er von den Karten aus, die ihm zur Verfügung standen, weniger üblich war eine Datenüberprüfung vor dem Kartendruck. Zweifellos ging er dabei von günstigeren Voraussetzungen aus als seine niederländischen Vorgänger, da er sich auf weit korrektere Unterlagen stützen konnte. Homanns vorsichtige und genaue Auswertung der Kartenvorlagen machte seine Atlanten zu den gesuchtesten. Der *Atlas Novus* von 1707 enthielt 40 Karten, ihre Zahl wuchs mit jeder systematisch verbesserten Neuauflage. 1712 erschien sein *Atlas von hundert Charten*, Homanns *Großer Atlas* von 1716 umfaßte bereits 126 Karten.

Nach seinem Tod setzten die Nachfolger, die ab 1730 als „Homanns Erben" Geschäftsführer waren, die sorgfältige Registrierung neuer erdkundlicher Forschungsergebnisse fort; der Fortbestand seines Namens war eine der Bedingungen des Firmengründers gewesen. Nach dem Sohn Johann Christoph (1703–1730) ging die Firma an den Schwiegersohn *Johann Georg Ebersberger* (1695–1760) und dessen Freund Johann Michael Franz (1700–1761) über und beschäftigte lange Zeit Kommissionare in ganz Deutschland. Trotz der um die Mitte der 60er Jahre auftretenden Anzeichen eines fachlichen und geschäftlichen Verfalls überlebte die Homannsche Offizin bis 1813; noch der *Atlas Maior* von 1780 enthielt über 300 Karten.

Unabhängig vom Unternehmen Homanns und dessen Erben gab sein Schüler *Matthäus Seutter* (1678–1756) in Augsburg seine Karten heraus. Mit den Nürnbergern wetteiferte er vor allem bei der Edition seines *Atlas novus indicibus instructus*, Wien 1730, des *Grossen Atlas*, Augsburg ca. 1735, und des *Atlas Minor*, Augsburg ca.

49 →
China und Ostasien auf Peter Plancius' Planisphäre. Amsterdam, um 1598–1600, Kupferstich

1744. Seutters Karten hatten, ähnlich wie die Drucke des anderen Schwiegersohns und Firmenerben *Tobias Conrad Lotter* (1717–1777) mit den Homannschen vieles gemeinsam, konnten sich jedoch betreffs ihrer Ausführung bzw. Kolorierung nicht mit ihnen vergleichen.

Eine selbständige Deutschlandkarte erschien 1780 in Frankfurt a. M. Es war *Johann Wilhelm Abraham Jägers* (1718–1790) *Grand atlas d'Allemagne*, dessen Karten im einheitlichen Maßstab 1 : 220 000 gehalten sind. Die Zeit scheint für diese etwas waghalsige Herausgabe noch nicht reif gewesen zu sein, wenn man bedenkt, wie schwer der Zugang zu diesen Quellen und wie wenig einheitlich die einzelnen deutschen Aufnahmen gewesen sind.

50
Trient auf Warmund Ygls Karte von Tirol. Prag 1604–1605, Holzschnitt (Österreichische Nationalbibliothek, Wien)

51 →
Cornelis Doedtsz, Seekarte der Nordsee-Schiffahrt. Amsterdam 1610, Kupferstich (Nationalbibliothek, Oslo)

DIE REFORMATION DER KARTOGRAPHIE UND TOPOGRAPHISCHE AUFNAHMEN

Die französische Schule

Neue Methoden und Geräte. Geographische Längenbestimmung und Triangulationsmessung

An der Wende des 17. Jh. erhalten die kartographischen Darstellungen von Ländern und Staaten eine neue Gestalt. Die einsetzenden durchgreifenden Veränderungen sind eine Folge der neuen theoretischen Kenntnisse sowie der praktischen Benutzung neuer Meßgeräte und Meßmethoden.

Am Beginn dieser Reformation stehen die französischen Geographen, hervorragende Persönlichkeiten, denen wissenschaftliche Belange über persönliche Vorteile gingen, die nicht zögerten, weiße Flecken auf einer Karte zu belassen, wenn sie die Daten nicht selbst verifizieren konnten. In dieser glücklichen Stunde der Kartographie verschwanden allmählich die durch unkritische Übernahme größtenteils fehlerhafter geographischer Koordinatenangaben verursachten auffallenden Unstimmigkeiten mit der geographischen Wirklichkeit. Die Reformbestrebungen der Franzosen beruhten auf der Benutzung einer genügenden Anzahl astronomisch ermittelter Punkte, auf die sich die Kartenzeichner stützen konnten. Auch wenn Verzeichnisse astronomisch bestimmter Orte bereits früher von Kepler (1627), Varenius (1650) und Riccioli (1651) zusammengestellt worden waren, wurden sie bei der Kartenherstellung nicht genügend berücksichtigt, außerdem war die Zahl der ermittelten Punkte noch unzureichend. In der 2. Hälfte des 17. Jh. halfen nun die Franzosen in ihrem Land diesem Mangel ab, indem sie auf Anregung ihrer 1666 gegründeten Akademie der Wissenschaften im Jahre 1679 eine Liste der neu ermittelten Orte veröffentlichten. Sie ist das Werk *Jean Picards* (1620–1682), der zwecks Feststellung der Größe eines geographischen Breitengrades 1669–1670 die Messungen *Jean Fernels* (1497–1558) aus dem Jahre 1525 auf dem Meridianbogen von Malvoisine bei Paris nach Amiens erneuerte. Zu seinen Gradmessungen, die den Wert von 57 000 Toise (d. s. 111,211 km) für einen Meridiangrad ergaben, benutzte Picard die verbesserte Triangulationsmethode des Leidener Mathematikers und Geometers *Willebord Snellius* (1591–1626), die 1617 in Südholland zwischen Bergen-op-Zoom und Alkmaar erstmals verwendet worden war. Picard und seine Nachfolger *Philippe de La Hire* (1640–1718), *Giovanni Domenico Cassini* (1625–1712) und *Jacques Cassini* (1677–1756) konnten zu ihren genaueren Winkelmessungen bereits die neuen Hilfsmittel

XXIX →
„Carte marine des Environs de l'Isle d'Oleron" aus Alexis Hubert Jaillots Seekarte „Le Neptune françois ou Atlas nouveau des cartes marines". Paris 1693

174

benutzen — Fernrohre mit Fadenkreuz und Logarithmentabellen. Neuartige Geräte wurden in Frankreich zu Schwere- und Gradmessungen sowie zur exakten Bestimmung der geographischen Koordination verwendet: die Penduluhr, der 1731 vom Engländer J. Hadley konstruierte Sextant sowie die ständig verbesserten Chronometer.

Gradmessungen lagen weiterhin im Brennpunkt des Interesses aller Landmesser und an der Wende der 30er Jahre wurden auch außerhalb Frankreichs Längenmessungen des Meridiangrades vorgenommen. Die Lehre von der Abflachung der Erde auf beiden Seiten der Rotationsachse fand in Newtons Gravitationsgesetz sowie in Huygens Zentrifugalgesetz Unterstützung. Männer wie *Pierre Bouguer* (1698–1758) und *Charles la Condamine* (1701–1774) bzw. *Pierre Louis Moreau de Maupertius* (1698–1759) und *Alexis Claude Clairaut* (1713–1765) bestätigten mit ihren Messungen im Äquatorialgebiet des heutigen Ekuador bzw. jenseits des Polarkreises in Lappland die sphäroidische, an den Polen abgeflachte Gestalt der Erde.

Die von der Französischen Akademie geförderten Gradmessungen waren Gegenstand ständiger Wiederholungen, Erweiterungen und leidenschaftlicher Auseinandersetzungen. Selbstverständlich waren neben Mathematikern, Astronomen und Geodäten auch die Kartenschöpfer lebhaft an diesem Problem interessiert, da dessen Klärung ihnen neue Kenntnisse brachte, auf die sie sich in Zukunft stützen konnten. Eine ganze Reihe von Fragen blieb jedoch während des ganzen 18. Jh. noch ungelöst. Die wichtigste, insbesondere für die Seefahrt dringliche Forderung bezog sich auf die geographische Längenbestimmung. Die eine Methode bestand in der Ermittlung des Zeitunterschiedes zwischen der nach dem Sonnenstand bestimmten Zeit an Bord des Schiffes einerseits und der Zeit auf dem an Bord befindlichen genauen Chronometer, die der Ortzeit des Nullmeridians entsprach. Der Zeitunterschied ergibt die geographische Länge — 4 Zeitminuten entsprechen einem Längengrad. Die andere, des Nachts angewandte Methode beruhte auf Beobachtungen der Mondentfernung von gewissen nahe der Mondbahn befindlichen Sternen; sie ändert sich im Lauf einer Stunde um etwa einen halben Grad. Anhand der bis ins ausgehende 18. Jh. ständig korrigierten Mondentfernungstabellen konnte die Lage mit der Genauigkeit eines Längengrades bestimmt werden. Obgleich erst Cooks Seeunternehmungen zu einer systematischeren Anwendung der chronometrischen Methode führten — die französische Flotte benutzte Chronometer seit 1776 —, sind schon bedeutend früher wichtige Korrekturen in der Einzeichnung der Westküste Europas auf den französischen Seekarten zu finden (Le Neptune François, 1693).

Nicht minder dringlich war der Ruf nach Einführung eines einheitlichen Nullmeridians, denn bis zu Kardinal Richelieus Appell von 1634 wurde diese Frage von den Kartographen mit großer Willkür behandelt. Daher ordnete noch im selben Jahr Ludwig XIII. an, daß der Meridian des Westrands der Insel Ferro, einer der Kanarischen Inseln, in Frankreich offiziell als Ausgangsmeridian zu gelten habe; ab 1720 wurde aus praktischen Gründen statt seiner zuweilen der Pariser Meridian gebraucht. Der Meridian von Greenwich (seit 1750) kam erst 1884 in allgemeinen internationalen Gebrauch, wobei z. B. Frankreich, Spanien und gewisse andere Länder die geogra-

XXX ←
Hermann Kümmerly, Schweiz,
Wandkarte für Schulbedarf.
Kartenausschnitt, 1896

177

Die endgültigen Vermessungs-korrekturen auf den Land- und Kontinentkarten von J. D. Cassini, Guillaume Delisle und Bourguignon d'Anville

phische Länge auf ihren Karten weiterhin nach den eigenen Ausgangsmeridianen zählten.

Auf den bei verschiedenen Gradmessungen mühsam zusammengetragenen verbesserten geodätischen Unterlagen konnte nun die *Carte géometrique de la France*, eine genaue topographische Frankreichkarte, aufgebaut werden. 1733 hatte die Pariser Akademie dieses Werk in Auftrag gegeben und mit dessen Ausführung, an der selbst Ludwig XV. interessiert war, den Direktor der Pariser Sternwarte *César François Cassini de Thury* (1714–1784), einen Abkömmling der berühmten Geometer- und Astronomenfamilie, betraut. Die notwendigen Vorbedingungen zur Verwirklichung dieses großartigen Unternehmens, nämlich eine genügende Anzahl astronomisch bestimmter Punkte sowie eine genaue Triangulation, wurden geschaffen, indem Cassini 1734–1744 letztere unverzüglich in Angriff nahm und zu diesem Zwecke längs sieben Parallelkreisen und vier Meridianen ein Netz von Dreiecken konstruierte, die ein verläßliches Gerüst für eine exakte Aufnahme bildeten. Mit diesen wurde mit Unterstützung der Akademie und unter der tätigen, wenn auch unregelmäßigen Beihilfe der französischen Öffentlichkeit i. J. 1750 begonnen. Die Geländeaufnahmen wurden sehr gründlich durchgeführt und erst vier Jahre nach dem Fall der Bastille beendet. Dabei erwarb sich Cassinis Sohn *Jean Dominique* (1748–1845) große Verdienste. Im Druck aber erschien das ganze 184 Blätter umfassende Kartenwerk erst i. J. 1815.

Die *Carte géometrique* war in vielen Belangen beispielgebend, nicht zuletzt durch ihre bisher nicht gekannte Exaktheit, die der große Maßstab 1 : 86 400 sowie die sorgfältigen Geländeaufnahmen möglich gemacht hatten. César Cassini hatte eine eigene Abbildungsmethode angewendet, die Flächen- und Winkelverzerrungen behob; sie wurde später von dem Münchner Geodäten *Johann Georg Soldner* (1776–1833) bei der bayerischen Katasteraufnahme benutzt. Die Arbeit der Kartographen bestand nun in der Anfertigung einer Reinzeichnung des Kartenoriginals, und war von den topographischen Arbeiten der Mappeurs abhängig, die zumeist aus dem *Corps des Ingénieurs ordinaires* und dem *Corps des Ponts et Chaussées* hervorgegangen waren und ihre technische Ausbildung an Militärschulen wie der ab 1747–1748 bestehenden in Mézières erworben hatten. Nach 1777 bildeten die Militärtopographen einen eigenen Stand mit der Bezeichnung *Ingénieurs-Geographes*.

Die Landvermessungen und Aufnahmen Cassinis hatten zur Folge, daß Frankreich von Westen nach Osten um 2 Längengrade und von Norden nach Süden um 3/4 Breitengrade kleiner geworden war. Bekannt ist Ludwigs XIV. Ausspruch, die neuen Landvermessungen hätten ihn um ein größeres Territorium beraubt, als er mit allen Kriegen für Frankreich erworben habe; sämtliche ältere Frankreichkarten hatten ja das Land in viel zu großen Dimensionen gezeigt. Das traf nicht nur für Frankreich zu. Bereits die 1694 von dem Marseiller Astronomen Jean-Matthieu de Chazelles an der Levanteküste vorgenommenen astronomischen Ortsbestimmungen hatten bestätigt, daß die Längsachse des Mittelmeers nur 41° 41' lang ist, während auf den niederländischen Karten die Längenangabe von vollen 52° üblich war.

52
Václav Hollar, Ansicht von Lahneck–Lahnstein. 1636, Radierung

Unter den französischen Kartographen wußte namentlich Cassinis Schüler *Guillaume Delisle* diese und ähnliche Ergebnisse der verbesserten Messungen zu nutzen. Seine Europakarte von 1725 zeigt nicht nur die wahre Länge der Mittelmeer-Längsachse, sondern stellt das überhaupt erste richtige Kartenbild Europas vor. Aus der beträchtlichen Zahl von Delisle-Karten wurde nach dem Tod des Autors der zweibändige *Atlas géographique* zusammengestellt, den Delisles Schwiegersohn *Philippe Buache* (1700–1773), ein Pariser Kartograph und Verleger, herausgab.

Während Delisles Anliegen die richtige Wiedergabe der Konturen der Kontinente gewesen war, richtete ein anderer Kartograph, *Jean-Baptiste Bourguignon d'Anville* (1697–1782), sein Hauptaugenmerk auf die Darstellung der geographischen Beschaffenheit des Binnenlands der Kontinente. Dazu benutzte er die verfügbaren — und stets überprüften — Angaben der jüngsten Itinerare, womit er seine Kontinentkarten zu Werken von erstrangiger Bedeutung machte. Musterbeispiele sind seine Afrikakarte von 1749 sowie die drei Teilkarten des asiatischen Kontinents: Vorderasien 1751, Ost- und Südasien 1752 und Nordasien 1753. Auf der Frankreichkarte von 1719 gründet sich der Weltruhm dieses Geographen des Königs von Frankreich und späteren Autors von mehr als zweihundert Karten. Sein 1737 im Haag herausgegebener *Atlas de la Chine etc.* geht auf Materialien zurück, die ihm in China tätige Missionäre übergeben hatten. Die Vorliebe d'Anvilles für historische Geographie und Kartographie führte zur Entstehung seines großen antiken Atlas *(Atlas antiquus maior, 1768)* sowie jener Karten- und Vorlagensammlung, die er zwar dem König verkaufte, aber zeitlebens als sein Eigentum betrachten durfte.

Delisles und d'Anvilles Karten und Atlanten, die unterschätzten Arbeiten von Delisles Zeitgenossen *Nicolas de Fer* (1646–1720) sowie die Seekartensammlung *Hydrographie française von Jacques Nicolas Bellin* (1703–1772) stellen Kartenwerke vor, die weiteren Jahrzehnten einen neuen Weg wiesen.

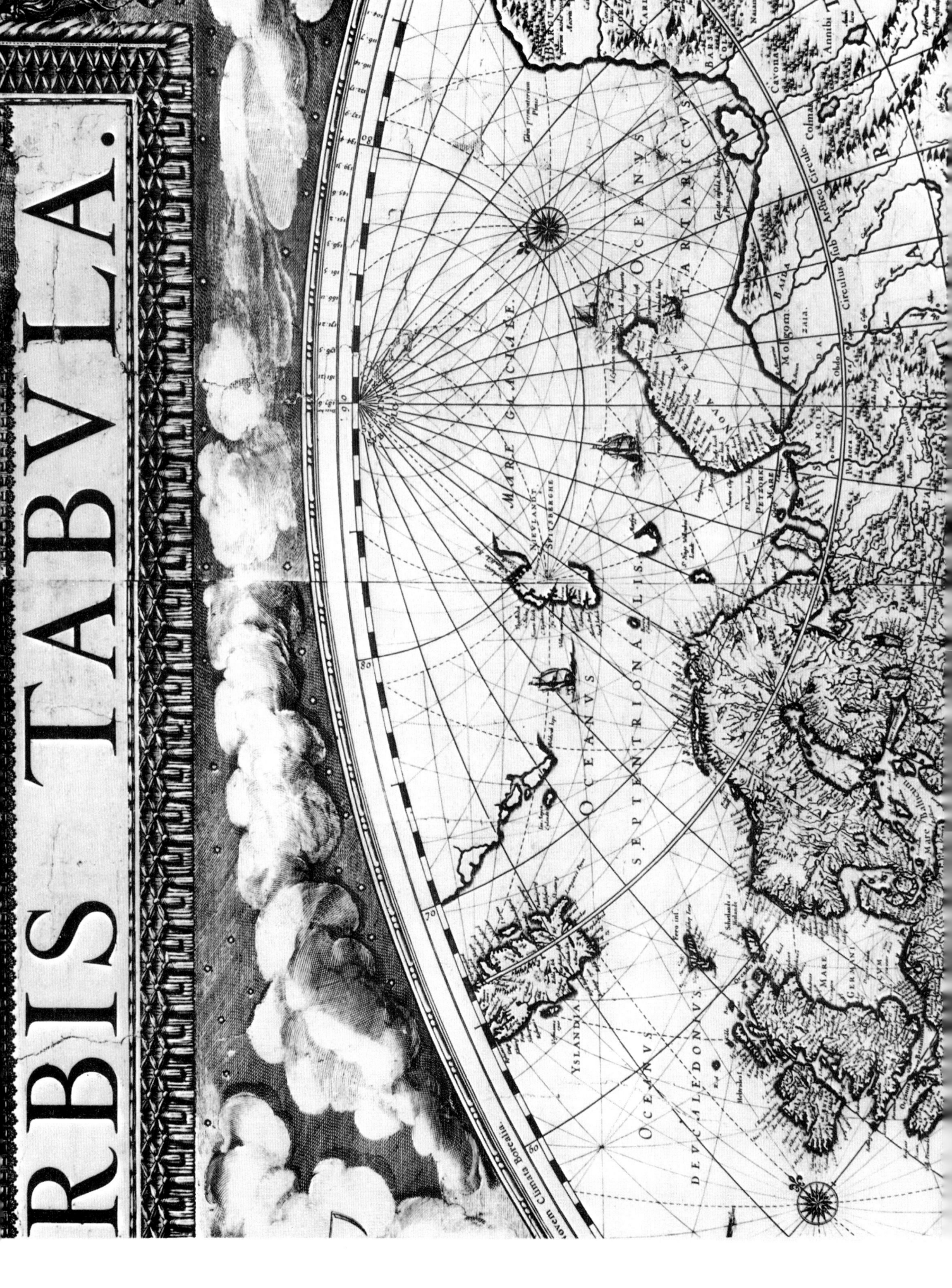

Die Resonanz in anderen Ländern

Selbstverständlich fanden die Ergebnisse der französischen Landvermessungen und Aufnahmen auch außerhalb Frankreichs ihre Resonanz. Geometer und Topographen anderer europäischer Länder folgten sehr bald dem französischen Beispiel und schufen mit genauen Landvermessungen die Grundlagen für eine Aufnahme ihrer Staaten. So nahm 1751–1753 der Dubrovniker Astronom General *R. J. Boscovich* (1711—1753) Vermessungsarbeiten an dem Meridianabschnitt Rom—Rimini vor, ein ähnlicher Abschnitt wurde 1768 von dem Turiner Geistlichen *G. B. Beccaria* (1716—1781) vermessen. Boscovich wußte Kaiserin Maria Theresia zu entsprechenden Gradmessungen in Österreich zu bewegen; zu diesem Zwecke legte der Geodät *J. Liesgang* (1719—1799) i. J. 1762—1766 ein Triangulationsnetz längs des Wiener Meridians von Soběšice bei Brünn nach Warasdin an der Drau, 1769 dann ein ähnliches Triangulationsnetz auch in Ungarn. Ebenso ging man in England an die neuartigen Triangulationsarbeiten heran; 1784 wurden Vermessungen zwischen London und Dover begonnen und mit ihrer Leitung General *W. Roy* (1726 bis 1790) betraut. Roys Vermessungen setzten 1791–1794 E. Williams, W. Mugde und der Mathematiker I. Dalby fort. Die Gradmessungen auf deutschem Gebiet ergaben äußerst exakte Daten über Größe und Gestalt der Erde. Sie wurden 1821–1823 von dem bekannten Mathematiker *K. F. Gauß* (1777–1855) in Hannover, 1831–1836 von dem Astronomen F *W. Bessel* (1784–1846) in Ostpreußen vorgenommen. Die ausgedehntesten geodätischen Vermessungen fanden in vier Etappen von 1816 bis 1856 in Rußland statt und bestanden in der Vermessung eines Meridiannetzes, das vom Nördlichen Eismeer bis zur Donaumündung reichte. Verantwortlich für die Arbeiten war der Astronom der Sternwarte von Pulkowo, *W. von Struve* (1793 bis 1864).

Diesen geodätischen Vermessungen in Europa und Ubersee (Pennsylvanien, Kapland und Indien) folgten genaue, zumeist militärische und wirtschaftliche Aufnahmen verschiedener Länder, die zur Entstehung der ersten topographischen Atlanten führten. Die exakten Messungen der Erde bildeten nicht nur die methodischen und technischen Grundlagen topographischer Geländeaufnahmen, sondern beeinflußten auch alle übrigen kartographischen Arbeiten, die nun nicht mehr das Werk eines einzigen Mannes sein konnten. Die Herstellung topographischer Karten war damit auf die Dauer zur gemeinsamen Sache spezialisierter Fachleute geworden, denen es mittels der neuen Meßgeräte und Methoden gelang, die Mauer einer überlebten Tradition einzureißen und das neue Kartenschaffen mit dem Geist des Fortschritts zu beleben.

53
Johannes Blaeu, „Nova totius orbis terrarum tabula", Kartenausschnitt. Amsterdam 1648, Kupferstich

Topographische Kartenwerke

Militär- und Wirtschafts- kartensätze: Friedrich von Schmettaus Kabinettskarte von Preußen /1767-1787/

Die Weiterentwicklung der kartographischen Geländedarstellung verlief seit den durchgreifenden Reformen derart stürmisch, daß ihr die bisher von uns geübte knapp resümierende Darstellungsweise nicht mehr gerecht werden kann. Darum müssen wir uns nun bei der weiteren Verfolgung des Kartenschaffens im europäischen und weltweiten Rahmen auf die wichtigsten Merkmale und Zeitabschnitte beschränken.

Seit der Mitte des 18. Jh. nahm ein europäisches Land nach dem anderen umfassende Aufnahmearbeiten oder, wie man früher sagte, Mappierungen seines Territoriums in Angriff. Wirtschaftliche, vor allem aber militärische Belange lassen die ersten topographischen Kartenwerke entstehen, die eine verläßliche Basis für die Vorbereitung und Führung militärischer Operationen bilden sollen. Die von Regierung und Militär geförderten systematischen Geländeaufnahmen beruhen schon fast überall auf Triangulationsmessungen.

Um die Herstellung einer der ersten topographischen Karten hatten sich seit dem beginnenden 18. Jh. zwar mehrere deutsche Staaten bemüht — Hessen-Kassel, Sachsen, Rheinpfalz —, ein größerer Erfolg konnte jedoch erst in der 2. Jahrhunderthälfte in Preußen verzeichnet werden. Im Auftrag Kronprinz Friedrich Wilhelms II. begann man nach Beendigung des Siebenjährigen Krieges mit planmäßigen Aufnahmen des Gebiets östlich der Weser und Mecklenburgs als erstem Schritt zur Erarbeitung einer einheitlichen Karte von Preußen. Initiator der Geländeaufnahmen und Inspekteur der Vermessungsarbeiten war General *Friedrich von Schmettau* (1743–1806), dem es innerhalb von zwanzig Jahren (1767–1787) auch gelang, das Werk zu vollenden. Sein Kartensatz bestand aus 272 großformatigen Blättern, die meisten im Maßstab 1 : 50 000. Dieses Privateigentum des Generals wurde vom preußischen Generalstab käuflich erworben und damit seine dauernde Geheimhaltung garantiert. Das entsprach dem absolutistischen Zeitgeist, zu dessen Verfechtern auch Friedrich der Große gehörte. Demzufolge sollten topographische Karten nur einem engen Kreis von Eingeweihten zur Verfügung stehen. Daher ihre Bezeichnung „Kabinett-Karte", nach dem für höhere Generalstabsoffiziere üblichen Terminus. Von dem ganzen Kartenwerk, das nur als Manuskript

54
Die Ostseeländer auf der Karte von Andrea Bureo Sueco „Orbis arctoi nova accurata delineatio". Stockholm 1626, Kupferstich

vorlag und niemals zum Druck gelangte, sind nur zwei Exemplare, das Original und eine Abschrift, erhalten geblieben; ein Stück befindet sich heute in der Kartenabteilung der Berliner Staatsbibliothek — Preußischer Kulturbesitz.

Das ausgedehnte Gebiet Mitteleuropas erfuhr eine topographische Geländeaufnahme bei den I. militärischen Aufnahmen der Habsburger Monarchie; das geschah auf Anordnung Kaiserin Maria Theresias i. J. 1764 nach den traurigen Erfahrungen des eben beendeten Siebenjährigen Krieges, in dem es Österreich an verläßlichen Karten gefehlt hatte. Für Österreich und Ungarn hatte es bis dahin nur die ungenauen Landkarten von Johannes Christoph Müller, Georg Matthäus Vischer, Johann Wolfgang Wieland und Matthäus Schubart gegeben, und auch die gleichzeitig verlaufenden Gelände-

55
Matthäus Merian, Venezia. Aus M. M. Zeillers „Itinerarium Italiae Nov-Antiquae". Frankfurt/M. 1640, Kupferstich

aufnahmen von *Peter Anich* (1723–1766) und *Blasius Hueber* (1735 bis 1814) in Tirol hielten sich im regionalen Rahmen. Für eine systematische Aufnahme der ganzen Monarchie war nicht einmal in den Jahren, da bereits halbwegs unterrichtete Kriegsingenieure die 1717 von Eugen von Savoyen gegründeten Militärakademien in Wien und Brüssel verließen, genügend geschultes Personal vorhanden. Erst nach der Reorganisierung des sog. Generalquartiermeisterstabes, der nach 1758 nicht mehr nach jedem Krieg aufgelöst wurde und dessen Angehörige sich in Friedenszeiten mit Militäraufnahmen befaßten, konnte sich die Lage bessern.

Die Aufnahmearbeiten, nach Maria Theresias Nachfolger Josephinische Aufnahmen genannt, verliefen in der Reihenfolge, in der die Länder mehr oder weniger von einem feindlichen Angriff bedroht

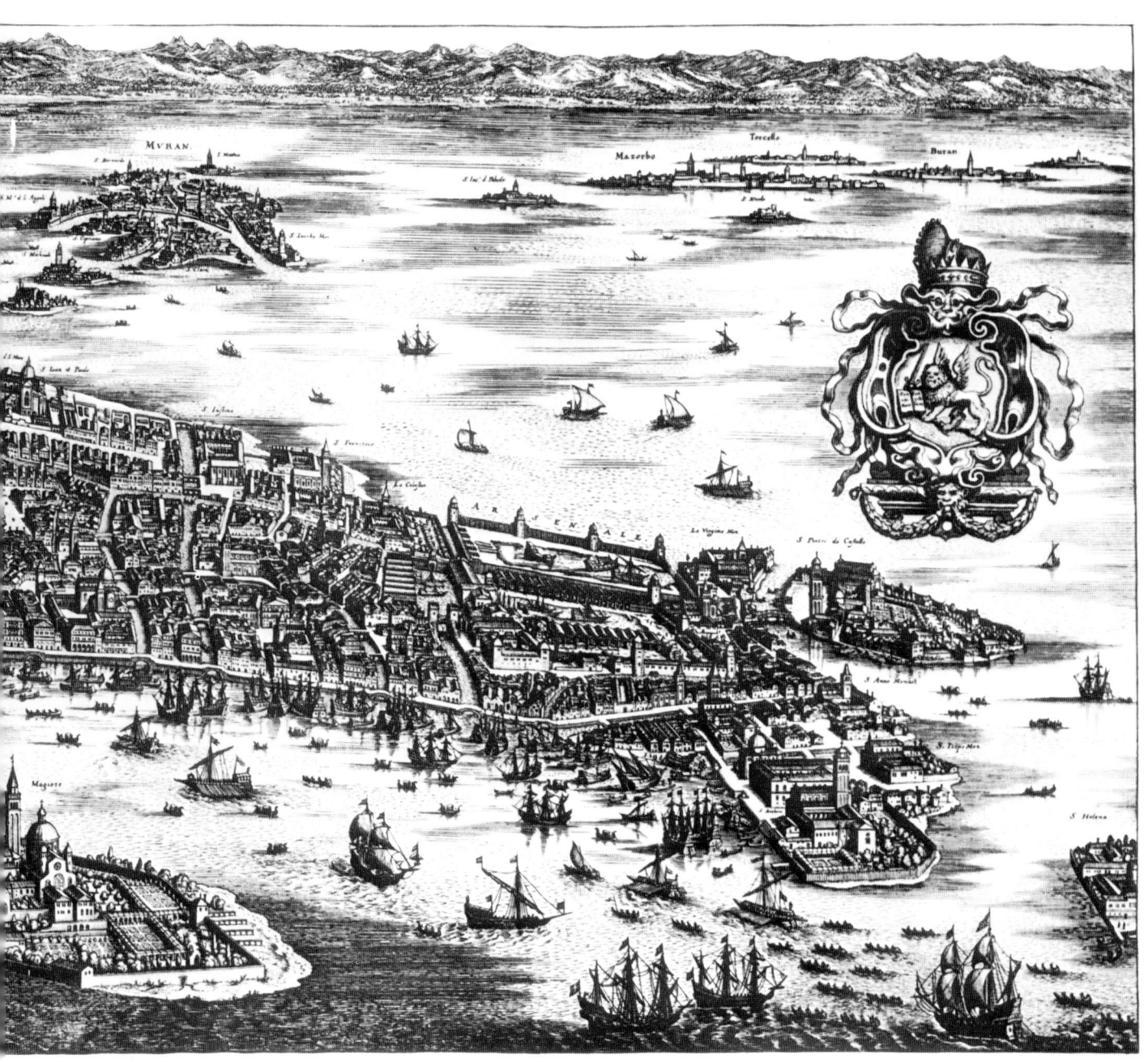

EXTREMA AMERICÆ
e Versus Boream, ubi
TERRA NOVA
NOVA FRANCIA, Adjacentiaque.

Amstelodami Io: Blaeu Exc.

Der Kirilow - Atlas /1734/ und die Arbeiten der Petersburger Akademie in Rußland

schienen. Als vorausgesetzter Schauplatz eines österreichisch-preußischen Zusammenstoßes kamen als erste Böhmen und Mähren an die Reihe (1764–1768), nachdem Schlesien in aller Stille bereits 1763 aufgenommen worden war. Gleich darauf begannen die Geländeaufnahmen in Marmarosch (1766–1768), in der Zips, in Oberungarn und im Banat Temeswar (1769–1772), in Siebenbürgen (1769 bis 1773), in den Österreichischen Niederlanden (1770–1777), in Niederösterreich (1773–1781) sowie an weiteren vierzehn Orten der Monarchie. In bewundernswert kurzer Zeit konnten bis 1787 insgesamt 25 Länder bzw. einzelne Gebiete dargestellt werden, und zwar auf mehr als viertausend Blättern, die meisten im sog. einfachen Militärmaßstab 1 : 28 800, einem viel genaueren also, als Cassinis oder von Schmettaus Karten aufgewiesen hatten. Doch wurden die achtfarbigen Kartenoriginale nicht reproduziert, sondern als geheime Kriegsdokumente aufbewahrt. Erst i. J. 1822 stellte Oberst *L. A. von Fallon* (1776–1828) aus den amtlichen Originalvorlagen eine österreichische Übersichtskarte im Maßstab 1 : 864 000 her, die erste öffentliche Karte Österreichs.

An Umfang des aufgenommenen Gebiets konnten es die josephinischen Aufnahmen mit denen Cassinis getrost aufnehmen, sie ließen es jedoch an einer geodätischen Grundlage fehlen. Sie stützten sich auf verläßliche ältere Karten oder auf solche, die als verläßlich galten, was in der 2. Hälfte des 18. Jh. nicht mehr genügen konnte. Andererseits verfügten die Österreicher über wesentlich ausführlichere und vollständigere Instruktionen für ihre Topographen, so daß die josephinischen Kartenblätter, ungenau in ihren Lageangaben, aber recht verläßlich in der Reliefdarstellung, in dieser Hinsicht die unzulänglichen Handskizzen Cassinis übertrafen. Aber auch diese anspruchsvolleren Geländezeichnungen konnten weder das Fehlen einer geodätischen Basis noch die Orientierung wie Maßstab betreffende Uneinheitlichkeit der josephinischen Blätter überdecken; das bedeutete, daß sich keine Übersichtskarte aller damals kartierten Gebiete aus ihnen zusammenstellen ließ. Ferner verbot die Eile, mit der die Karte vorbereitet wurde, jene Einheitlichkeit, die Cassini erreicht hatte und die erst die späteren, in den Jahren 1806–1869 und 1869–1887 vorgenommenen österreichischen Geländeaufnahmen erbrachten. Alle diese Umstände entschieden darüber, daß das josephinische Kartenwerk mehr oder weniger in Vergessenheit geriet.

Nicht weniger dringend war der Ruf nach genauen topographischen Karten im Rußland des 17. Jhs., da die administrative, militärische und wirtschaftliche Führung des mächtigen Zarenreichs eine gründliche Kenntnis ihrer ausgedehnten Territorien nicht länger entbehren konnte. Die Entwicklung der russischen Kartographie geht in der Folge auf die inneren Reformen Peters des Großen zurück, der die rasche Aneignung westeuropäischer Wissenschaft und Technik u. a. auch dadurch förderte, daß er heimische Fachleute ins Ausland schickte, wo sie Erfahrungen sammeln sollten. Dem Mangel an geeigneten Spezialisten sollten ferner neben aus dem Westen gerufenen Kartographen die ersten russischen Topographen abhelfen, die die 1701 gegründete Moskauer Mathematik- und Navigationsschule oder die 1715 gegründete Maritime Akademie in Petersburg absolviert hatten. Die ersten Arbeitsergebnisse der hei-

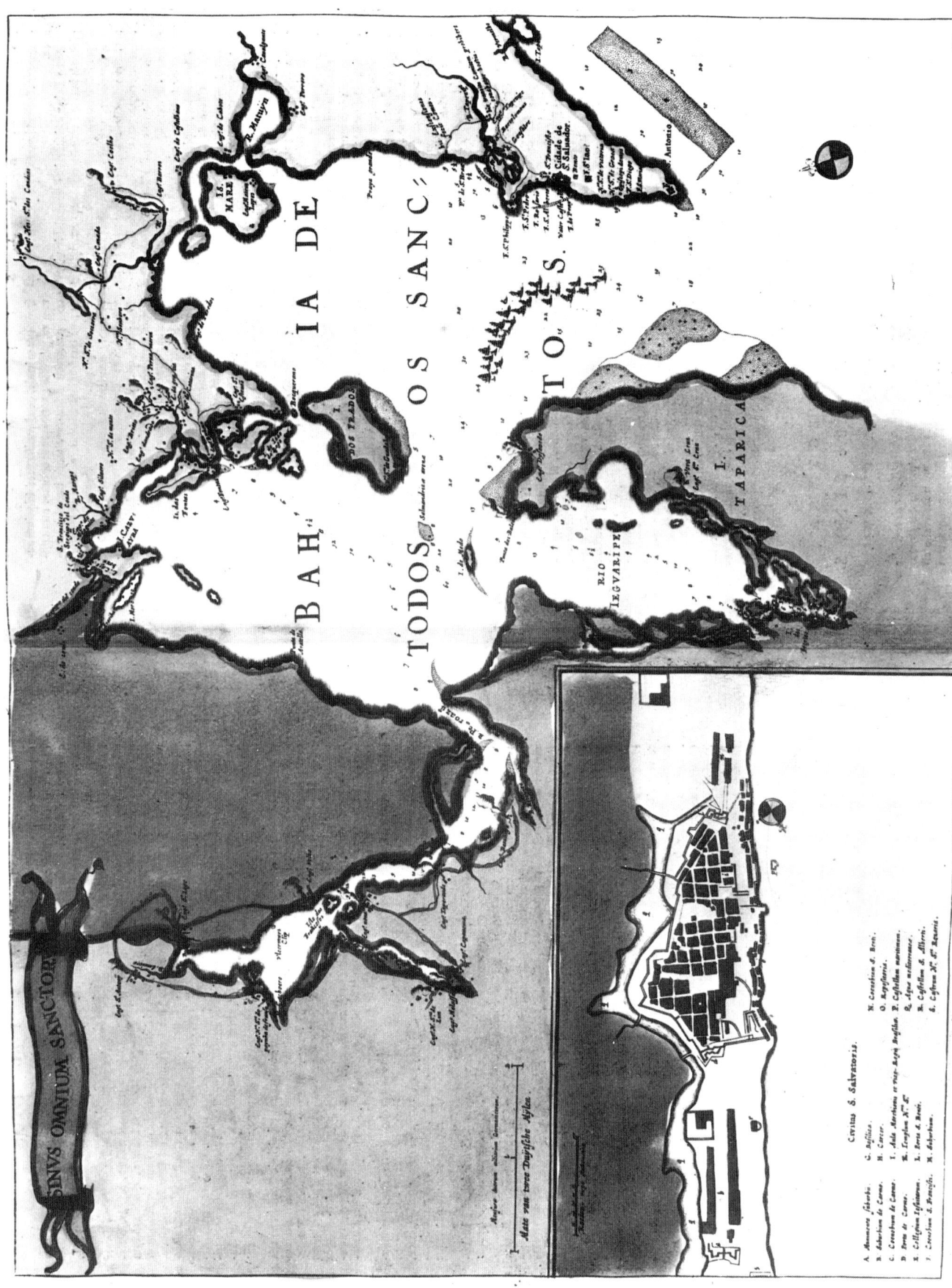

57 ←
„Bahia de Todos os Sanctos" aus
Johannes Blaeus „Atlas maior",
Band 11. Amsterdam 1662,
Kupferstich

58
„New Amsterdam (New York) aus
dem handschriftlichen Atlas von
Johannes Vingboons. Um 1660
(Algemeen Rijksarchief,
's Gravenhage)

mischen Topographen bildeten vorwiegend Karten und Atlanten von Meeres- und Flußufern, später dann Karten der einzelnen Gubernien — die meisten im Maßstab der sog. Zehnwerstkarte 1 : 420 000. Die handgeschriebenen Messungsresultate wurden im Senat, der die Kontrolle über die Aufnahmen führte, hinterlegt. Aus dem angesammelten Material wurden dort ab 1721 Provinz (Ujest)- und Gubernienkarten im Druck herausgegeben.

Die Arbeit des Senats leitete dessen oberster Sekretär *Ivan Kirilow* (1689–1737), von dem auch das das ganze Reich umspannende Aufnahmevorhaben stammt. Bei diesem stützte er sich nicht auf ein geodätisches Netz, sondern auf ein durch die Flußläufe gebildetes. Er war bemüht, die von den Topographen aus den Gubernien eingehenden Karten so schnell wie möglich zu veröffentlichen, um der aktuellen Nachfrage nach topographischen Karten nachzukommen. Daher ist auch sein Hauptwerk, der *Atlas vserossijskoj imperii* (Atlas des Allrussischen Reiches) noch von der Ungenauigkeit gezeichnet, die der oberflächlichen Behandlung der Unterlagen entsprang. Dieser erste in Rußland gestochene und gedruckte Atlas erschien 1734 und erinnerte in seiner äußeren Aufmachung stark an westeuropäische Vorbilder. Er enthielt eine allgemeine Rußlandkarte sowie 14 Regionalkarten und bedeutet die erste verläßliche Darstellung Rußlands, auch wenn er unvollendet blieb. Die unumgänglichen Fehler in den Karten der Nordküste Sibiriens lassen sich

NIEUW AMSTERDAM OFTE NUE NIEUW IORX OPT TEYLANT MAN

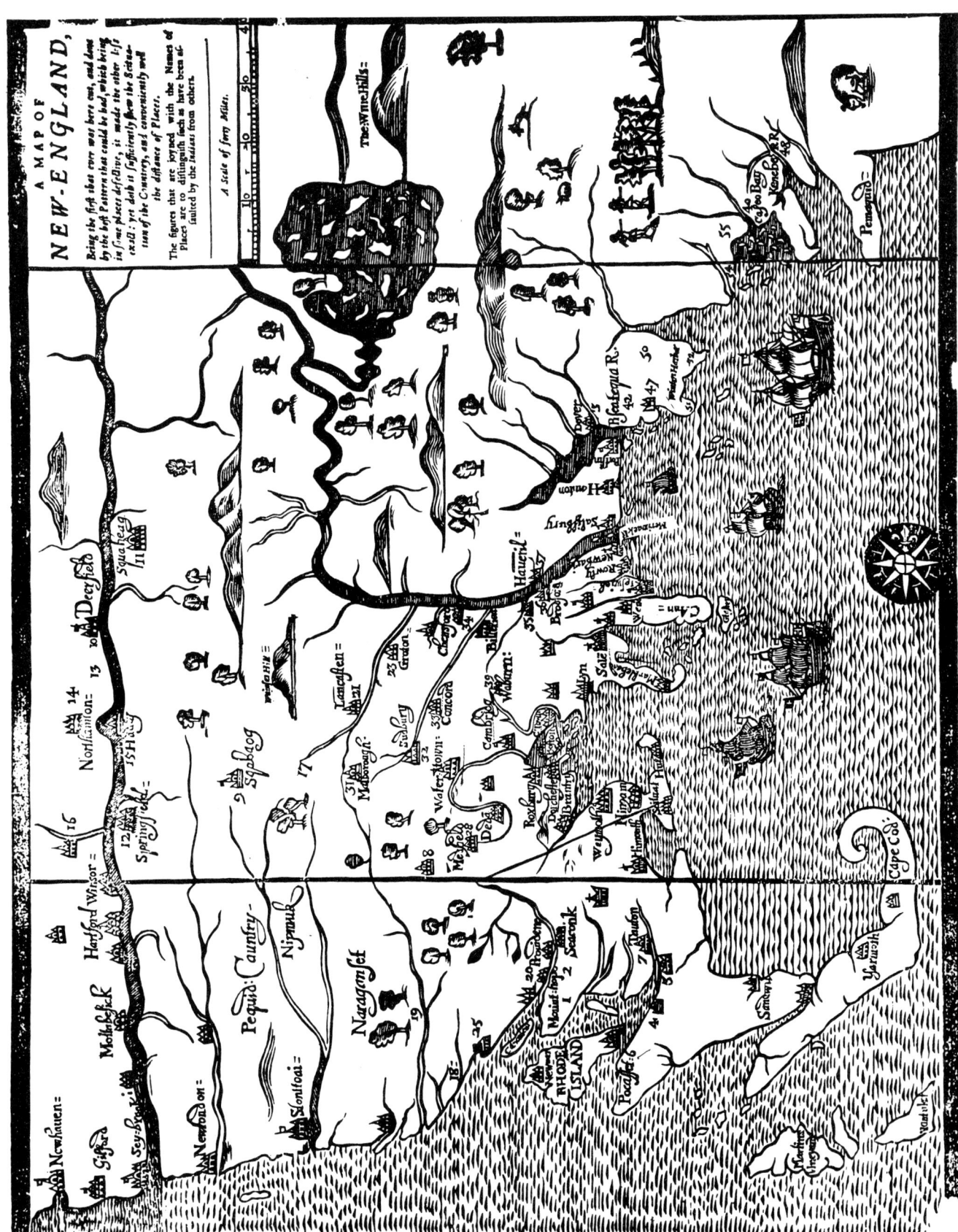

A MAP OF NEW-ENGLAND,

Being the first that ever was here cut, and done
by the best Pattern that could be had, which being
in some places defective, it made the other less
exact: yet doth it sufficiently show the Scitu-
ation of the Country, and conveniently well
the distance of Places.

The figures that are joyned with the Names of
Places are to distinguish such as have been af-
faulted by the Indians from others.

A Scale of forty Miles.

mit der Tatsache erklären, daß die Erscheinungzeit des Atlas mit den ersten Anfängen einer geographischen Erforschung Sibiriens und der subpolaren Landstriche zusammenfällt; diese Forschungsergebnisse schlugen sich erst später in der Kartographie nieder.

Neben den Arbeiten des Senats liefen die kartographischen Unternehmungen der Petersburger Akademie. Ein Jahr nach deren Gründung (1724) kam der französische Astronom und Geograph *Joseph Nicolas Delisle* (1688–1768), ein Bruder Guillaumes, in die Stadt an der Newa. Sein Vorhaben war die Herstellung astronomisch-geodätischer Unterlagen und eine auf diesen beruhende Vereinheitlichung des vorhandenen verschiedenartigen und keineswegs genauen Kartenmaterials. Begreiflicherweise mußte die Zusammenziehung der gesamten kartographischen Tätigkeit in die Akademie auf Kirilows Widerstand stoßen. Er lehnte eine Übergabe der im Senat aufbewahrten Karten an Delisle ab, unter anderem wegen der Langfristigkeit, Kostenhöhe und der in den damaligen Verhältnissen gesehenen Undurchführbarkeit von Delisles Plänen. Trotzdem wurden die Arbeiten in der Akademie unabhängig von ihm fortgesetzt und man konzentrierte sich auf die Ausarbeitung eines akademischen Rußland-Atlas. Als 1727 der Basler Physiker und Mathematiker *Leonhard Euler* (1707–1783) in die Akademie berufen wurde, spitzten sich die Gegensätze zwar noch zu, doch nach 1740 erfuhren die Arbeiten eine gewisse Belebung. Damals war bereits das „Geographische Departement" tätig, eine Institution, die Delisles ursprünglichen Plan realisierte, aber erst nach Kirilows Ableben gegründet werden konnte. So fand das angehäufte Kartenmaterial nun endlich im akademischen Atlas seine Verwendung. Das Ergebnis zwanzigjähriger Tätigkeit, der *Atlas Rossijskoj* von 1745 enthält 13 Landkarten des europäischen Rußlands, 6 des asiatischen sowie die 2 Blätter der Generalkarte. Er war genauer als der Kirilow-Atlas, auch in der technischen Durchführung von hoher Qualität. Wegen der Eile, mit der er zu Ende geführt wurde, konnte das Material der Sibirienexpeditionen zum Nachteil des Ganzen immer noch nicht genutzt werden.

Die weitere Periode der kartographischen Tätigkeit der Petersburger Akademie ist mit dem Namen des Akademiemitglieds *M. V. Lomonossow* (1711–1765) verbunden. Er nahm sich der beiseitegelegten kartographischen Arbeiten und vernachlässigten geodätischen Messungen an, war jedoch nicht imstande, den Widerstand der feindlichen deutschen Partei in der Akademie zu brechen, so daß es ihm nicht gelang, eine einzige Karte herauszugeben oder eine einzige Expedition zu verwirklichen.

Die komplizierten Eigentumsverhältnisse und Besitzstreitigkeiten im Rußland der 2. Hälfte des 18. Jh. riefen nach einer Generalaufnahme des europäischen Rußlands. Erst 1822 wurde eine solche, unabhängig von der Akademie, in Angriff genommen und 1885 beendet; ab 1844 galt der einheitliche Maßstab 1 : 42 000 für sie. Auch wenn die ersten Triangulationsmessungen bereits 1809 stattgefunden hatten und nach den Napoleonischen Kriegen fortgesetzt wurden, fehlten dieser „Einwerst-Karte" die astronomisch-geodätischen Grundlagen. Eine Besserung trat erst nach Struves Messungen des Meridianbogens und nach weiteren Gradmessungen ein, um die sich das 1839 gegründete Observatorium zu Pulkowo verdient machte. Dann erst erreichten die russischen Karten ein mit den Karten-

Die Gründung des britischen Ordnance Survey und geographischer Institute in weiteren Ländern /Ende d. 18. Jh./, ihre Produktion, kartentechnischen sowie ästhetischen Beiträge

60 →

werken anderer Staaten vergleichbares Niveau. Die weiteren Geländeaufnahmen verliefen unter der Aufsicht der Militärtopographischen Verwaltung; für das europäische Rußland galt der Maßstab 1 : 420 000 (1821–1839) bzw. 1 : 126 000 (1845–1932), während es für das asiatische Rußland noch lange Zeit keine andere einheitliche Karte gab als die Hundertwerstkarte (1 : 4 200 000).

Seit der Mitte des 18. Jahrhunderts konnten topographische Länderaufnahmen nicht mehr von ad hoc zusammengestellten Mappierungsgruppen bewältigt werden. Die systematischen Militäraufnahmen machten die Gründung offizieller geographischer oder topographischer Institute notwendig, die auf nationaler Ebene die Kartenherstellung für Staatsverwaltung und Militärbelange zu besorgen hatten. Die Anregung kam wiederum von den Franzosen. Nachdem die geodätischen und kartographischen Arbeiten gewisse Zeit von der Akademie geleitet worden waren, gewann an der Jahrhundertwende die Gesellschaft der Ingenieur-Geographen an Bedeutung; ihre Tätigkeit beschränkte sich nicht auf Frankreich, sondern umspannte im Zuge der Eroberungen Napoleons auch das Rheintal, Schwaben, Bayern, Hannover, Belgien, die Niederlande, die Schweiz, Italien, Österreich, Spanien, Portugal und Ägypten.

Gegen jede Erwartung entstand das erste topographische Institut nicht auf dem unruhigen Kontinent, sondern in England. Die von General Roy begonnenen Vermessungs- und Aufnahmearbeiten erhielten nach dessen Tod mit Herzog von Richmonds Gründung eines ständigen Aufnahmedienstes feste Grundlagen. Aufgabe dieses im Juli 1791 entstandenen *Ordnance Survey of Great Britain* war die Herstellung einer topographischen Britannienkarte im Maßstab 1 : 63 360. Die ersten Blätter der Einzollkarte *(one inch to the mile)* der Grafschaft Kent erschienen nach zehnjähriger Arbeit i. J. 1801, die Karte des Königreichs im gleichen Maßstab erst 1870. Die neuen Geländeaufnahmen um die Mitte des 19. Jh. knüpften an jenen Hauptmaßstab an. Es sind ab 1846 die Blätter der Sechszollkarte 1 : 10 560 *(six-inch maps)*, in deren Maßstab Irland bereits ab 1825 kartiert wurde (das erste Blatt, Londonderry, 1830), und ab 1854 die Kartenblätter 1 : 2 500 *(25.344 inches to one mile)* der vollendeten Grundaufnahme.

In Frankreich war es das im November 1791 gegründete *Dépot de la Guerre*, das Karten, Pläne und alles übrige topographische Material sammelte und verarbeitete. Napoleons Plan war die Anfertigung einer einheitlichen Europakarte 1 : 100 000, und solche Karten wurden für mehrere obengenannte Länder tatsächlich angefertigt. Topographische Geländeaufnahmen fanden überall statt, wo Napoleon erschien; 1800 veranlaßte er nach dem Pariser Muster die Gründung des Mailänder *Deposito della Guerra*, das nach der Eroberung der Lombardei und des Königreichs Venedig durch die Österreicher 1814 als *Istituto geografico militare* weiterbestand und vier Jahre später laut Erlaß Franz I. dem Wiener Generalquartiermeisterstab unterstellt wurde. In Frankreich selbst konzentrierte sich nach 22 Kriegsjahren das klassische Corps der Ingenieur-Geographen auf die Herausgabe der *Carte d'Etat Major*, einer topographischen Frankreichkarte im Maßstab 1 : 80 000. Während das Kartenblatt der Umgebung von Paris 1833 erschien, konnten die Alpen- und Korsikablätter erst

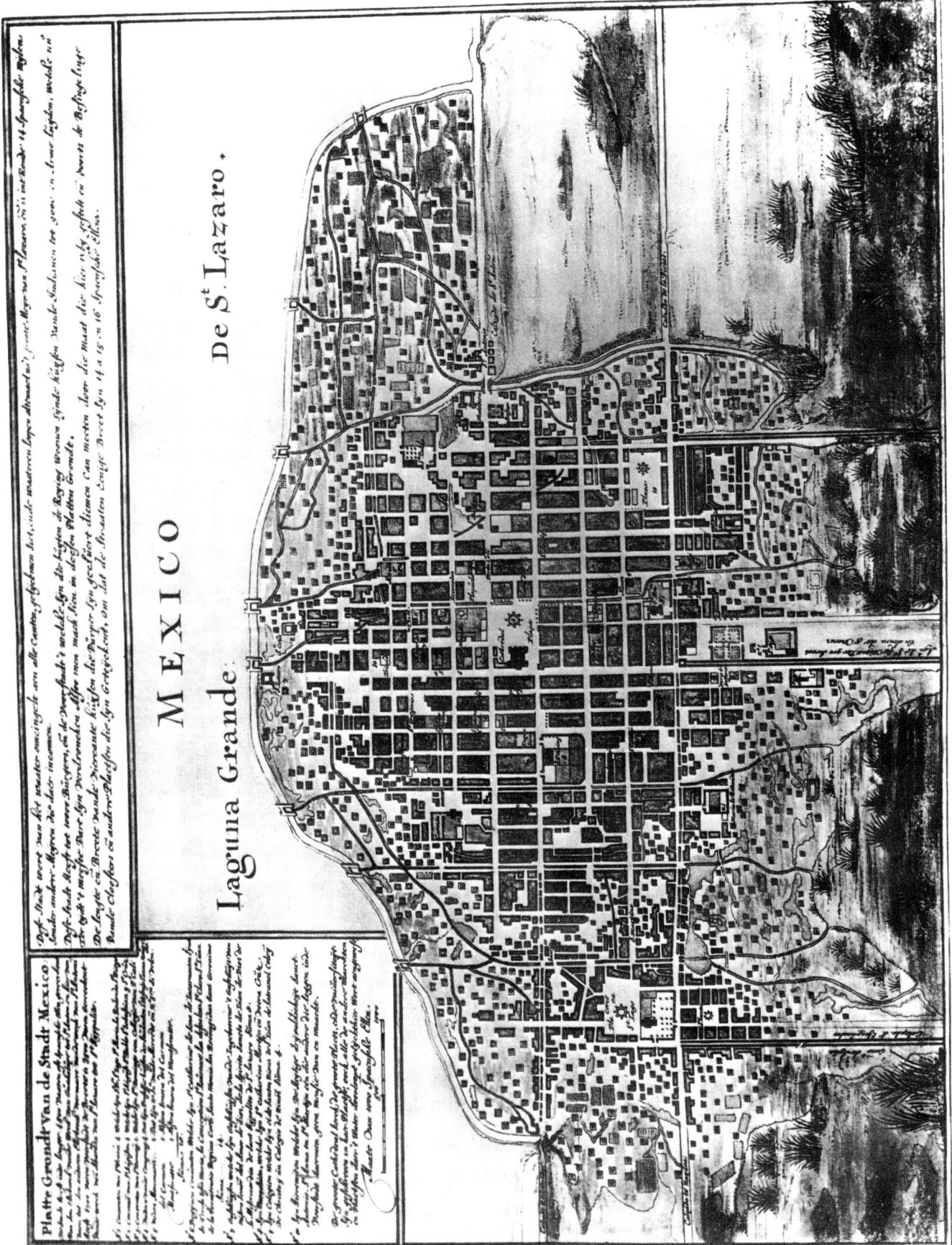

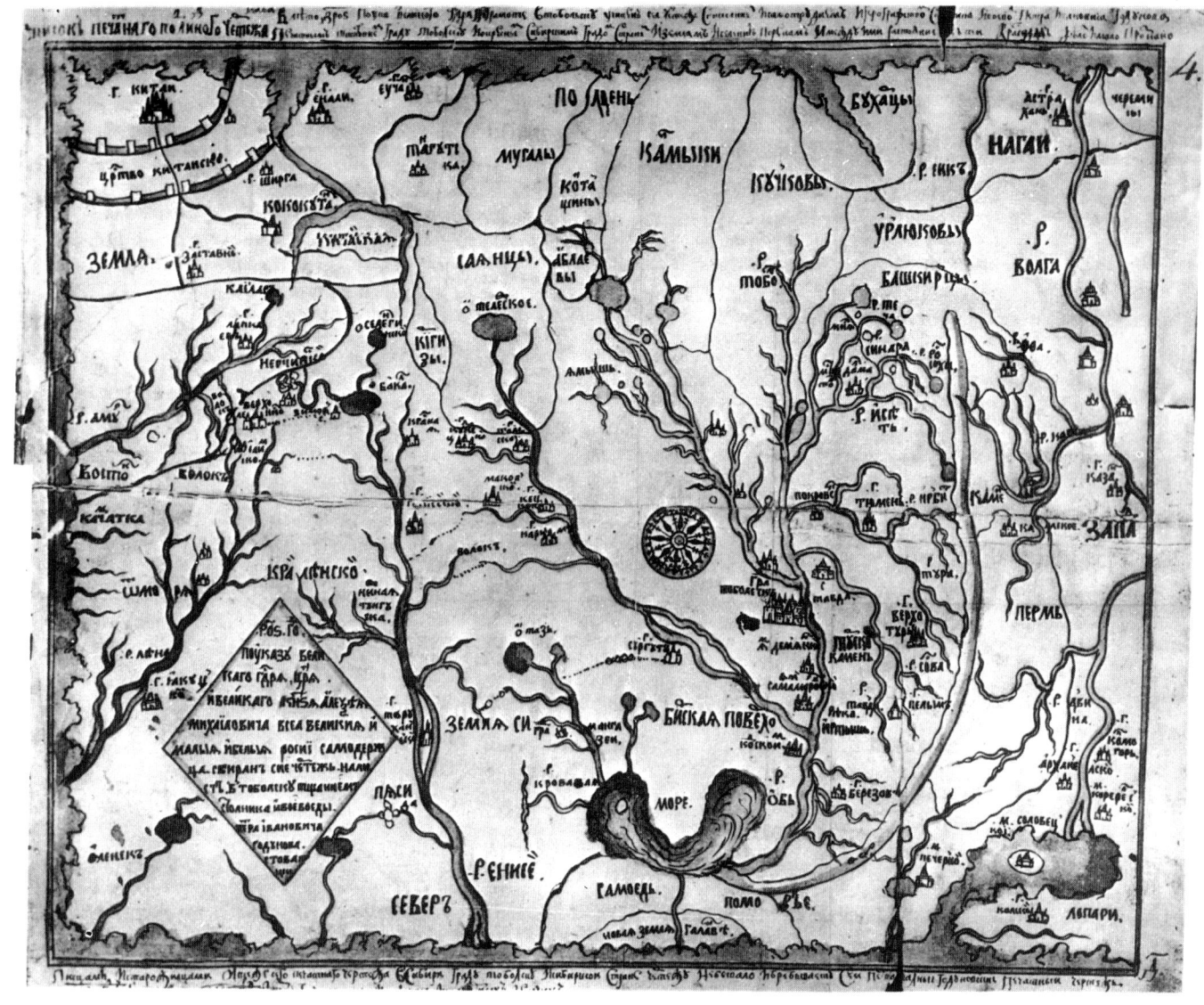

61
Sibirienkarte in Semjon Remezows
Atlas „Tschertjesnaja kniga Sibiri".
1701, Handschrift

1860–1880 in Druck gegeben werden, weil die Aufnahmearbeiten nach dem Zusammenschluß der Ingenieur-Geographen mit dem Generalstab (Corps d'Etat-Major, 1831) nur sehr langsam vor sich gingen.

In der benachbarten Schweiz wurde zwecks Ausarbeitung der *Topographischen Karte der Schweiz* 1 : 100 000 i. J. 1838 das *Eidgenössische Topographische Bureau* in Genf gegründet, dem der hervorragende Kartograph *H. G. Dufour* (1787–1875) vorstand. Die 1845–1864 herausgegebene Dufourkarte gehört zu den besten Werken der Kartenkunst. Nach der Verlegung des Bureaus nach Bern wirkte ab 1865 *H. Siegfried* (1819–1879) als Dufours Nachfolger; von ihm stammen der *Topographische Atlas der Schweiz* 1 : 50 000 sowie der im Maßstab 1 : 25 000, beide aus den Jahren 1870–1905.

Unter den deutschen Staaten sind die topographischen Karten 1 : 50 000 von Bayern (1812–1872), Württemberg (1826–1851) sowie die nach dem Jahr 1840 im Maßstab 1 : 100 000 gefertigte Preußenkarte zu nennen. In den meisten übrigen Ländern kam es erst nach der Reichsgründung zu intensiveren topographischen Aufnahmen, wobei das Katastralmaterial aus der 1. Hälfte des 19. Jh. zu Hilfe genommen wurde. Die erste einheitliche Karte des Kaiserreichs ist die *Karte des Deutschen Reiches* 1 : 100 000, deren Herstellung die Vertreter der bis dahin selbständigen topographischen Büros Preußens, Bayerns, Sachsens und Württembergs 1878 beschlossen hatten. Seit dem Beginn des 19. Jh. war in Deutschland das auf Atlanten gerichtete Kartenschaffen von Privatunternehmen von großer Bedeutung. Gründer der diesbezüglichen Tradition war ab 1786 das Verlagshaus Perthes in Gotha, in dem 1817 die Erstausgabe des Stielerschen Atlas erschien. In den Jahren 1838–1845 kamen bei Berghaus dreizehn Hefte des berühmten Physikalisch-geographischen Atlas heraus, in der 2. Hälfte des 19. Jh. entstanden die Firmen Kiepert (Weimar-Berlin), Andrée (Leipzig), Wagner-Debes (Leipzig), Reimer (Berlin), Ravenstein (Frankfurt am Main), während das bekannte Wiener Haus Schrämbl (1786–1800) im ausgehenden Jahrhundert seine Tätigkeit einstellte.

In den österreichischen Ländern, für die ab 1806 in Wien eine to-

62
Der Westatlantik auf Edmund Halleys Isogonenkarte des Atlantischen Ozeans. London 1701, Kupferstich

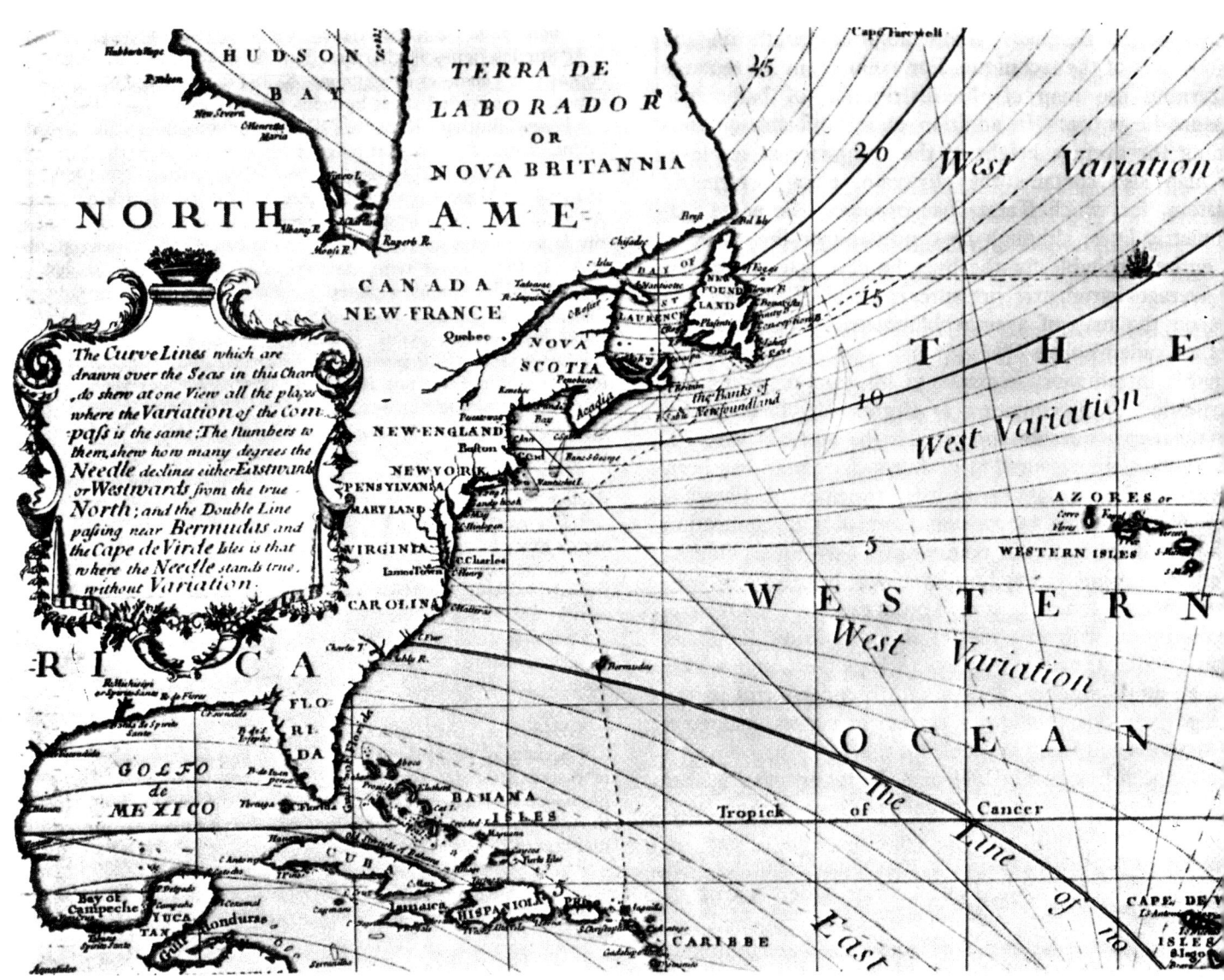

pographisch-lithographische Abteilung bestand, kam es 1839 zur Angliederung der Mailänder Anstalt und der Errichtung des *K. u. K. Militärgeographischen Instituts*. Bald hatte sich dieses mit seinen hervorragenden Arbeiten auch außerhalb der Monarchie einen glanzvollen Namen erworben, den es während seiner ganzen fast achtzigjährigen Tätigkeit bewahren konnte. Neben verschiedensten Vermessungsarbeiten und seiner hochentwickelten Reproduktionstechnik sind die Kartenwerke der 1869–1887 vorgenommenen III. Militäraufnahmen bekannt. Im Laufe von nur fünfzehn Jahren wurde aus der Originalaufnahme 1 : 25 000 die 714 Blätter enthaltende ausgezeichnete Spezialkarte 1 : 75 000 erarbeitet (1872–1887). Zu den bedeutendsten Schöpfungen der privaten Kartographie in Österreich gehört die Übersichtskarte 1 : 576 000 von General *J. von Scheda* (1815–1888), eine 1856 herausgegebene Kupferdruckkarte von 20 Blättern in mustergültiger Ausführung.

In Italien stützte man sich noch lange auf die unter Napoleon von Baron *Bacler d'Albé* (1761–1824) herausgegebene Karte, deren Maßstab dreimal so klein wie der der Cassinikarte war (1 : 259 000); 1798 wurde der nördliche und mittlere Teil in 30 Blättern publiziert, 1802 auf 24 Blättern der südliche Teil. Nach der Verlegung des Mailänders Instituts übernahm das 1872 gegründete *Istituto Geografico Militaire* in Florenz die Leitung der offiziellen topographischen Arbeiten; mit der reichhaltigen Hinterlassenschaft des Königsreichs Sardinien, wo es bereits seit 1655 ein königlich topographisches Korps gegeben hatte, der Lombardei, Venedigs, Toskanas, des Kichenstaats, des Königreichs beider Sizilien und der Herzogtümer Modena und Parma hatte jenes Institut sehr wertvolle Materialien in seinen Besitz genommen. In den ersten fünfzig Jahren seiner Tätigkeit befaßte sich das Institut vorwiegend mit Geländeaufnahmen im nördlichen und mittleren Teil der Halbinsel, deren Ergebnisse die sog. *tavolette* im Maßstab 1 : 25 000 und die *quadranti*, 1 : 50 000 sind und aus denen die Generalkarten des vereinigten Königreichs, vor allem die *Carta topografica del Regno d'Italia* 1 : 100 000 hervorgingen. Ein wichtiges Ereignis an der Wende der siebziger Jahre ist die Erstanwendung der terrestrischen Photogrammetrie bei Geländeaufnahmen; das Institut nahm sie als erste unter allen Aufnahmeanstalten in seine Aufnahmemethoden und Programme auf.

Um die Mitte des Jahrhunderts begannen weitere lateinische Staaten topographische Kartenserien herauszugeben. Ab 1856 erschien die *Carta Chorographica de Portugal* 1 : 100 000, ab 1875 die *Mapa Topografica National* 1 : 50 000 in Spanien.

Auch die skandinavischen Länder standen nicht abseits. Das 1755 gegründete Stockholmer *Landmessung-Comtoir* nahm 1777–1805 sehr genaue Vermessungen seines an Rußland grenzenden, heute finnischen Gebiets im Maßstab 1 : 40 000 vor. In den 30er Jahren erschien im Königreich Schweden die hypsometrische Karte 1 : 500 000, in den 80er Jahren die 234-blättrige topographische Karte 1 : 100 000. Norwegen gab seine Karte im gleichen Maßstab 1869 heraus. In Dänemark standen die Landesaufnahmen ab 1757 unter der Leitung des *Videnskabens Selskab*, doch erst der Generalstab konnte ab 1808 den erhöhten Anforderungen gerecht werden; seine topographische Abteilung war nicht nur für die Aufnahme Dänemarks, sondern nach 1842 auch für die Geländeaufnahmen in Grönland, auf den

63 →
Guillaume Delisle, „Carte du Canada ou de la Nouvelle France" (ca. 1703) aus Pierre Mortiers „Atlas nouveau". Amsterdam 1733, Kupferstich

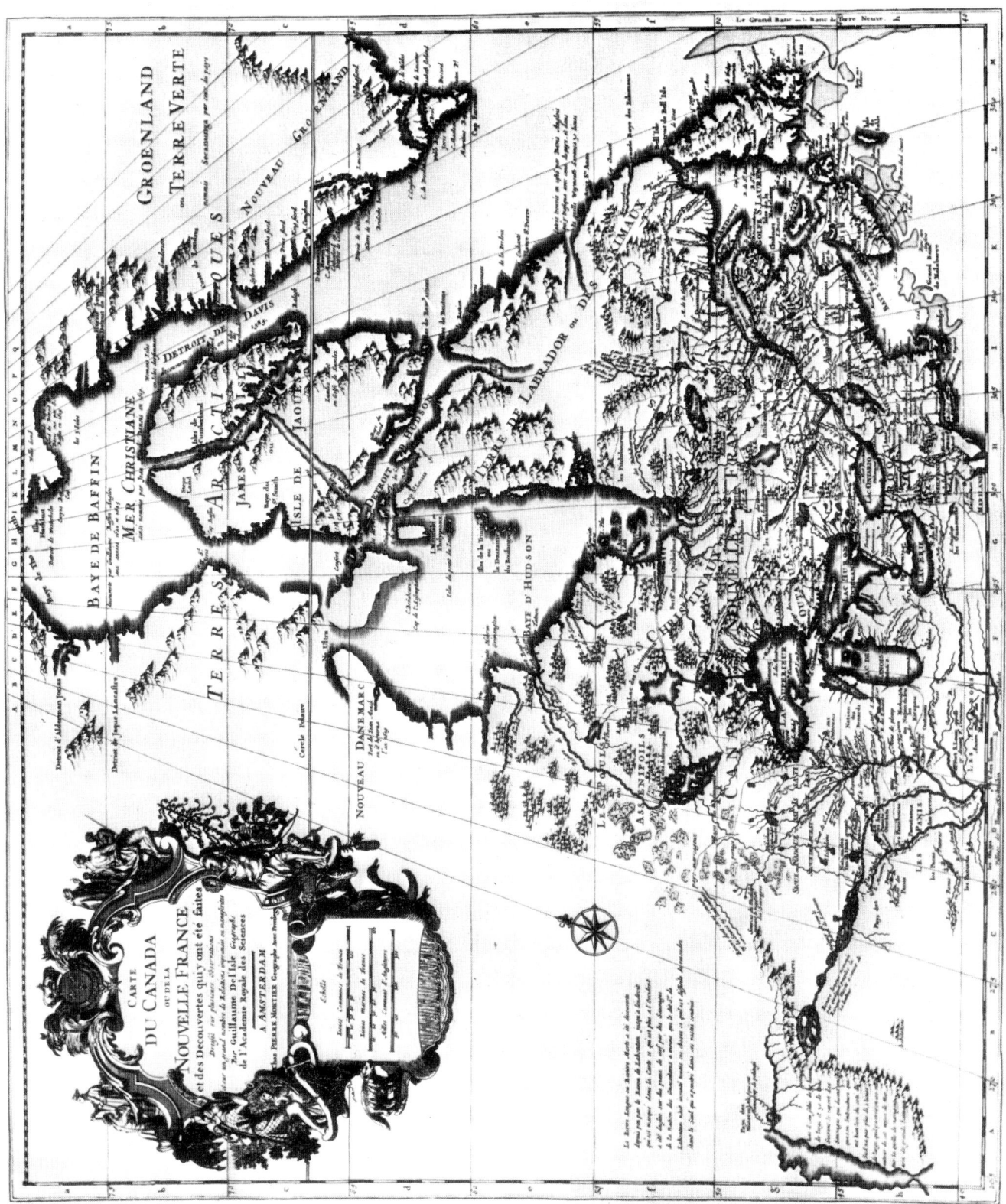

GROENLAND
ou TERRE VERTE

NOUVEAU GROENLAND

MER CHRISTIANE

BAYE DE BAFFIN

TERRES

DETROIT DE DAVIS

ISLE DE JAQUES

DETROIT DE HUDSON

ARCTIQUES

TERRES

NOUVEAU DANEMARC

Cercle Polaire

TERRE DE LABRADOR ou DES ESKIMAUX

BAYE D'HUDSON

NOUVELLE FRANCE

LES CHRISTINAUX

LE POULG

ASSENIPOILS

CARTE
DU CANADA
ou DE LA
NOUVELLE FRANCE
et des Decouvertes qui y ont été faites

Dressée sur plusieurs Observations
et sur un grand nombre de Relations imprimées ou manuscrites
Par Guillaume De l'Isle Geographe
de l'Academie Royale des Sciences

A AMSTERDAM
Chez PIERRE MORTIER Geographe

Echelle

Lieuës Communes de France
Lieuës Marines de France
Milles communs d'Angleterre

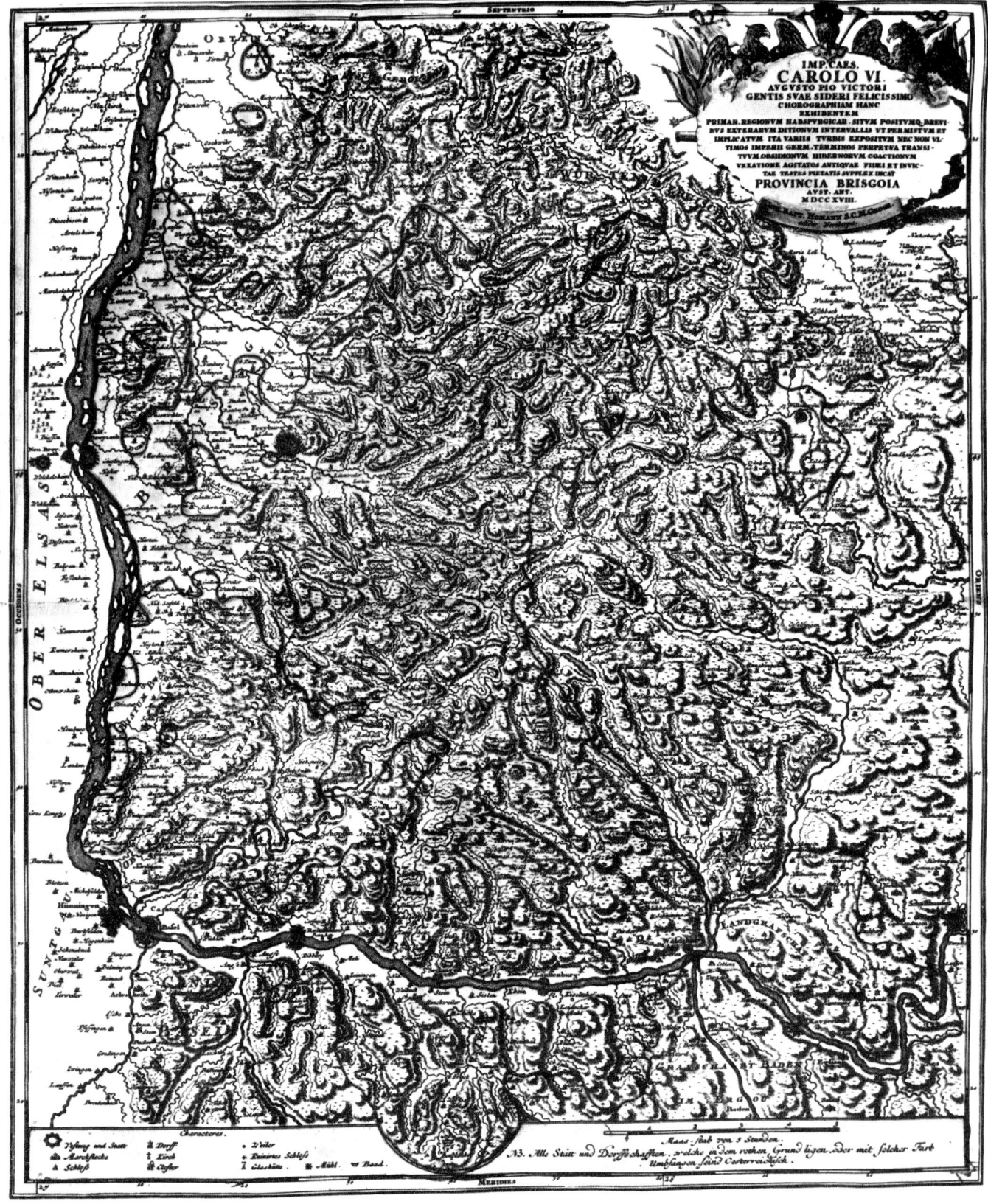

IMP. CAES.
CAROLO VI.
AVGVSTO PIO VICTORI
GENTIS SVAE SIDERI FELICISSIMO
CHOROGRAPHIAM HANC
EXHIBENTEM
PRIMAR. REGIONVM HABSPVRGICAR. SITVM POSITVMQ. BREVI-
BVS EXTERARVM DITIONVM INTERVALLIS VT PERMISTVM ET
IMPLICATVM ITA VARIIS TVRBIS EXPOSITVM NEC NON VL-
TIMOS IMPERII GERM. TERMINOS PERPETVA TRANSI-
TVVM OBSIDIONVM HIBERNORVM COACTIONVM
VEXATIONE AGITATOS ANTIQVAE FIDEI ET INVIC-
TAE TESTES PIETATIS SVPPLEX DICAT
PROVINCIA BRISGOIA
AVST. ANT.
MDCCXVIII.

Edente HOMANNO S. C. M. G.
Norib.

Färöern und Island verantwortlich. Im letzten Jahr des Jahrhunderts unternahm Finnland als erstes Land die Herausgabe eines National-atlas (1899).

Die Balkanländer nutzten lange Zeit die kartographischen Quellen der Großmächte. Im Norden waren es die österreichischen Aufnah-men (die Karten 1 : 75000 und 1 : 200000) sowie die russischen (1 : 42000 und 1 : 168000), während der unabhängige serbische Kartensatz 1 : 75000 auf die Geländeaufnahmen 1881–1892 zurück-geht. Ein Teil der Bulgarienkarten ist den russischen Aufnahmen von 1876 verpflichtet, die ältesten topographischen Karten Rumäniens sind österreichischer und russischer Herkunft, ab 1878 fanden dann auch eigene Geländeaufnahmen statt. Die genaueren Griechenland-karten von 1832 und 1852 sind französischer Herkunft, der Norden des Landes wurde von dem Wiener Institut, Thrazien von türkischen Topographen kartiert.

Im Lauf des 19. Jahrhunderts gewannen ferner die hydrographi-schen Institute an Bedeutung, die See- oder Admiralitätskarten von zunehmender Genauigkeit herausgaben. Früher waren nautische Karten nur dank der Initiative privater Kartographen herausgekom-men, nun konnten diese aus vielen Gründen nicht mehr genügen. Zu den wichtigsten hydrographischen Instituten, die bald den oben besprochenen geographischen an Bedeutung gleichkamen, gehört das 1795 gegründete Hydrographische *Department of the British Admirality*. Seine Kartenproduktion ließ andere derartige Anstalten und Kartenarchive wie die in Norwegen (1773), Dänemark (1784), Spanien (1797) oder Portugal (1798) weit zurück. Eine Ausnahme bil-dete das Pariser *Marine Dépot* von 1720 sowie später der große Konkurrent des britischen Instituts in Taunton; die Tradition des französischen Seekartenschaffens wurde dann vom Ozeanogra-phischen Institut in Monaco fortgesetzt. In Preußen, das bereits seit 1749 über den Preußischen Seeatlas und seit 1841 auch über den neuen Seeatlas mit Karten im Maßstab 1 : 400000 und 1 : 100000 ver-fügte, veröffentlichte das 1861 in Hamburg gegründete *Hydrographi-sche Bureau* die ersten preußischen Admiralitätskarten. Für Öster-reich bestand seit 1854 ein hydrographisches Institut in Pola sowie ein Kartendepot als selbständige Anstalt der Kriegsmarine. Umfas-sende ozeanographische Aufnahmen nahmen ferner die Vereinigten Staaten vor, wo 1837 das *U. S. Coast Survey* gegründet wurde; nach 1866 widmete sich diese Behörde auch der systematischen und weltweiten Sammlung von Seekarten. Mit der Übersichtskarte des Nordatlantik machte sich 1853 M. F. Maury um die amerikanische Ozeanographie verdient.

Die Vor- und Nachteile der topographischen Kartenwerke — bis jetzt haben wir nur die wichtigsten unter den seit der Mitte des 18. Jh. erschienenen genannt — haben auf die Weiterentwicklung der amtlichen Kartographie der einzelnen Länder wesentlichen Einfluß ausgeübt. Das Hauptanliegen der verschiedenen Schulen und kartentechnischen Richtungen der führenden Institute bestand darin, dem Ruf von Militär- und Zivilkreisen nach verläßlicheren Karten mit der steigenden Präzision ihrer Erzeugnisse zu folgen.

Das Wiener Militärgeographische Institut nahm mit Umfang und Anzahl seiner Kartentitel zweifellos die führende Stellung in welt-weitem Maßstab ein: nur in den Jahren 1841–1873 druckte es 20

64
„Provincia Brisgoia" (1718) in Johann Baptist Homanns „Großem Atlas über die ganze Welt", Nürnberg 1725, Kupferstich

Meewen I.

Riofas I.

St Iago de Olancho

Gulf de Nicufa

Carthago R.

Guinungua R.

Corteo

Siabara

R. Carmen

la Bebra

Segodo B.

RAS

Yara R.

Yara R.

Nueva Segovia

St Catalina or
Providence I.

ARAGUA

Varepo R.

Truel R.

Focaes R.

la Trinidad

de NICARAGUA

St Bernardo

St Sebastian

P. Lapotero

P. Solentinam

P. Ometepe

Nicaragua

I. Perlas

St Andrea

I. de Manglares

P. St
Juan

Maceua, o R. Colorado

R. de los Anzelos

Vasques

Vacques

COSTA

St Lucar

P. Paro

Nicoya

Heradura

Caldera B.

Golfo de Salinas

RICA

P. del Ingles

Aranjuez

I. del Cano

C. de Austria

Conception

Boca del Drago
Boca del Toro
Scuda de
Veragua I.

Belem R.

El Poriete

P. de Lagoñas

I. de Puerto Bello

I. de las Miras

de Bastimentos

Sardinilla R.

Sierr. er Ricofiela R.

Tararos R.

Talamanca R.

Quimendo R.

Trinidad

Caft. de Chagre

PORTO
BELLO

Boqueron

Requeni

IST

St Fe

Crux
di Juan

Chicqui

Chicqui nueva

Pueblo

VERAGUA

Pico

Cruzes R.

PANAMA

Chame R.

Capira

Penonemo

Nata

Bayos I.

Taboga

Otoque I.

I. de Chu

C. Burica

P. Mamore

Pando

Conc

Carillo I.

Lamares I.

Virela R.

Pocabo R.

Tabaraba R.

Chame P.

I. de Chu

I. Conteras

Caveales I.

Quebo R.

BAYA de PANAMA

Lucas I.

Montuofa I.

I. Quicaro

Coybal.

P. Meriato

P. Puercos

Guanos I.

La Gall

P. Hyguera

C. Sta Maria

Puri R.

Punta Mala

| 0 | 89 | 88 | 87 | 86 | 85 | 84 | 83 | 82 |

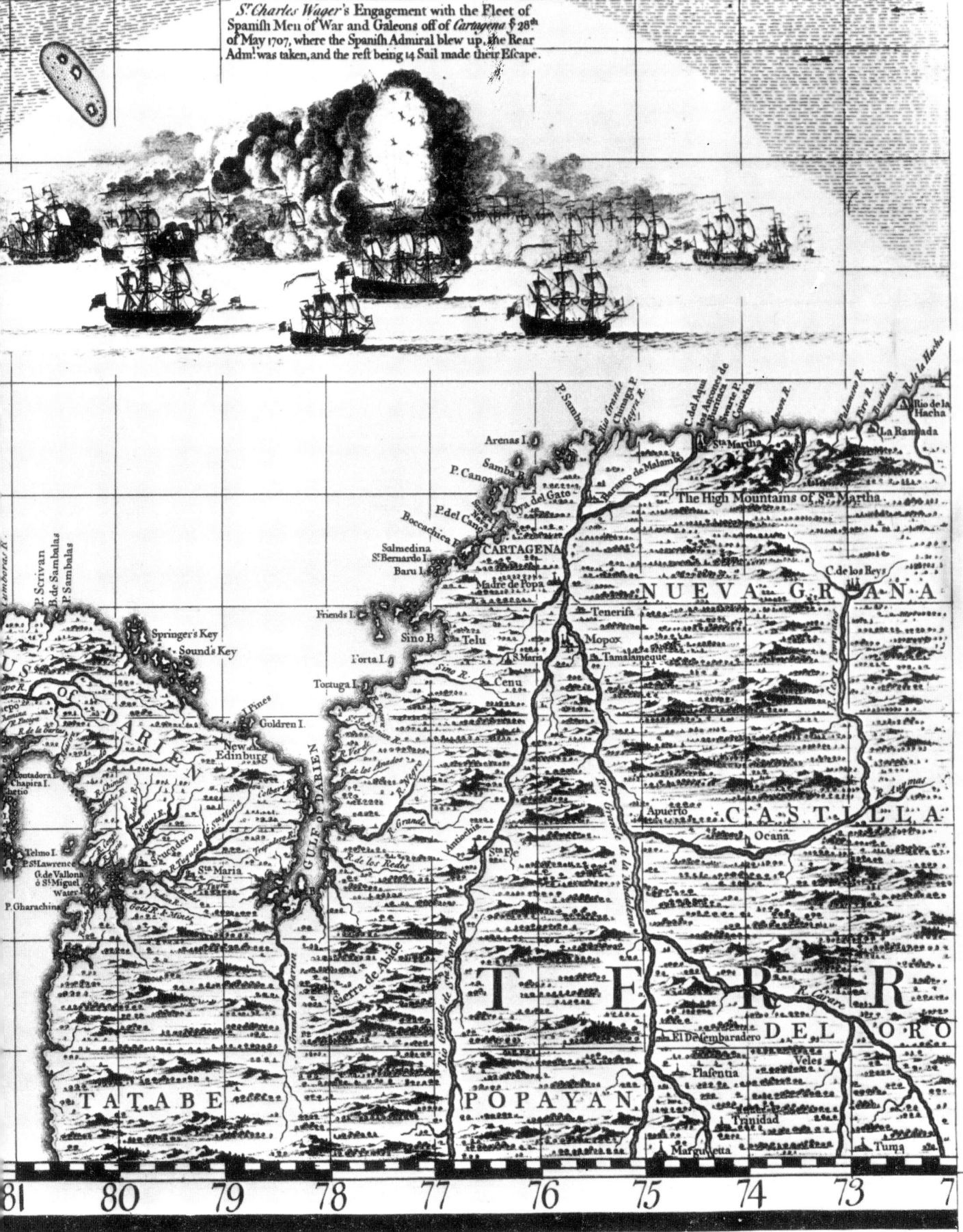

Sr. Charles Wager's Engagement with the Fleet of
Spanish Men of War and Galeons off of *Cartagena* ⅌ 28th
of May 1707, where the Spanish Admiral blew up, the Rear
Adm! was taken, and the reft being 14 Sail made their Escape.

P. Scrivan
B. de Sambalas
P. Sambalas

Lumbarao R.

US OF DARIEN

Springer's Key
Sound's Key

I. Pines
Goldren I.

New
Edinburg

Carepo R.

Contadora
Chapira I.
Chetto

Telmo I.
St Lawrence
G. de Vallona
ô St Miguel
Water

P. Gharachina

Niquel R.
Succidero
R. Tuquea
Sta Maria

Trem

Colbert I.

GULF OF DARIEN

R. Ver di

R. de los Andes

R. Negro

R. Grande

R. de los Reals

Caimito ô S. Dicent

Serra de Abide

Sta Fe

Caima de Sta Martha

TATABE

Rio Grande de Sta Martha

POPAYAN

P. Samba

Arenas I.

Samba R.

P. Canoa

P.del Cano

Boccachica R.

Oya del Gato

Salmedina
St Bernardo I.
Baru I.

CARTAGENA

Madre de Popa I.

Friends I.

Sino B.

Telu

Porta I.

Tortuga I.

Sino R.

S. Maria

Cenu

R. Grande

Madre de Popa I.

Tenerifa

Mopox

S. Maria

Tamalameque

NUEVA   GRANA

Chinaga P.
Aguer R.

P. Samba

Barranco de Malambo

C.del Agui
los Ancones de
Jantiaco
Swarte P.
Comacha

Palamaos R.

Piri R.

St Martha

The High Mountains of St Martha

C. de los Reys

Rio de la
Hacha

La Ramada

Apuerto

CASTILLA

Ocana

R. Cesar o Pompatao

R. Casere

Rio Grande de la Madalena

TER   R

EL Defembaradero

DEL   ORO

Veles

Plasentia

Trinidad

Marguvetta

Tuma

R. Aujimas

81   80   79   78   77   76   75   74   73   7

Millionen Karten, und noch während des Weltkriegs 1914–1918 erschienen an die 61 Millionen Stück Spezial-, General- und Sonderkarten, die mitunter direkt auf dem Kriegsschauplatz in Felddruckereien hergestellt wurden. Diese beachtenswerten Leistungen konnten nur unter ständigen Überprüfungen und Ergänzungen des Karteninhalts, bei Anwendung neuer Meß- und Vervielfältigungsmethoden und durch notwendige Umstruktierungen des Instituts erreicht werden. Namentlich die Einführung neuer Reproduktions- und Druckverfahren sicherte dem Wiener Institut seine Vorrangstellung; so die Einführung der Litographie (ab 1818), des Flachdrucks (1826), bzw. Linienfarbdrucks (1845), der Galvanoplastik (1846), der Photolitographie (1854), die den mühsamen Kupferdruck ersetzte, oder der Heliogravure (1869). Selbstverständlich mußten sich die in langjähriger Praxis überprüften und von Erfahrung gestützten Experimente der Wiener Kartographen in der hohen Qualität der österreichischen Karten niederschlagen. Die Spezialkarte 1 : 75 000 erweckte mit ihrer wie aus einem Guß erscheinenden Form den Eindruck eines Kunstwerks und diente dabei breiten Bevölkerungskreisen als unentbehrlicher Orientierungsbehelf beim Kennenlernen ihres Landes. Als Ergebnisse reiflicher Überlegungen ausgezeichneter Fachkenner und einer einheitlichen und zielbewußten Führung sind die weiteren, vom Hauptmaßstab 1 : 25 000 abgeleiteten Karten zu werten: die Generalkarte 1 : 200 000, die Militär-Marschroutenkarte 1 : 300 000, die Übersichtskarte 1 : 750 000 u. a. Mit den steigenden Ansprüchen an die Kartenqualität stiegen auch die Ansprüche an die Qualität der Vermessungsarbeiten. Da die österreichischen Karten die Ergebnisse der Katastralaufnahmen nutzten, waren sie in topographischer Hinsicht sehr genau. Weniger genau waren ihre Höhenangaben, da man bei den trigonometrischen Messungen mit einer ungenügenden Anzahl von Höhenpunkten gearbeitet hatte, so daß die Fehler bei Höheunterschieden bis zu zehn Meter betrugen. Dank der neuen Meßkarte konnten die erneuerten Vermessungen ständig vervollkommnet werden, und die sog. Präzisionsaufnahmen von 1896 erreichten einen Genauigkeitsgrad, der zu Karten führte, die den strengsten Anforderungen von Praxis und Wissenschaft gerecht wurden. Um auch felsiges Terrain, schwer zugängliches Küsten- und Hochgebirgsgelände wie die Alpen oder die Tatra so getreu wie möglich auf dem Kartenbild festzuhalten, wurde 1895 die Meßtischphotogrammetrie, und 1902 die Stereophotogrammetrie in die Wiener Aufnahmeprogramme aufgenommen.

Die vor 1870 ausgearbeiteten preußischen Karten zeichneten sich weder durch topographische Genauigkeit noch durch befriedigende Reliefdarstellung aus. Erst nach dem Übergang der preußischen Maße zum metrischen System und der Einführung des einheitlichen Nullniveaus für Nivellationsmessungen vom Amsterdamer Pegel waren die wichtigsten Voraussetzungen für neue Aufnahmen des Kaiserreichs gegeben. Die Meßtischblätter der Vierzentimeterkarte 1 : 25 000, das Ergebnis der neuen preußischen Geländeaufnahmen, waren, wie ihr Name sagt, ausschließlich auf dem Meßtisch erarbeitet und erreichten in jeder Hinsicht große Präzision. Die für damalige Verhältnisse große Wahrheitstreue des Kartenbilds ist dadurch erklärlich, daß es direkt im Gelände gezeichnet wurde, daß eventuelle Ungenauigkeiten gleich im Feld entdeckt und nicht über-

65 ←
Henry Pople, „A Map of the British Empire in America, with the French and Spanish Settlements adjacent thereto", Kartenausschnitt. London 1733, Kupferstich

sehen werden konnten. Sämtliche aus diesen Aufnahmen 1877–1912 stammende Blätter wurden einfarbig hergestellt, in lithographischen Stein graviert und mittels Überdruck vervielfältigt. Die Jahresdurchschnittsproduktion betrug mehr als 80 Blätter, was die Aufnahme einer Fläche von etwa 10 000 km² bedeutet.

Die entlischen *Ordnance Maps* 1 : 63 360 ragen durch Reichtum und Genauigkeit ihrer topographischen Details, ihre gute Beschriftung und den klaren Kupferdruck hervor, während ihre Geländedarstellung namentlich in den ersten Jahren nicht sehr charakteristisch und unsystematisch war und überdies wenige Höhenangaben brachte. Anders als die Mappeure des Kontinents war den englischen Topographen nicht an einer exakten Darstellung des Terrains auf

66
Mâcon und Umgebund auf Jean Dominique Cassinis „Carte géometrique de la France". Um 1759

203

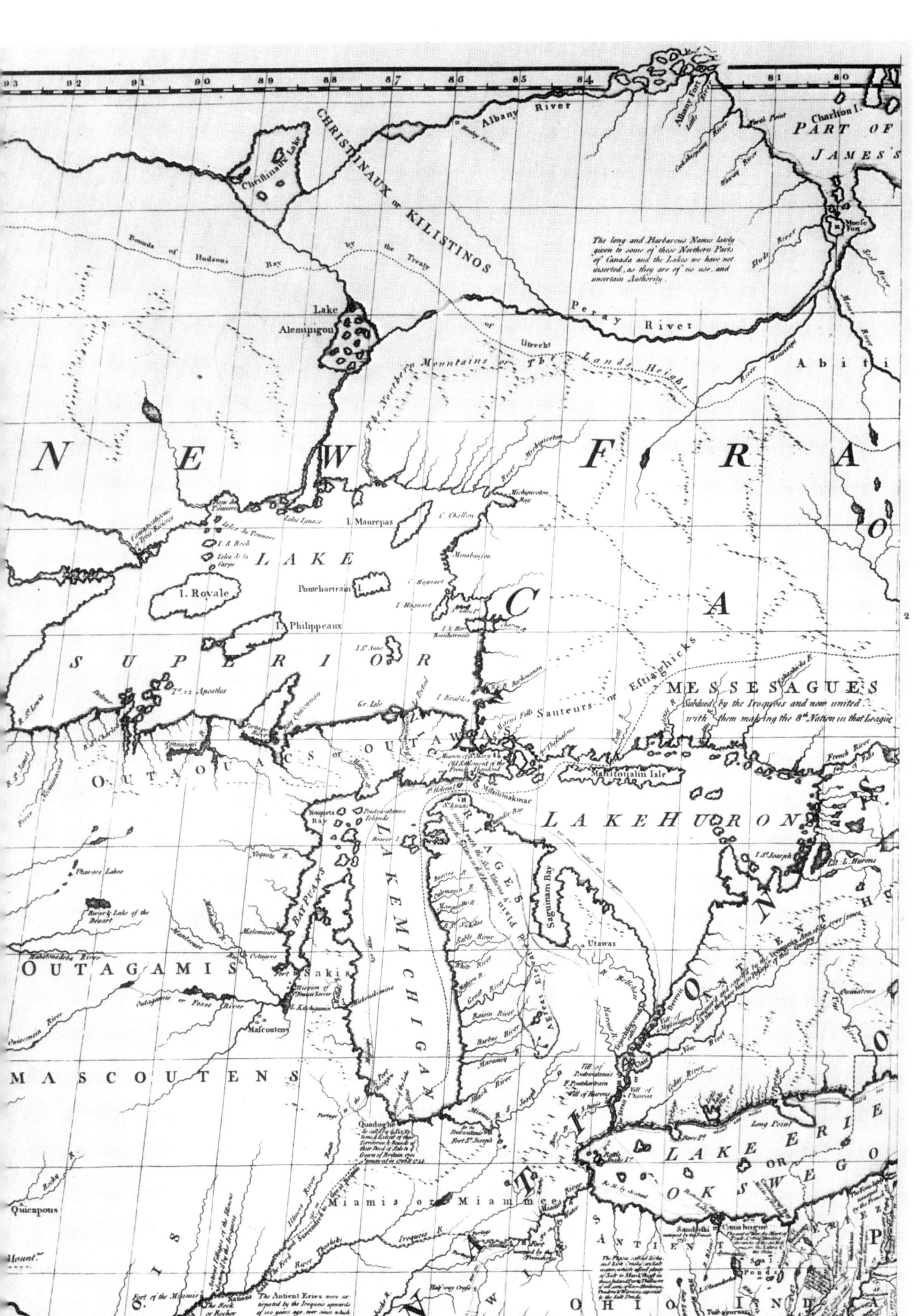

geometrischem Wege gelegen, sondern sie betonten den visuellen Endeffekt im Sinne des „coup d'oeil militaire" und lehnten die genaueren kontinentalen Methoden ab. Aus dieser Einstellung entwickelte sich um 1830 die typisch britische Weise der Militärgeländezeichnung, die, ausgeführt mit Pinsel, in Tinte oder als Aquarell, das Gegenteil des strengen Vorschriften unterworfenen mechanischen, doch bewährten kontinentalen Systems der Reliefdarstellung darstellt; ein einheitliches und ästhetisch wirkendes Kartenbild konnte selbstverständlich mit diesem System nicht erreicht werden.

Frankreich hatte der Welt das erste Beispiel einer staatlichen Kartographie großen Stils vorgeführt; nun eröffnete es 1818 wiederum eine neue Epoche der Aufnahmearbeiten. Als Maßstab der neuen Aufnahmen wurde das Verhältnis 1 : 40 000, für wichtigere Gebiete 1 : 20 000 bestimmt. Die Landvermessungen waren 1866 abgeschlossen und dienten noch lange Zeit als Basis der meisten späteren französischen Karten. Diese ließen in der 1. Hälfte des 19. Jhs. eine einheitliche Form der Reliefdarstellung vermissen, erst in den 50er Jahren konnte eine gewisse Homogenität erzielt werden. Die Verknüpfung der amtlichen Kartographie mit der Nationalverteidigung bedeutete die Verschiebung der Kartenherstellung auf die militärische Führung, während der Akademie die Beschäftigung mit rein wissenschaftlichen Fragen verblieb. Eines der gelungensten Kartenwerke des *Service géographique de l'armée* — so war 1877 das Dépôt de la Guerre umbenannt worden — bildet die *Carte de France* 1 : 80 000. Die übersichtliche und in Einzelheiten sorgfältig ausgeführte Karte stellt die Landschaft mittels einer steilen Schraffur dar, was in der Darstellung gebirgigen Terrains zu einer stark schematischen Zeichnung der Felsen und zu groben Verzerrungen der Gletscher führte. In den hochgelegenen bzw. bewaldeten Geländeabschnitten verlor die Karte nicht selten an Klarheit und Wahrheitstreue, überdies war die Beschriftung in den dunklen schraffierten Partien der lithographischen oder zinkographischen Ausgabe schwer zu entziffern, während an den Grenzen der von verschiedenen Topographen behandelten Aufnahmeabschnitte die unterschiedlichen Handschriften und der jeweilige Verallgemeinerungsgrad leicht zu erkennen waren. Der unleugbare Vorzug der Frankreichkarte vor der Cassinischen ist in dem reichen Inhalt der Siedlungsräume zu sehen. Die *Carte de France* bildete die Grundlage für die Herstellung und Veröffentlichung weiterer französischer Kartenwerke des 19. Jahrhunderts: die *Carte de la frontière des Alpes* 1 : 80 000 (1875–1878) und 1 : 320 000 (vollendet 1883), die *Carte de France* 1 : 320 000 (ab 1838 Carte génerale), die *Carte de France et des Frontières* 1 : 200 000 (1883–1895), die *Carte de France* 1 : 500 000 (1871–1893) u. a.

Um die Mitte des 19. Jhs. gab es mehrere ausgezeichnete Kartenwerke in Europa, doch war keines darunter, das äußerst exakte Messung mit meisterhafter Zeichnung und künstlerischer Gravur so glücklich verbunden hätte, wie es der *Dufourkarte* der Eidgenossenschaft gelungen war. Die prächtige, anschauliche und allgemeinverständliche Karte, die den Namen dieses Bahnbrechers der Gebirgsaufnahme trägt, galt seinerzeit als künstlerische Spitzenleistung. Dufours 25blättriges Kartenwerk ist in der Tat die bewundernswerteste Tat jener kartographischen Epoche, denn neben ihrer damals

67
John Mitchell, „A map of the British Colonies in North America",
Kartenausschnitt, London 1755,
Kupferstich

Theil des Leutmeritzer Crey.

Priston

Böh. Neudorf

Karwitz

Hierbih

Wiklitz

auf der Bihane

Schönfeld

Kauditz

Hollowih

Raudneh

Auschine

Deutsch Neudörfl

Politsch

Jonsdorf

Sarditz

Schebnitz

Aussig

Kleische

Tuberling

Predlitz

Türmitz

Rabeney Wald

Habrzin

Staditz

Linay

Tschoga

Prosanken

Habrowa

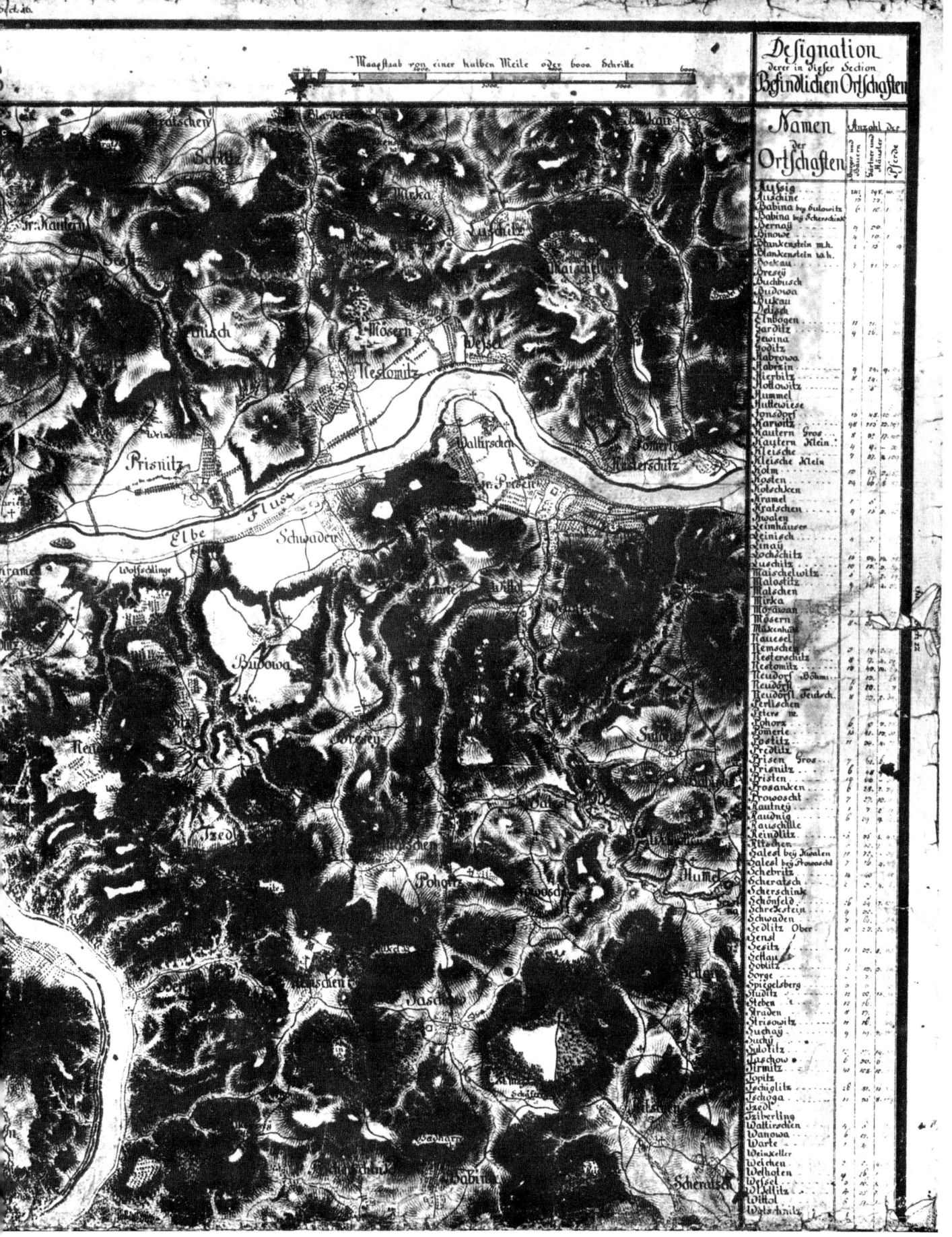

Sect. 16.

Maaßstab von einer halben Meile oder 6000 Schritte

3000   3000   6000

(Map labels, partially legible:) Kratschen, Sobta, Mutschel, Tschischkate, Mareschitz, Fr. Kautau, Mösern, Weyda, Nestomitz, Pomerte, Priesnitz, Prisnitz, Elbe Flus, Waltirschen, Gr. Priesen, Halterschitz, Schwaden, Wolfschlinge, Kramel, Reu, Budowa, Wilha, Treßeys, Suda, Sed, Pohora, Mooseh, Hummel, Maltschen, Pohora, Dascha, Schafleu, Sabina, Schemitz

Designation
derer in dieser Section
Befindlichen Ortschaften

Namen der Ortschaften	Bürger und Bauern	Gärtner und Häusler	Pferde
Aussig	141	145	
Auschine	10	12	
Babina bey Sulowitz	6	10	
Babina bey Scherschink			
Bernay	9	10	
Binowe	4	10	
Blankenstein m.h.	2	12	4
Blankenstein säh.			
Boskau	3	11	2
Bresey			
Buchbusch			
Budowa			
Bukau			
Delisch			
Enbogen	11	71	
Jarditz	9	26	
Jewina			
Joditz			
Habrowa			
Habrzin	9	24	9
Hierbitz	4	14	
Hottowitz	2	8	
Hummel			
Huttewiese			
Jonsdorf	15	48	10
Karwitz	98	105	22
Kautern Gros	6	25	17
Kautern Klein	4	10	1
Kleische	4	82	8
Kleische Klein			
Kolm	10	26	
Kosten	24	40	
Kotschken			
Kramel			
Kratschen	9	12	
Kwalen			
Leimhäuser			
Leinisch			
Linay	4		
Lochschitz	10	44	
Luschitz	10	12	
Maischelwitz	9	10	
Malositz		12	
Malschen			
Mirka			
Morawan			
Mösern	8	16	
Maxenhäu			
Hausel			
Nemschen			
Nesteschitz	8	12	
Nestomitz	10	40	
Neudorf Böhm.			
Neudorf	2	20	
Neudörfl Teutsch	11	2	
Nerlischen			
Peters vz.			
Pohora	6	2	
Pomerte	4	42	
Poditz	11	20	
Predlitz			
Priesen Gros	9	1	
Prisnitz	6	46	
Pristen	19		
Prosanken	2	28	
Prowoscht	7	35	
Rautney	7	10	
Raudnig			
Rauschille	6	14	
Reindlitz	3	25	
Ritschen	4	8	
Salesl bey Kwalen	11	12	
Salesl bey Prowoscht	7	16	
Schebritz	4	40	
Scheratsch	10	40	
Scherschink	4	4	
Schönfeld	6	24	
Schreckstein	9	60	
Schwaden	4	80	
Sedlitz Ober			
Sensl			
Sesitz	11	20	
Settau			
Sobitz	2	10	
Sorge			
Spigelsberg	2		
Studitz	10	10	
Steben	10	16	
Araden			
Strisowitz	4	16	
Suchay	9	10	
Suchy			
Sulotitz	6	14	
Taschow	4	20	
Tirmitz	10	108	
Topitz			
Tschiglitz	18	32	
Tschoga	11	8	
Tsed			
Teiberling			
Waltirschen			
Wanowa	6		
Warte	4		
Weinkeller			
Welchen			
Welhoten	3	16	
Weßel	3		
Wedlitz	4	8	
Wittol			
Wolschnitz	6		

erreichbaren Präzision überragt die Karte alle anderen an künstlerischer Ausführung und exakter Zeichnung des gegliederten Geländes. Die unter Schrägbeleuchtung geführte weltbekannte Schraffur ergab zwar ein prägnantes Reliefbild, konnte jedoch den geometrischen Reliefaspekt nur unvollkommen erfassen. Eine Reaktion auf die Dufourkarte, deren einfarbige, in Kupfer gestochene Originalfassung später in drei Farben herauskam, stellen die Karten des topographischem Atlas von Siegfried vor. Das Gelände war auf ihnen nur in Höhenlinien modelliert, da in seinen Tagen geometrische Auffassung alles bedeutete und Schönheit oder Anschaulichkeit Argwohn erregten und mit der „Wissenschaftlichkeit" einer Karte unvereinbar schienen.

Daß die mit hohen ästhetischen Ansprüchen an das Kartenbild verbundene Methode der Reliefdarstellung Dufours bewahrt worden ist, verdankt die Kartographie den folgenden Generationen, die erkannten und bewiesen, daß Geometrie und zeichnerische Anschaulichkeit einander nicht ausschließlich, sondern daß sie erst gemeinsam ein vollkommenes Kartenbild ergeben. Diese Grundsätze trugen in den neuen Kartenwerken des 20. Jahrhunderts schließlich den Sieg davon.

68 ←
„Theil des Leutmeritzer Creyses"
(ca. 1764–1768). Teil eines
Kartenblatts der sog. Josephinischen
Aufnahme der Habsburger Länder
1763–1785

Fragen
der Kartentechnik
der Neuzeit und Gegenwart

Methoden der Reliefdarstellung und anderer Komponenten des Landschaftsbildes. Erste Belege der thematischen Kartographie

Die in der 2. Hälfte des 18. Jh. in den meisten Ländern Europas zunehmende Präzision und Verläßlichkeit der neuen Aufnahmen brachte nicht wenige Probleme mit sich. Mit dem Übergang zu einem grundrißgetreuen Landschaftsbild sah sich der Kartograph vor die Aufgabe einer genauen und klaren Wiedergabe der Höhenverhältnisse gestellt. Die wirklichkeitsnahe Darstellung der Vertikalgliederung des Geländes hatte ja den Kartenzeichnern seit jeher viel mehr Kopfzerbrechen bereitet als die Wiedergabe der horizontalen Gliederung.

Jahrhundertelang hatte man Bodenerhebungen nach der Hügelmethode gezeichnet, d. h. in der Schrägansicht. Im 16. und zu Beginn des 17. Jh. richtete man sich dabei vorwiegend nach der für Militärzwecke üblichen Methode der Kavalierperspektive (der Ausdruck stammt aus der Festungstechnik). Bei dieser wurden Lage, Gewässernetz und Verbindungen grundrißgetreu aufgetragen, während Höhepunkte, Bergzüge und Ortschaften in Seiten- oder Schrägansicht von oben, parallellaufend unter einem Winkel von 45° in einer Richtung so projiziert wurden, wie sich die Landschaft dem Blick des Beobachters vom ,,Kavalier'', dem Festungswerk auf der obersten Bastion, darbot. Von den Seiten- und Schrägansichten eines Geländereliefs, aus denen sich die späteren Panoramazeichnungen sowie die noch heute beliebten Vogelschaukarten entwickelten, war es nur mehr ein Schritt zu grundrißgetreuen Reliefdarstellungen.

Aber zur Bewältigung dieser neuen Aufgabe, das Relief einer Landschaft sénkrecht von oben richtig zu erkennen, fehlte es den Kartenzeichnern einerseits an Beobachtungsmöglichkeiten, andererseits an Erfahrungen. Jeder derartige Versuch war eine wahre Pioniertat. Eine der frühesten Reliefkarten stammt von dem Schweizer Kartographen Hans Conrad Gyger. Auf seiner 1667 gemalten Karte des Kantons Zürich gelang es ihm, das gesamte Relief grundrißgetreu zu veranschaulichen, die Geländeformen plastisch herauszuarbeiten und in naturgetreuen Farben und Schattierungen wiederzugeben. Gygers Ölgemälde ist mit seiner feinen Reliefdarstellung bis in die Mitte des 18. Jh. eine einmalige Tat geblieben, es fand lange Zeit keine Nachahmer und wurde auch nicht kopiert, da die zeitgenössischen Reproduktionsmittel, ausgenommen der Holzschnitt, keine Vervielfältigung farbiger Karten gestatten. Der damals ver-

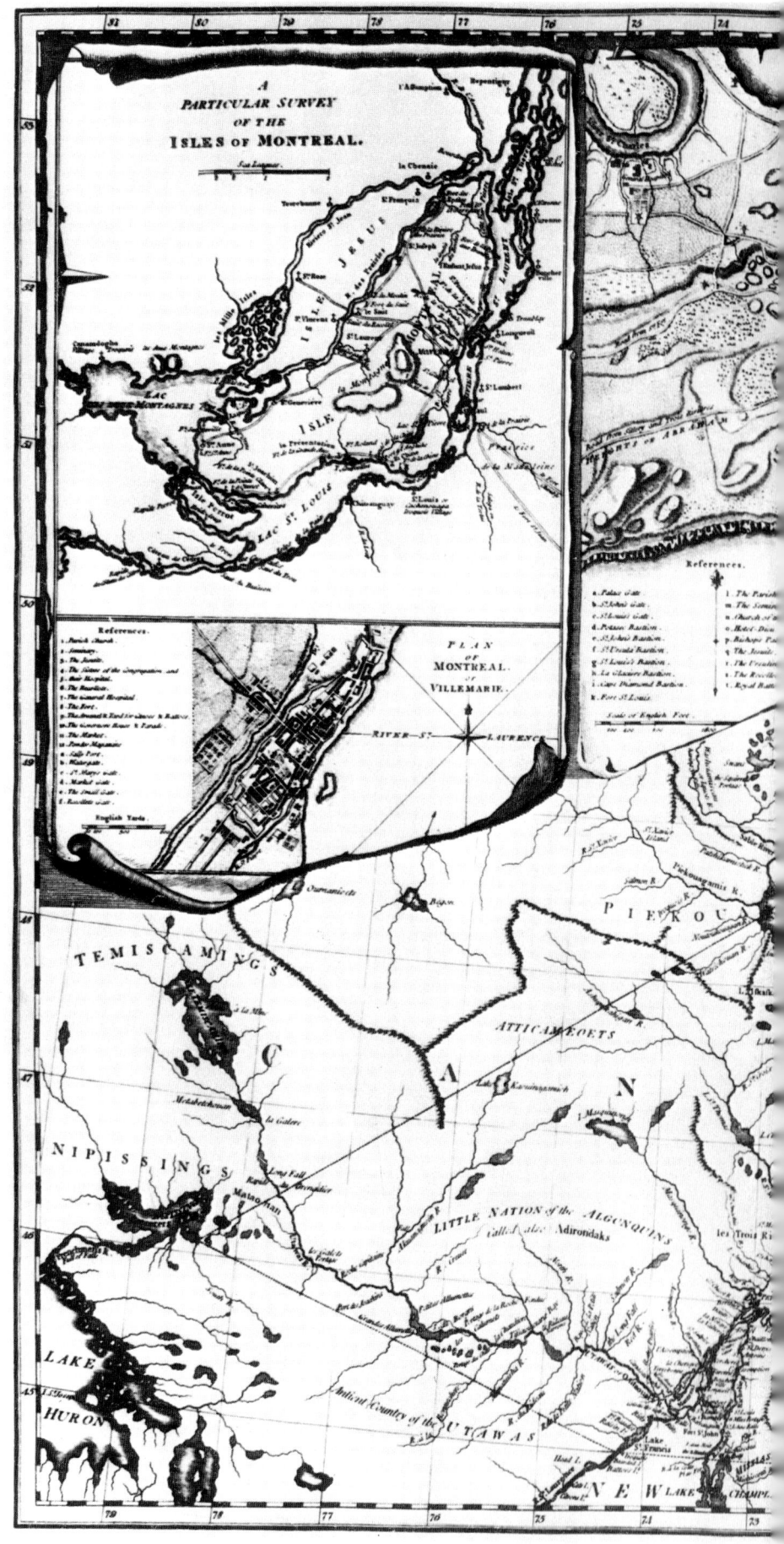

69
„A New Map of the Province of Quebec.. ". Von Kapitän Carver und weiteren Offizieren Seiner Majestät verfertigte Karte. Aus Thomas Jefferys` „American Atlas", London 1776

breite Kupferdruck erlaubte nur einfarbige Abdrucke, und so mußte man nach anderen Möglichkeiten einer wahrheitsgetreuen Reliefdarstellung suchen.

Die übliche Methode, Kupferstiche nachträglich mit der Hand zu schattieren, war weder exakt noch traf sie das Wesentliche. Das gilt auch für die 1796–1802 hergestellten sechzehn Blätter des Kupferstichatlas der Schweiz von *J. H. Weiß* und *J. E. Müller*, in denen das Gelände noch mit unechten, d. h. der bloßen Schattierung dienenden Schraffen ausgeführt ist. Erst mit dem sächsischen Major *Johann Georg Lehmann* (1765–1811) erhielten die bisher als zeichnerisches Hilfsmittel benutzten Schraffen eine völlig neue Aufgabe. Lehmann benutzte sie als Projektionen eines Teils der Fallinie so, daß sie die wirkliche Neigung der topographischen Fläche angaben. Mit der neunstufigen Skala von Schraffenstärke und Schraffendichte konnte er die verschiedene Stärke des bei schrägem Einfall reflektierten Lichts wiedergeben. Bei einem Böschungswinkel von 45° wird das Licht waagerecht reflektiert und die Fläche erscheint schwarz. Lehmanns Skala richtete sich also nach dem Prinzip „je steiler, desto dunkler". Der gleiche Effekt einer Betonung der Plastizität des Geländes wurde später mit weniger mühsamen Methoden erreicht: Hänge wurden nach der leicht modifizierten Lehmannschen oder anderen Skalen in grauen Tönen laviert. Das war in den Jahren, da Schraffen nicht mehr der Wiedergabe des Böschungswinkels sondern der Schattierung der topographischen Fläche dienten. Bei schräg — in der Regel unter einem Winkel von 45° von Nordwesten — einfallendem Licht wurden besonders auf den Schweizer Karten starke Wirkungen erzielt. Um die Mitte des 19. Jhs. kommt diese Darstellungsweise auf der vorbildlichen Dufourkarte zur Anwendung. Eine weitere Entwicklungsstufe erreichten die Schweizer Kartenschraffuren und -schattierungen mit ihrer Mehrfarbigkeit. Für höhere Lagen benutzte man hellere, wärmere Farbtöne, für tiefere Lagen dunklere; beschattete Orte wurden in tiefdunklen und kalten Farben wiedergegeben.

Die Schraffur war ein Kind der Zeit, in der sie entstand, und der Umwelt, in der sie sich entwickelte, nämlich der Militärkartographie. Auch wenn diese zeichnerisch sehr anspruchsvolle Methode mehrere Jahrzehnte bei der Reliefdarstellung auf topographischen Militärkarten vorherrschend war, mußte sie bei gewissen Kartenarten bald einer neuen Darstellungsweise weichen — der mittels Höhenlinien (Isohypsen). Das gilt besonders für Fälle, in denen die Interessen spezieller Kartenbenutzer berücksichtigt wurden, d. h. bei Karten von Flußläufen, Flußmündungen, Küsten und Häfen. Eine der ersten Karten mit Höhenlinien, in diesem Fall mit negativer Kotierung, den Tiefenlinien (später Isobathen genannt, d. h. Linien gleicher Wassertiefe), ist die handgezeichnete Karte des Rotterdamer Geometers *Pierre Ancelin* (1653–1720) von 1697, auf der er mit Isobathen im Abstand von 5 Zoll die Maasmündung darstellte. Ähnliche Karten sind der Leidener Kupferdruck des Wasserbauingenieurs *Nicolaas Samuel Cruquius* (1678–1754) mit den Isobathen des Merwedeflusses (1733), sowie die Karte des Ärmelkanals, die ihr Autor, der Pariser Kartograph Philippe Buache, vier Jahre darauf im Manuskript vorlegte und 1756 als *Carte physique et profil du Canal de la Manche et d'une partie de la Mer du Nord* herausgab.

70
Der Vierwaldstädtersee und Umgebung. Kartenausschnitt der Karte von J. H. Weiß und J. E. Müller in J. R. Meyers „Atlas de la Suisse", 1786–1802. Geländedarstellung in unechten Schraffen

Auf Festlandskarten kamen die Höhenlinien erst viel später zu dauernder Anwendung. Anfangs scheiterten derartige Versuche am Mangel an Höhenangaben; man begann ja erst in der 1. Hälfte des 19. Jh. mit systematischen Höhenmessungen im Verhältnis zum Meeresspiegel. Den theoretischen Grundstein zur Anwendung von Höhenlinien legte 1771 der Franzose *Du Carla* mit seiner Karte einer imaginären Insel, i. J. 1791 aber konnte sein Landsmann *Jean Louis Dupain-Triel* (1722–1805) der Pariser Akademie bereits eine Frankreichkarte mit Höhenlinien im Abstand von 10 Toise als Teil seiner theoretischen Untersuchung vorlegen. Die praktische Verwendung der ersten die Einführung der Geländedarstellung in Höhenlinien betreffenden Vorschläge blieb weiterhin auf kleine Gebietskarten beschränkt, für die die Gewinnung genügend zahlreicher Höhenangaben leichter war.

Aber immer aufs neue versuchte man, diese Methode auch in Übersichtskarten großräumiger Territorien anzuwenden. Frankreich behielt auch darin seine führende Stellung; die Pariser Geographische Gesellschaft schrieb 1823 und später noch zweimal einen Preis für eine Höhenlinienkarte Europas aus. Zwar wurde der Preis nicht vergeben, doch das Preisausschreiben spornte die Dänen *J. H. Bredsdorff* und *O. N. Olsen* zu ihrer geographischen Skizze an, die dann der Europakarte 1 : 6 640 000 im physikalisch-geographischen Berghaus-Atlas als Vorlage diente. Auf ihr ist die Gebirgsschraffur größtenteils weggelassen, als ob die dichteren Höhenlinien ihre Funktion übernehmen sollten; der Grund jedoch scheint die Befürchtung gewesen zu sein, die Karte könnte überfüllt werden. Aber weder mit der einen noch der anderen Methode konnten die Kartographen noch vor hundert Jahren der Vertikalgliederung oder Detailmodellierung gerecht werden, und selbst die Berghaus-Karte ist im 9. Heft (1842) auf Schwierigkeiten bei der Verbindung der traditionellen Schraffur mit den damals neuen Höhenlinien gestoßen. Die Bedeutung der letzteren stieg zwar sowohl in ihrer selbständigen Benutzung als auch in der Verbindung mit Schraffen ununterbrochen, doch war die Suche nach einer harmonischen Verbindung aller Mittel der Reliefdarstellung noch lange nicht zu Ende.

Seit den 40er und 50er Jahren kam dank der verbesserten Lithographie und des Farbdrucks die Färbung der Höhenlinienflächen auf. Es entstanden die farbigen Karten der Höhenlinienflächen, in denen abwechselnd Kontrastfarben benutzt wurden. Um Höhenunterschiede ebenso plastisch darstellen zu können, wie es der Lehmannschen Schraffur bei Böschungen gelungen war, wurden farbige Karten entweder nach dem Grundsatz „je höher, desto dunkler" oder nach der Formel „je höher, desto heller" hergestellt und verbreitet. Der österreichische Kartograph *Franz Hauslab* (1798–1883) vertrat ersteren und arbeitete seine ein- oder mehrfarbigen Kartenbilder nach einer dem Lehmannschen Prinzip „Je steiler, desto dunkler" analogen Methode aus. Zu den Bahnbrechern dieser Darstellungsweise gehört auch der tschechische Kartograph *Karel Kořistka* (1825–1906), der versuchte, die Farbskala mit den nach biogeographischen und kulturgeographischen Landschaftsmerkmalen gewählten Regionalfarben zu verbinden. Das entgegengesetzte Verfahren, nach dem Motto „je höher, desto heller", wandten der Alpenkartograph *Karl Sonklar* (1816–1885) sowie der Berliner Militärkartograph *Th. E. Sydow* (1812

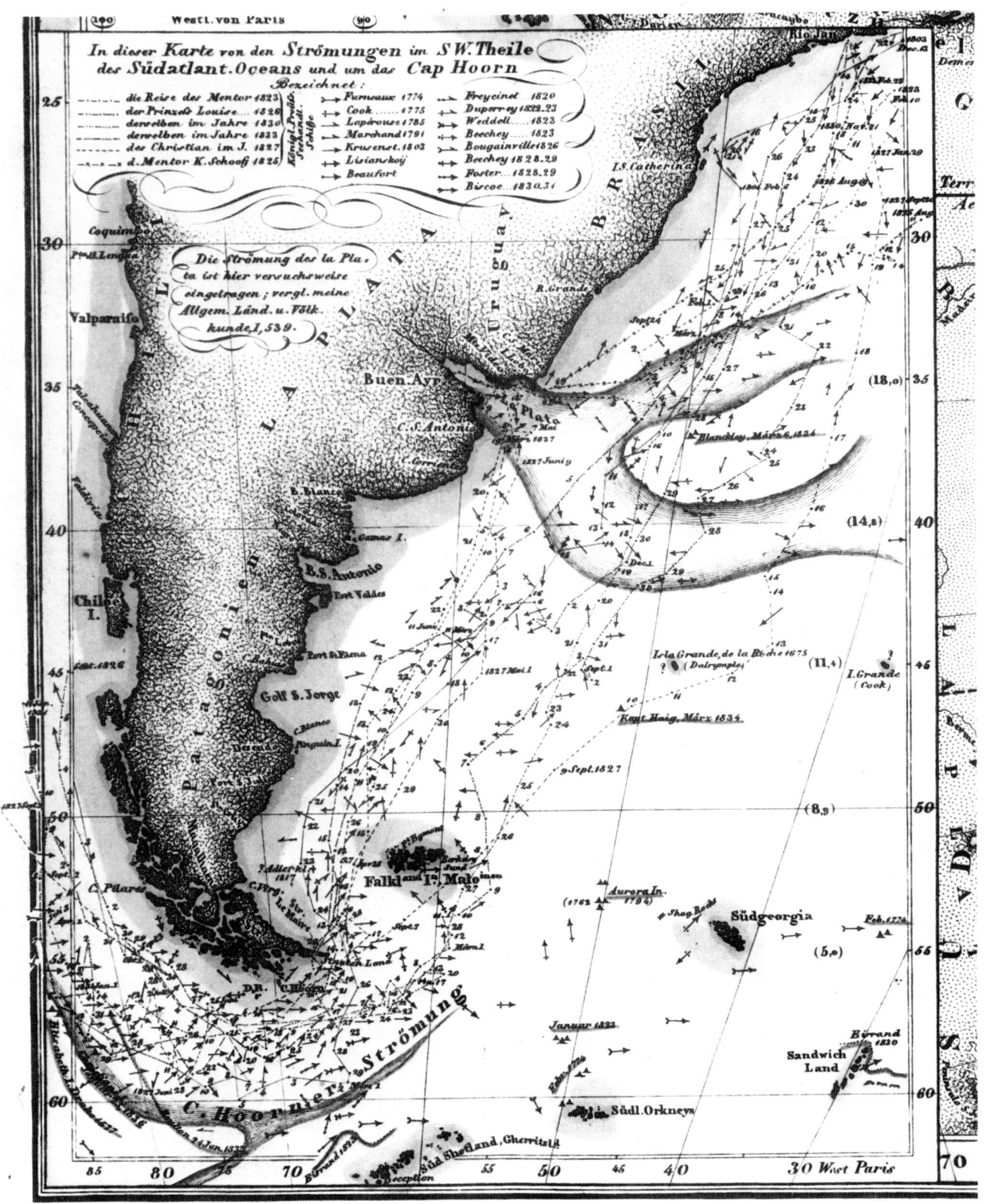

71
Kartenteil der Meeresströmungen des
Atlantischen Ozeans in
Berghausens Physikalischem Atlas,
Gotha 1838–1845, Heft 1, Januar 1838

bis 1873) an. So entstanden Kartenproben, auf denen neben neuen Darstellungsweisen des Geländereliefs auch neue Wege zu einer vollkommeneren räumlichen Gesamtwirkung gesucht wurden. In diesem Sinne sind die Arbeiten *Karl Peuckers* (1859–1940) und *Arthur von Hübls* (1852–1932) von Bedeutung; beide sind Vertreter der ausgezeichneten Wiener Schule an der Wende des 19. Jahrhunderts. Beide sahen eine Lösung in der Anpassung des farbigen Kartenbilds an die physiologischen Eigenschaften des menschlichen Auges, d. h. sie nutzen die unterschiedliche Wahrnehmung der einzelnen Farben der Spektralreihe.

Schließlich aber gelang es keinem dieser mehr oder weniger theoretischen Experimente, den Vorrang zu behaupten oder dauernd in die Praxis einzugehen. Anders verlief die Entwicklung in der Schweiz, wo die Suche nach neuen Wegen der Reliefdarstellung beheimatet war. Dort legte man vor allem Wert auf Natürlichkeit und Deutlichkeit der Geländedarstellung. Glänzende Erfolge waren seit den 70er Jahren von *Rudolf Leuzinger* (1826–1896), *Xaver Imfeld* (1853–1909), *Fridolin Becker* (1854–1922), *Hermann Kümmerly* (1857–1905) und anderen Schöpfern von Reliefkarten erreicht worden; sie verstanden es, Höhenlinien, Felsschraffen und plastisch wirkende Schattierungen bei seitlich einfallendem Licht harmonisch zu verbinden, arbeiteten mit natürlichen Farbtönen und machten sich die Erfahrungen mit der Luftperspektive zu eigen. Ihr echtes Künstlertalent hat sie berühmt gemacht. In unserem Jahrhundert hat der Züricher Kartograph *Eduard Imhof* durch Vereinfachung, Hervorhebung oder Unterdrückung der einzelnen graphischen Ausdrucksmittel ein harmonisches und vollkommenes Zusammenspiel aller Reliefkomponenten erzielt und bewiesen, daß Kunst und Wissenschaft, sofern sie ein ander nicht überbieten wollen, im Kartenbild nebeneinander zur schönsten Geltung kommen können.

Der rasche Aufstieg der wissenschaftlichen Geographie und der verwandten, insbesondere der naturwissenschaftlichen Fächer hat ferner im 19. Jahrhundert das auf einen eng thematischen Inhalt beschränkte Kartenschaffen angeregt. Auf selbständigen, zu Sonderzwecken erarbeiteten Karten treten astronomische, magnetische und geologische Angaben hervor, werden die Ergebnisse von Volkszählungen, ethnographische, sprachliche und wirtschaftliche Verhältnisse aufgezeichnet. Die Situationszeichnung dient auf derartigen Karten nur der Orientierung und pflegt unterdrückt oder auf ein Mindestmaß herabgesetzt zu sein. Auch wenn die wahre Entwicklung thematischer Aufnahmen erst im 20. Jahrhundert einsetzt, so darf nicht übersehen werden, daß bereits die Karten des 16. und 17. Jahrhunderts gar nicht selten Informationen über religiöse Verhältnisse und historische Veränderungen, Symbole wichtiger Schlachten sowie Belege über Berg- und Waldbau, Straßennetz u. a. gebracht haben. Damals waren es freilich noch unzusammenhängende Angaben, die keine so große Bedeutung hatten wie ein Jahrhundert später, da man die Ergebnisse gründlicher naturwissenschaftlicher Forschungen und statistischer Untersuchungen in die Karten einzuzeichnen begann. Aus dem beginnenden 18. Jahrhundert sind mehrere erhalten geblieben, die als erste Karten mit streng thematischem Inhalt betrachtet werden dürfen.

Zu den ältesten Überlieferungen thematischer Karten gehören

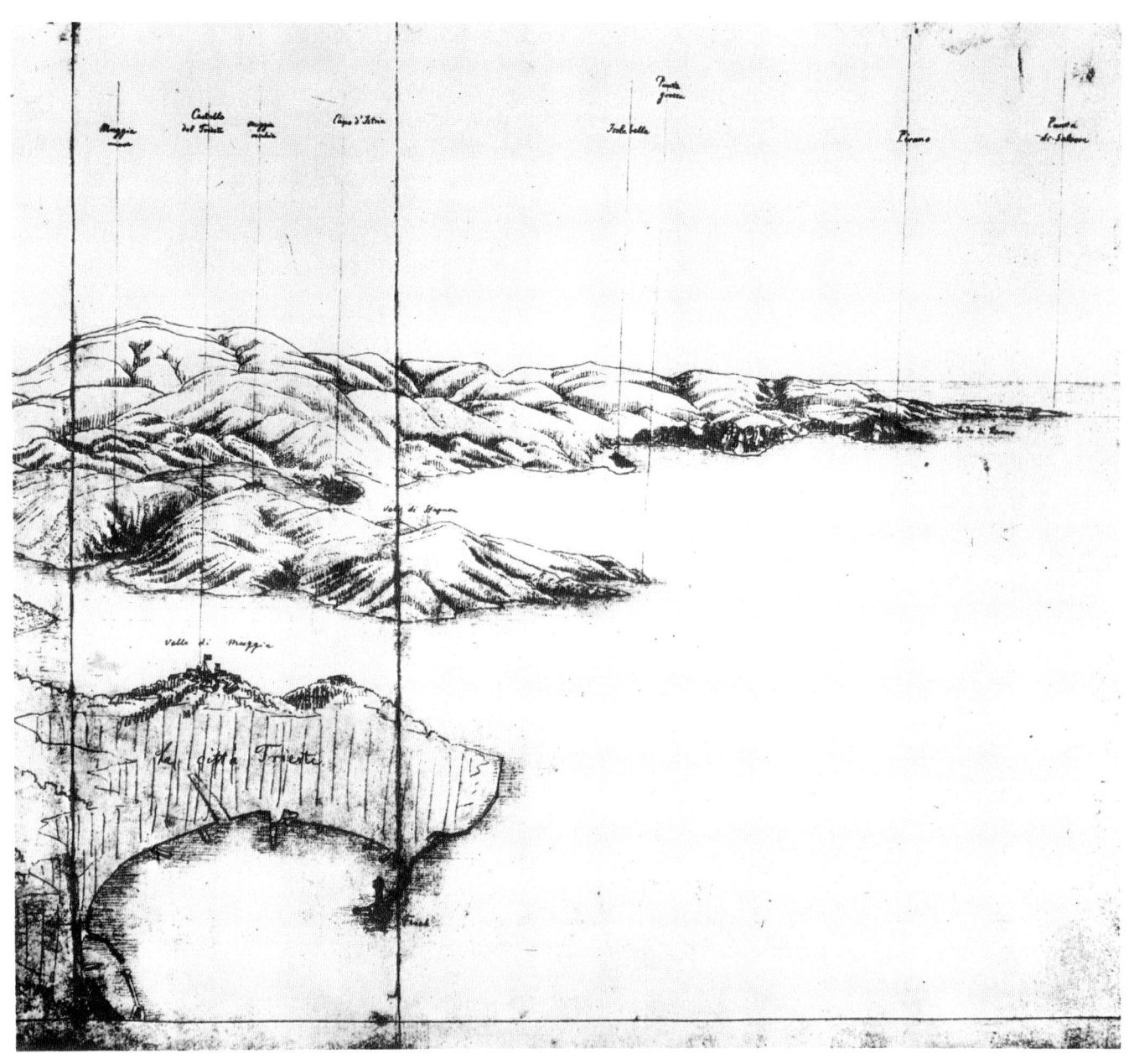

73
Ansicht von Istrien über den Golf von Triest, Teil einer Ansichtszeichnung von Karel Kořistka.
Bleistiftzeichnung 1851

die mit der Einzeichnung der *Isogonen* — d. s. die Verbindungslinien (Isolinien) zwischen Orten gleicher magnetischer Deklination —, die der englische Astronom *Edmund Halley* (1656–1742) aufgrund von Beobachtungen an verschiedenen Stellen der Ozeane zusammengestellt hat. Seine erste Isogonenkarte wurde 1701 in der Zeitschrift Endeavour veröffentlicht und galt für den Atlantischen Ozean, während die zweite, von 1702, die *Nova et accuratissima totius orbis tabula nautica variationum magneticarum* Isogonen in weltweitem Maßstab enthielt. Halleys Karten fanden große Bewunderung und wurden in England sowie im Ausland kopiert. Zwanzig Jahre später, 1721, benutzte sein Landsmann *William Whiston* ähnliche Verbindungslinien bei der Einzeichnung der *Isoklinen*, der Linien gleicher magnetischer Inklination, auf seiner Karte von Südengland und Nordfrankreich. Karten mit der Einzeichnung der *Isodynamen*,

Linien vom gleichen Intensitätswert des magnetischen Feldes, sind jüngeren Datums, die erste derartige Karte stammt von dem norwegischen Physiker *Christopher Hansteen* (1784–1873); seine Isodynamenkarte Nordwesteuropas erschien 1825.

Gleichfalls in England kamen die ersten geologischen Karten, damals eher geognostische (mineral-petrographische) Karten auf. Für die Grafschaft Kent veröffentlichte *Christopher Packe* (1687–1749) eine solche (1743), während das bekanntere 15blättrige Kartenwerk *A map of five miles around the city of Bath* von *William Smith* (1769 bis 1839) erst i. J. 1815 publiziert wurde. Inzwischen hatte auf dem Kontinent *Jean Etienne Guéttard* 1746 seine mineralogische Frankreichkarte herausgegeben, in Sachsen führte *Abraham Werner* i. d. J. 1799 bis 1806 ähnliche Aufnahmen durch, und *Friedrich Gottlob Glaeser* (1749–1804) griff 1774 bei seinen geologischen Aufnahmen auch zur Benutzung von Farben. Die 42 Blätter enthaltende geognostische Karte von *Leopold von Buch* aus dem Jahre 1826 ist ein Beitrag zur Kenntnis der geologischen Verhältnisse Deutschlands. Die ersten seismologischen Karten brachten, ebenso wie die geologischen, wissenschaftlich wertvolle Informationen über Bau und Stabilität der Erdrinde; sie erschienen nach der Katastrophe von Lissabon 1755 und waren lange Zeit mit den vulkanologischen verbunden.

Für geophysikalische und thematische Aufnahmen überhaupt stellen die Forschungen *Alexander von Humboldts* (1769–1859) einen Meilenstein dar. Die Ergebnisse seiner Forschungsreisen sind in seinen Karten von 1803, 1804, 1808–1812 und vor allem in der ersten Isothermenkarte von 1817 festgehalten. Seit Humboldts' Tagen werden mit Hilfe von Isolinien nicht nur Orte mit gleicher Temperatur auf dem Kartenbild verbunden, sondern auch, in Form von Isobaren, Orte gleichen Luftdrucks, wie sie das dritte Heft des Berghaus-Atlas 1839 erstmals aufweist. Um die Jahrhundertmitte kam in London die erste Wetterkarte heraus (1849), und bald darauf, 1852, wurden mittels der *Isanomalen* auch die gleichen Abweichungen von einem bestimmten Normalwert eingezeichnet. Eine selbständige Entwicklung nahmen die Karten mit physikalisch-geographischem Inhalt. Nach der Veröffentlichung der phänologischen Karte des schwedischen Gelehrten *Carl von Linné* (1707–1778) um 1750, die die Lebensäußerungen der Pflanzenwelt in Zusammenhang mit den klimatischen Verhältnissen untersucht, gibt an der Jahrhundertwende der Dresdner Botaniker *Oscar Drude* Richtlinien für phytogeographische Karten, während die seit 1777 bekannten zoogeographischen Karten des deutschen Naturwissenschaftlers *Eberhard August Wilhelm von Zimmermann* (1743–1815) und anderer mehr Sache der eigentlichen Zoologie, weniger der Geographie selbst geblieben sind.

Seit dem beginnenden 18. Jahrhundert war man, ähnlich wie bei den thematischen Karten naturwissenschaftlicher Richtung, um die kartographische Darstellung gesellschaftswissenschaftlicher Verhältnisse bemüht. Dank der Homannschen Atlanten, der späteren Kartenwerke der Franzosen *J. B. Bourguignon* (1763) und *A. Lamey* (1765) und der Deutschen *Ch. G. Reichard* (1818–1827) und *K. von Spruner* (1837–1852) sind Editionen von historischen Karten und Atlanten eine Selbstverständlichkeit geworden. 1731 wurden erstmals archäologische Funde in selbständige Karten eingetragen, aus der Zeit um 1750 stammt die farbige Sprachenkarte Europas von *L. ten Katen*, einem Kartographen gleichfalls deutscher Herkunft. In Farbe wurden ferner die ethnographischen Karten herausgegeben; eine der ersten, die Europakarte von 1821, ist das Werk des Berliner Kartographen *F. A. von Etzel* (1783–1850). Eine selbständige thematische Kartengruppe stellen die Aufnahmeergebnisse verschiedener Wirtschaftskomponenten vor, deren erste Anfänge in den angedeuteten Angaben auf den Karten der russischen Kartographen *S. V. Remezow* und *M. V. Lomonossow* (1701 bzw. 1761) zu suchen sind.

Mit den neuen Bestrebungen nach harmonischem Kartenausdruck und der Herstellung der ersten thematischen Karten endete die alte Rivalität zweier Auffassungen — der künstlerischen und der wissenschaftlichen. Die Landkarte dient nicht mehr der Repräsentation absoluter Macht oder persönlichen Besitzes, sondern ist unentbehrliches Hilfsmittel des modernen Menschen. Das Kartenschaffen ist zu einer eng begrenzten und einseitig betriebenen Tätigkeit, zur Sache immer engerer und strenger spezialisierter Fachkreise geworden. Methodisch gesehen ist dieser Weg ungemein erfolgreich, künstlerisches Talent aber ist professioneller Routine, die Kartenkunst der Kartentechnik gewichen.

74 →
Grindelwald und Umgebung auf der
,,Topographischen Karte der Schweiz
1 : 100 000'' von Guilaume-Henri
Dufour. 1864. Geländedarstellung in
schattierten Schraffen bei schrägen
Lichteinfall von Nordwesten

SAMMLER-
VADEMEKUM

Alte Landkarten als Sammlerobjekte

Die wichtigsten internationalen Karten-sammlungen und Institutionen

Der Geschichte der Kartographie sind in diesem Buch zehn Kapitel gewidmet und ihre Entwicklungsgeschichte in den Hauptzügen bis ans Ende des 19. Jahrhunderts verfolgt worden. Nun wollen wir uns mit den notwendigsten Informationen über kartographische Biblic-graphie und Dokumentation direkt an Sammler und Liebhaber alter Karten wenden. In erster Linie möchten wir sie auf gewisse Maß-nahmen und Verfahren aufmerksam machen, die der Erhaltung alter Karten für künftige Generationen sowie ihrer Aufgabe als Nach-schlagewerk dienen.

Neben den Anliegen wissenschaftlicher Institutionen und privater Kartensammler ist vor allem die Funktion der speziellen Karten-sammlungen ausschlaggebend. Bei ihrer Anlegung ging man von dem Grundsatz aus, daß eine Landkarte nicht nur nach ihrer früheren praktischen Verwendbarkeit gewertet werden darf. Durch die Unter-schätzung des wissenschaftlich-technischen und dokumentar-hi-storischen Wertes von Landkarten ist die Geschichte des Kartenschaf-fens, die man als einen der wichtigsten Abschnitte der Kulturge-schichte der Menschheit überhaupt bezeichnen darf, um viele Denk-mäler beraubt worden. Daher besteht die Aufgabe von Kartensamm-lungen nicht nur in der systematischen Erfassung neueren Materials, sondern vor allem in der Bewahrung aller älteren Kartendokumente. Heute besitzt jedes Land seine Kartensammlungen, die trotz ver-schiedener Grundlagen und Organisationsformen durchwegs auf eine lange Tradition zurückblicken. Wir wollen die wichtigsten nen-nen.

Großbritannien hat berühmte Kartensammlungen in der British Library, in der Royal Geographical Society, in Public Record Office bzw. in India Office Library, im National Maritime Museum in Green-wich, in der Oxforder Bodleian Library, der University Library in Cambridge und dem Hydrographic Department in Taunton, in Irland dann in der National Library und Trinity College in Dublin.

Frankreichs größte Kartensammlungen befinden sich in der Pari-ser Bibliothèque Nationale und dem Dèpot de la Marine; weitere Kartendenkmäler sind in den Sammlungen des Nationalarchivs, des Pariser Observatoriums und anderer Bibliotheken zu finden. Von regionaler Bedeutung ist die Kollektion der Straßburger Universitätsbibliothek.

Spaniens Kartenbestände werden aufbewahrt in der Biblioteca National, Servicio Geográfico del Ejercito a Museo Naval in Madrid, die portugiesischen im Museum National de Arte Antiga in Lissabon.

Die italienischen Kartensammlungen findet man in Mailand (Pinacoteca Ambrosiana), Venedig (Biblioteca Nazionale Marciana), Florenz (Biblioteca Medicea Laurenziana), im Vatikan (Biblioteca Apostolica) und in Rom (Biblioteca Nazionale). Die Biblioteca Estense in Modena sowie die Biblioteca Palatina in Parma besitzen Kartenunikate, das Istituto Geografico Militare in Florenz verfügt über eine umfangreiche Kartensammlung.

Die Benelux-Länder bewahren alte Karten, Atlanten und Globen namentlich im Amsterdamer Scheepvaartmuseum sowie im Plantin-Moretus-Museum zu Antwerpen, ferner in den Universitätsbibliotheken von Amsterdam, Leiden, Utrecht und Gent, in der Bibliothèque Royale in Brüssel, der Koninklijke Bibliotheek sowie dem Algemeen Rijksarchief im Haag, dem Rotterdamer Maritiem Museum Prins Hendrik und in der Bibliothek des Topographischen Dienstes in Delft auf.

Die Schweizerischen Kartendenkmäler befinden sich in der Hauptsache in der Züricher Zentralbibliothek und dem dortigen Staatsarchiv, der Basler Universitätsbibliothek und der St. Gallener Stiftsbibliothek, in geringer Anzahl in der Schweizerischen Landesbibliothek in Bern und der Bibliothèque publique et universitaire in Genf.

Österreich hat seine umfangreichsten Kartenkollektionen und gleichzeitig eine der größten Globensammlungen der Welt in der Österreichischen Nationalbibliothek in Wien, in der Bibliothek der Geographischen Gesellschaft, im Kriegsarchiv, dem Bundesamt für Eich- und Vermessungswesen sowie in der Steiermärkischen Landesbibliothek in Graz.

Beide deutsche Staaten verfügen über reichhaltige Kartensammlungen. Zu den größten gehören die Kartenabteilungen folgender Anstalten: Deutsche Staatsbibliothek Berlin (Ost), Staatsbibliothek Preußischer Kulturbesitz Berlin (West), Bayerische Staatsbibliothek und Bayrisches Hauptstaatsarchiv München, Kartographischer Verlag H. Haack, Gotha, Deutsche Bücherei Leipzig und Sächsische Landesbibliothek Dresden. Umfangreiche Kartenbestände besitzen das Niedersächsische Staatsarchiv Hannover, das Badische Generallandesarchiv Karlsruhe, die Bundesanstalt für Landeskunde in Remagen, das Deutsche Hydrographische Institut Hamburg sowie Büchereien und Archive in Berlin, Stuttgart, Köln, Hamburg, Göttingen, Koblenz, Tübingen Marburg/Lahn u. a. Kartenunikate werden in Wolfenbüttel und Zeitz, auf Schloß Wolfegg in Württemberg und im Germanischen Nationalmuseum zu Nürnberg aufbewahrt.

Unter den skandinavischen Ländern stehen an erster Stelle die Sammlungen der schwedischen Kungliga Biblioteket und Krigsarkivet in Stockholm, der Universitätsbibliotheken Uppsala und Helsinki (Sammlung Nordenskiöld) sowie die dänische Kongelige Bibliotek in Kopenhagen.

In Polen findet man die meisten Kartendokumente in der Warschauer Biblioteka Narodowa, wertvoll sind ferner die Sammlungen in Wrocław (Breslau), in der Kopernikus-Bücherei in Toruń (Thorn) und im Krakauer Czartoryski-Museum. Die tschechoslowakischen

223

Bestände sind in der Staatlichen Kartensammlung und im Staatlichen Zentralarchiv in Prag zusammengezogen, unter den ungarischen Sammlungen ist die Kollektion alter Karten in der Budapester Széchényi-Bücherei (Országos Széchény Könyvtár Térkéjtara) sowie das Nationalarchiv zu nennen. In den Balkanländern gibt es größere Kartensammlungen in Zagreb und Sofia.

Die Sowjetunion besitzt alte Karten in der Staatl. Saltykow-Schtschedrin-Bibliothek in Leningrad sowie der Staatl. Lenin-bibliothek in Moskau.

Die wichtigsten Kartensammlungen der Vereinigten Staaten von Nordamerika befinden sich in der Washingtoner Library of Congress (zur Zeit die größte Kartensammlung der Welt), in der New Yorker Public Library und State Library (Albany), in den Beständen der American Geographical Society sowie in den Universitätsbibliotheken. Unter diesen sind zu nennen die Kartensammlungen der New-berry Library in Chicago, der Yales Universität in New Haven, der J. C. Brown Universität in Providence, die Sammlung der W. L. Clements Library in An Arbor, Michigan, und der Winsor Memorial Map Room bei der Harword College Library. Die auf den amerikanischen und übrigen Kontinenten befindlichen Sammlungen sind mit Ausnahme der in Berkeley (Kalifornia), Milwaukee (Wisconcin), Ottawa, Rio de Janeiro, Buenos Aires, Canberra, Perth und Sydney erst in jüngster Zeit entstanden und besitzen keine älteren Kartenwerke.

Das gegenwärtige Interesse an alten Karten und die zielstrebige historisch-kartographische Forschung wäre ohne die Tätigkeit und die Veröffentlichungen gemeinnütziger Institutionen nicht vorstellbar; sie leisten einen wesentlichen Beitrag zur Erhaltung und Vervielfältigung von Kartendenkmälern. Zumeist aus Interessengemeinschaften und Liebhabervereinen entstanden, zählen sie heute führende Kartenhistoriker zu ihren Mitgliedern. Zu den bekanntesten Gesellschaften gehört die Societas Coronelliana Amicorum Globorum, benannt nach dem berühmten Globenmacher P. Vincenzo Coronelli, dem Begründer der ersten Geographischen Gesellschaft, der Accademia Cosmographica degli Argonauti (1684). Die Societas wurde im Juni 1952 in Wien gegründet, ihre Ziele sind die allseitige Förderung des Wiener Globenmuseums, insbesondere die Mitarbeit bei der internationalen Bestandsaufnahme alter Globen und bei der Entwicklung neuer Produktionsmethoden sowie Konsultationen bei An- und Verkauf alter Globen. Die Gesellschaft gibt seit ihrer Gründung die Zeitschrift „Der Globusfreund" heraus und veranstaltet regelmäßige Symposien mit internationaler Beteiligung. Eine ähnliche Gesellschaft ist in England der Map Collectors' Circle, der seit 1963 die gleichnamige Zeitschrift mit zahlreichen monographischen, biblio- und biographischen Beiträgen herausgibt (seit 1977 erscheint die Zeitschrift unter dem Namen „The Map Collector" in Tring (Hertfordshire). Außerdem in London ist der Sitz der International Society for the History of Cartography. Die oberste historisch-geographische Koordinationsbehörde ist die Komission für die Geschichte der Kartographie bei der ICA, der International Cartographic Association; ihre Mitglieder kommen zu Kongressen und Arbeitstagungen zusammen, um die für die kommende Periode anstehenden Aufgaben vorzulegen und zu behandeln.

Eine Möglichkeit der Vervielfältigung von Karten und Globen ver-

224

Dokumentation alter Kartenwerke: Faksimiles alter Karten, Atlanten und Globen, Nachdrucke kartographischer Periodika und Monographien

gangener Jahrhunderte und deren Erschließung für breiteste Interessentenkreise besteht in Faksimile-Ausgaben. Faksimiliert werden große Kartenfolgen und Atlanten, aber auch einzelne Karten und Globen, zumeist aufgrund ihrer Bedeutung für die Geschichte der Kartographie und der Seltenheit ihrer Originalausgaben.

Die alte Kartographie hat im Lauf der Zeit schon mehrmals starkes öffentliches Interesse hervorgerufen, doch noch nie ein so lebendiges wie in den letzten Jahren. Weder die ersten Träger der Kartenkunstgeschichte, die Kopisten und Illuminatoren mittelalterlicher Karten in Klöstern und Werkstätten, noch die zahlreichen Humanisten der Renaissance, denen die Rettung so manchen alten Kartendenkmals zu verdanken ist, haben der Nachwelt nennenswerte Quellenmaterialien hinterlassen. In dieser Hinsicht sind erst die aus der 1. Hälfte des 18. Jh. stammenden Verzeichnisse von Belegstellen für die Erfassung vergangenen Kartenschaffens von größerer Bedeutung. Die erste Dokumentationswelle, die mit K. Gottschling, J. G. Gregorii, E. D. Hauber, J. Hübner u. a. aufkam, machte auch dieses kulturgeschichtliche Gebiet zum Gegenstand dauernden Forscherinteresses und brachte die ersten Analysen wichtiger Kartenwerke der Vergangenheit sowie deren Faksimile-Ausgaben, wie sie aus der 1. Hälfte des 19. Jh. bekannt sind. Die berühmtesten Untersuchungsergebnisse sind folgende Werke: E. F. Jomards *Les monuments de la géographie, ou recueil d'anciennes cartes etc.*, Paris 1842–1862, mit dem späteren Text von Cortambert (1879), Santarems *Atlas composé des mappemondes... depuis le 16ᵉ jusqu'au 17ᵉ siecle*, Paris 1842–1853, und J. Lelewels *Géographie du moyen-âge*, Brüssel 1852–1857, samt Atlas. Weitere Werke erscheinen in den Tagen der Wiederkehr der Entdeckung Amerikas, es sind A. E. Nordenskiölds *Facsimile Atlas to the Early History of Cartography*, Stockholm 1889, sowie sein *Periplus, An essay on the early history of charts and sailing directions*, 1897, K. Kretschmers *Die Entdeckung Amerikas*, Berlin 1892, und andere.

Seltene Faksimile-Editionen des 19. Jh. regten neben anderen Impulsen die Vorbereitung der nationalen Kartenfolgen „Monumenta cartographica" an, die Reproduktionen von Länderkarten und bedeutenden Weltkarten enthalten. Der diesbezügliche Antrag ging vom 9. Kongreß der Internationalen Geographischen Union 1908 in Genf aus, und im selben Jahr erschienen in Kopenhagen als eine der ersten regionalen Unternehmungen die *Anecdota cartographica septentrionalia* von A. A. Björnbo und C. Petersen. Weitere Werke trugen bereits den Titel Monumenta cartographica, wie z. B. *MC Africae et Aegypti* (Youssouf Kamal, Kairo, 1926–1951), *MC Italiae* (R. Almagia, Florenz 1929), *MC Ukrainae* (B. Cordt, Kiew 1931, als 4. Band früher herausgegebener Materialien russischer Kartographie), *MC Bohemiae* (V. Švambera u. B. Šalamon, Prag 1938). In so manchem Land wurde die Herausgabe der Monumenta durch den Krieg unterbrochen, wie z. B. in Polen, wo die bereits gedruckte Auflage des ersten Teils der *MC Poloniae* vernichtet wurde; eine Ausnahme bilden die *MC Indiana* von J.F. Guillen y Tato, die 1941 in Madrid gedruckt wurden. Nach dem Krieg wurden diese Arbeiten wieder aufgenommen und es erschienen die *MC Vaticana* (R. Almagia, 1944 bis 1955) sowie als jüngster Beitrag die *MC Portugaliae* von A. Cortesão und A. Teixeira de Mota, Lissabon 1960–1962.

Eine verdienstvolle Nachkriegstat der kartenhistorischen Kommission ist die schrittweise Verwirklichung von Marcel Destombes' Vorschlag einer Bestandsaufnahme überlieferter Kartendenkmäler (Commission pour l'inventaire des cartes anciennes), denn auch diese Bestände hatten unter „Feuer und Schwert" gelitten. Der Antrag wurde vom Lissaboner Kongreß der IGU, International Geographic Union, 1949 angenommen, und die Arbeit damit begonnen, daß der langjährige Herausgeber der Fachzeitschrift *Imago mundi*, Leo Bagrow, den Verlusten, zu denen auch die größte gotische Weltkarte, die Ebstorfer Radkarte, gehörte, in seinem Blatt eine eigene Spalte widmete. Die Bestandsaufnahme selbst wurde auf den Zeitabschnitt 1200–1500 beschränkt und erschien 1965 in Amsterdam unter dem Titel *Monumenta cartographica vetustioris aevi I.* als Supplement der genannten Zeitschrift. In diesem ersten Band ist das Verzeichnis griechischer und lateinischer Manuskripte des 8.–12. Jahrhunderts von besonderem Wert. Die Kommission hat sich trotz der formalen Beendigung ihrer Tätigkeit, die sie 1964 bei ihrem Londoner Kongreß beschloß, weitere Aufgaben vorgenommen. Die ganze Edition ist als vierbändiges Werk geplant, der zweite Band wird Seekarten enthalten, der dritte Regionalkarten (einschl. Ptolemäus) und der vierte soll ein revidierter Nachdruck des bis 1500 reichenden Kartendruckverzeichnisses sein, das 1952 zum Washingtoner Kongreß erschienen und längst vergriffen ist.

Die bisher größte Edition von Kartendenkmälern ist 1963 von dem Amsterdamer Verlag Nico Israel Meridian Publ. Co. in Angriff genommen worden. Sie heißt *Theatrum orbis terrarum* und befaßt sich mit Atlanten und Kartenfolgen des 15. bis 17. Jahrhunderts. Die erste Folge beinhaltet Reproduktionen der ältesten, von Karten begleiteten, Ausgabe der *Geographie* des Prolemäus (Bologna 1477) sowie der Ulmer Ausgabe von 1482, die erstmals sog. moderne Karten enthält, ferner Reproduktionen der Erstausgabe von Ortelius' *Theatrum orbis terrarum* (Antwerpen 1570), des *Spieghel der Zeevaerdt* von Waghenaer (Leiden 1584–1585), des ersten ausschließlich Amerika gewidmeten Atlas, nämlich Wytfliets *Descriptionis Ptolemaicae augmentum* (Löwen 1597) und der englischen Erstausgabe von Blaeus Seemannsbuch *Light of navigation* (Amsterdam 1612).

Nach diesem würdigen Anfang wurden die Reproduktionsfolgen fortgesetzt mit Werken wie der römischen Ausgabe der ptolemäischen *Kosmographie* (1478), dem Straßburger Ptolemäus von 1513, de Jodes *Speculum orbis terrarum* (Antwerpen 1576), Sanutos *Geographie Afrikas* (Venedig 1588), Waghenauers Leidener Ausgabe des *Thresoors der Zeevaerdt* (1592) und Bouguereaus Théâtre Français, dem ersten französischen Nationalatlas (Tours 1594). Es folgten die Ausgabe von Berlinghieris *Geographie* (Florenz 1480), des römischen Ptolemäus von 1507, von Münsters *Kosmographie* (Basel 1544), der Erstausgabe von Waghenaers *Mariners Mirrour* (London 1588), von Kaerius' *Germania Inferior* (Amsterdam 1617) und Dudleys sechsbändigem *Arcano del mare* (Florenz 1661). Die letzte Folge besteht aus den in Venedig und Lyon erschienenen Ptolemäusausgaben (1511 bzw. 1535), den sechsbändigen Stadtansichten *Civitates orbis terrarum* von Braun und Hogenberg (Köln/Antwerpen 1572 bis 1618), Speeds *Prospect of the famous parts of the world* (London 1627), dem zweibändigen Atlas von Mercator und Hondius (1636 bis 1638) und der Spanischausgabe von Roggeveens Westindischem Atlas Monte de turba ardiente (Amsterdam 1680). Sämtliche Atlanten sind in Originalgröße in schwarzweißem Photo-Offsetdruck reproduziert und begleitet von Texten aus der Feder des ehemaligen Superintendenten der Kartensammlung des Britischen Museums R. A. Skelton (1906–1970).

Die genannten Folgen bedeuten keineswegs den Abschluß der Faksimile-Editionen, sondern bilden die Einleitung zu einer weiteren Reihe, die als Mirror of the World Stadtplänen und Stadtarchitekturen des 16.–18. Jh. gewidmet ist. Hier findet man Reproduktionen der Janssonius-Sammlung mit Abbildungen berühmter Handelsstädte (Toonel der vermaarste koopsteden, Amsterdam 1682), de Wittes Theatrum praecipuarum totius Europae urbium etc. (Amsterdam 1695), ferner das Theatrum ichnographicum omnium Belgicarum XVII provinciarum (Amsterdam 1680), P. Schenks Hecantopolis (Amsterdam ca. 1700) und C. Allardts Orbis habitabilis oppida et vestitus etc. (Amsterdam ca. 1700).

Neben der Folge Theatrum orbis terrarum erschien die Faksimile-Ausgabe des größten niederländischen Atlas Joan Blaeus, Le Grand Atlas ou Cosmographie Blaviane, als deren Vorlage die gründlichste, d. i. die französische Ausgabe von 1663 diente.

Ähnlich wie Karten und Atlanten, Stadtpläne und Veduten werden auch alte Globen faksimiliert. Anfangs beschränkte man die Herstellung getreuer Nachbildungen auf berühmte Unikate. So wurden z. B. zu Beginn des zweiten Weltkriegs der Behaimsche Globus von 1492 in mehreren Exemplaren, der sog. Brixener von 1523 und der große Anich-Globus von 1759, insgesamt von der deutschen Firma Columbus faksimiliert. Seit der Mitte der 60er Jahre werden Globen-Faksimiles bereits reihenweise hergestellt; sie unterscheiden sich von den alten Vorlagen so wenig, daß die zusätzliche Hersteller-Vignette wahrlich am Platz ist. Als Beispiel sei die Vignette „Nebehay-Facsimile Vienna" einer Wiener Firma genannt, die deratige Globen als Raumschmuck in den Handel gibt. Nicht nur die Globenkugeln, sondern auch Postament bzw. Sockel und Armaturen sind stilgemäß nach den bei den alten Vorlagen benutzten Werkstoffen verfertigt. Ähnlich ist nach den heute in den Sammlungen der Universität Minnesota aufbewahrten Segmenten der Globenkarte auch der berühmte Globus von Waldseemüller (1507) reproduziert worden.

Die grundlegende Publikationsreihe, die der Mitteilung und dem Austausch von Informationen über die Geschichte der Kartographie dient, stellt die internationale englisch geschriebene Zeitschrift Imago mundi vor. Diese Jahresschrift erscheint seit 1935 regelmäßig; nur die Kriegsjahre bildeten eine Ausnahme. Ihr Begründer war Leo Bagrow (1881–1957), einer der besten Kenner der Kartengeschichte, damals als Emigrant in Berlin lebend. Die Zeitschrift teilte auch Bagrows spätere Geschichte und ging mit ihm nach London, Stockholm, Leiden, den Haag — sämtliche 13 Bände hat Bagrow bis zu seinem Tod selbst redigiert — dann nach Amsterdam und ab 1975 nach London, wo sie heute von King's College herausgegeben wird. Schneller noch, als weitere Bände in den Handel kamen, verschwanden die älteren vom Bücher- und Antiquitätenmarkt, so daß die Firma Israel die ersten 15 Bände als Nachdrucke neu herausgab. Bis 1989 sind 41 Bände erschienen, außerdem 6 Ergänzungsbände,

227

die ausführlichere selbständige Beiträge oder einschlägige Verzeichnisse sowie Übersichtslisten faksimilierter Ausgaben bedeutender Kartenwerke enthalten.

Alle angeführten Neuauflagen stehen auf internationaler Ebene; Herausgabe nationaler Dokumente zur eigenen kartographischen Geschichte betreuen die meisten Länder selbst. Die Vielzahl derartiger Veröffentlichungen dient vorwiegend regionalen Anliegen.

Sobald in der 1. Hälfte des 19. Jh. das Interesse an der Geschichte der Kartenkunst erwachte, brachten wissenschaftliche Zeitschriften und Bulletins unter anderem auch Monographien aus diesem Fachgebiet heraus. Da aber die damaligen Journale zu verschiedenen Fragen, nicht nur zu historisch-kartographischen, Stellung nahmen, sind sie wegen dieser Allseitigkeit heute nicht in den Bestand moderner Fachbibliotheken aufgenommen, ja nicht einmal Staats- und Universitätsbibliotheken verfügen über geschlossene Reihen dieser Periodika. Auf diese Weise sind auch die Schriften von Fachgelehrten, die in ihren nationalen wissenschaftlichen Zeitschriften publizierten oder ihre Untersuchungsergebnisse amtlichen Protokollen anvertrauten, schwer zugänglich geworden. Daher werden heute nicht nur alte Kartendenkmäler, sondern auch ungekürzte Nachdrucke historisch-kartographischer Monographien neu herausgegeben. Sie werden aus etwa 150 europäischen und amerikanischen, historischen und geographischen Zeitschriften von 1800 bis in die jüngste Zeit ausgesucht und vom Amsterdamer TOT Verlag in der Folge *Acta cartographica* herausgegeben. Mit der Edition dieser Acta wurde im November 1967 begonnen; sie bringen Abhandlungen vieler Autoren, sämtlich im Umfang und Format der Originaldrucke, ausnahmsweise im etwas verkleinerten Format 4°. Jährlich erscheinen drei Bände mit einem Gesamtumfang von etwa 1400 Seiten, ferner Indices der einzelnen Jahrgänge, die der künftigen Herausgabe eines allgemeinen Namen- und Sachregisters dienen sollen. Der Editionsrat besteht aus führenden Kartenhistorikern wie W. Horn († Gotha), C. Koeman (Utrecht), R. Oehme († Freiburg), W. W. Ristow (Washington), H. Wallis (London) u. a. Mit Herausgabe des Bandes XXVII (1981) wurde die bedeutende Serie vorläufig beanstandet. Als Folge des international enorm gestiegenen Interesses für frühere Kartographie kam es zur Gründung neuer Zeitschriftenreihen wie amerikanischer „Mapline" (Chicago, ab 1976), niederländischer „Caert Thresoor" (Alphen ann den Rijn, ab 1982) und deutscher „Speculum Orbis" (Bad Neustadt a. d. Saale, ab 1985).

Die Pflege alter Landkarten: Konservierung, Katalogisierung und Aufbewahrung

Alte Karten, Atlanten und Globen erfordern als wichtiges Quellenmaterial aufgrund ihrer Sonderaufgabe und Ausmaße eine besondere Pflege. In Landkartensammlungen und -archiven ist jedes neue Stück Gegenstand sorgfältiger Konservation, Katalogisierung und meist endgültiger Hinterlegung. Diese Prozeduren sind für ihre weitere Erhaltung und die Kartenevidenz unentbehrlich.

Jede zur Einordnung in eine Sammlung geeignete Landkarte muß gesäubert, mehrmals zusammengefaltete müssen geglättet und beschädigte Stücke ausgebessert werden. Staub wird mit einem weichen oder plastischen Gummi, Brotkrumen u. ä. entfernt, während alte Wasser- und Schimmelflecke besser dem Säuberungsverfahren eines Restaurators überlassen bleiben. Bruchstellen im

Papier können dadurch geglättet werden, daß man die ganze Karte befeuchtet oder in eine flache Schüssel mit Wasser taucht und zwischen Filtrierpapierblättern trocknet, wobei das Filtrierpapier mehrmals ausgewechselt werden und die Karte schließlich in einer Presse getrocknet werden muß. Auf diese Weise lassen sich auch Klebstoff-, Klebebandreste u. ä. abwaschen, die auf Atlanten entnommenen Karten zurückgeblieben sind. Karten werden auf der Unterseite mittels Stärke, weißem Klebstoff oder Harz ausgebessert, niemals mit Leim oder Kunststoff-Klebestreifen.

Dann wird die Landkarte mit dem Stempel des Eigentümers versehen und inventarisiert. Man stempelt die einzelnen Karten und Blätter von Kartenfolgen auf der Bildseite außerhalb des Rahmens, keinesfalls über der Kartenzeichnung. Der Stempel darf das Kartenbild nicht verunstalten, auch bei einer etwaigen Photoreproduktion nicht störend wirken. Daher soll man möglichst kleine und ästhetisch wirkende Stempel benutzen, am besten trockene, die den Text reliefartig aufs Papier drucken. In Atlanten und Sammelbänden ist der Stempel auf die Rückseite des Titelblatts, auf das Vorsatzblatt oder direkt zum Impressum zu setzen, niemals auf die Vorderseite des Titelblatts. Etwaige Stempel, Unterschriften oder Exlibris früherer Eigentümer werden nicht entfernt.

Sämtliche durch Kauf, Tausch oder Schenkung erworbene kartographische Zugänge werden in ein Invertarverzeichnis eingetragen. Neben dem abgekürzten Titel des Werks — bei Landkarten auch dem Maßstab — trägt man Inventarnummer, Signatur (Lokation), Datum und Umstände des Erwerbs, Nummer des Rechnungsbelegs sowie Kaufpreis oder Schätzwert in dieses Verzeichnis ein. Inventarnummer und Signatur werden außerdem mit gewöhnlichem Bleistift neben dem Stempel auf der Neuerwerbung vermerkt.

Wer über eine umfangreiche Sammlung verfügt, wird einen Katalog nicht entbehren können. Er benutzt dann einerseits einen alphabetischen Namenkatalog, der über die eventuell bekannten Autoren (Personen oder Institutionen) der Karte Auskunft gibt, andererseits einen alphabetischen Sachkatalog, der über Art und Inhalt der Karten in der Sammlung informiert. Im zweiten Fall gilt als wichtigstes Klassifizierungsmerkmal die Benennung des dargestellten Landes, weshalb man solche Kataloge regional-thematische oder thematisch-regionale nennt; das heißt, daß beispielsweise entweder die Anordnung Deutschland—Stadtansichten, oder Stadtansichten—Deutschland gewählt wird. Die Katalogzettel vom üblichen Format A 6 (150 × × 105 mm) werden in festen Kartonen aufbewahrt, deren Unterteil etwas niedriger als die Zettel sein soll.

Besonders sorgfältig ist nun der Kartenzettel auszufüllen. Er soll sämtliche Charakteristika des Kartenwerks enthalten, wobei die Beschreibung sich danach unterscheidet, ob es sich um einzelne Karten oder Kartenfolgen, um Atlanten, Sammelbände, Globen oder andere kartographische Darstellungen handelt. Links oben wird der Name des Urhebers angeführt, rechts oben der Namen des dargestellten Landes, in der Mitte zwischen beiden die Signatur der Karte bzw. des Atlas; als Urheber wird die Person bzw. Institution angegeben, die auf der Karte — im Titel oder außerhalb des Titels — als Autor genannt wird; ist kein Autor angegeben, dann wird der Name des Herausgebers, Verlegers, Zeichners, Stechers oder Druckers vermerkt. Es ist auf alten Landkarten oft schwer, die einzelnen im Kartenwerk genannten Mitarbeiter zu unterscheiden, und daher soll der Sammler etwas von der zeitgenössischen Diktion wissen, d. h. die in den Titeln, Widmungen, Entstehungsgeschichten befindlichen Fachausdrücke für Urheberschaft, zeichnerische, editorische u. a. Mitarbeit in den verschiedenen Sprachen kennen. Da man sich auf die Richtigkeit des Originalwortlauts nicht immer verlassen kann, gehört schon ein wenig kritische Kenntnis des Kartenschaffens dazu. Der Name des dargestellten Landes wird in der Muttersprache des Sammlers angeführt, nur Ortsnamen können in der amtlichen fremdsprachlichen Fassung vermerkt werden.

Der Titel des Kartenwerks ist in extenso (vollständig) bzw. abgekürzt abzuschreiben. Hat die Karte mehrere verschiedene Titel, wähle man den, der innerhalb des Kartenrahmens oder außerhalb, auf der Bildseite steht, d. h. nicht die Titel auf der Rückseite, dem Umschlag u. ä.; diese kommen nur dann in Betracht, wenn die Karte auf der Vorderseite keinen Titel hat. Fehlt ein solcher überhaupt, wird ein Ersatztitel, z. B. (Elsaßkarte) in eckige Klammern gesetzt. Weitere Titel werden abgekürzt, Auslassungen mit drei Punkten... angedeutet. Niemals dürfen solche Teile des Titelblatts weggelassen werden, die die Namen der an der Entstehung und Herausgabe beteiligten Personen, Kartenmaßstäbe, Ort und Jahr der Herausgabe oder andere Angaben enthalten, die eine Unterscheidung verschiedener Ausgaben gestatten. Sind derartige Charakteristika auf der Karte nicht ausdrücklich angeführt, muß eine annähernde Bestimmung versucht werden. Solche Angaben werden auf dem Katalogzettel in eckige Klammern gesetzt, in der Regel mit einem Hinweis auf die Unsicherheit (?, ca.).

Der Maßstab der Landkarte soll stets in der Form 1 : m angeführt werden; ist er anders angegeben, werden Originalform — z. B. 1 engl. Meile = 1″ — und Umrechnung — in unserem Fall 1 : 63 360 — vermerkt, oder man ermöglicht die Berechnung des mutmaßlichen Maßstabs durch Angabe der Länge eines Meridiangrads — z. B. 1° = 164 mm — bzw. der im graphischen Kartenmaßstab gezeichneten Längen — z. B. 8 deutsche Meilen = 300 mm, und führt die Berechnung allenfalls nachträglich aus — 1 : 680 000, bzw. 1 : 1 900 000.

Der Erscheinungsort der Karte wird so festgehalten, wie auf der Karte angeführt, wobei der gegenwärtige Ortsname hinzugefügt werden kann; lateinische Ortsnamen bleiben in Form und Fall unverändert, z. B. Norimbergae, Noriberge (= Nürnberg), Augustae Vindelicorum (= Augsburg) u. ä. Sofern das Erscheinungsjahr im Kartentitel, den Kartenlegenden oder einem zur Karte gehörenden Text angegeben ist, wird es in arabischen Ziffern vermerkt, doch wird kontrollehalber eine Wiedergabe der Originalschreibung in römischen Ziffern nicht zum Schaden sein.

Bei gedruckten Karten wird die Reproduktion- und Drucktechnik in der Regel nicht angeführt, von Originaldrucken werden nur handgezeichnete Karten, Photokopien, Faksimiles und Neudrucke unterschieden. Zuletzt vermerkt man die Individualmerkmale des katalogisierten Stückes — Kolorierung, Unterklebung, Beschädigung, Einband usw.

Atlanten und Sammelbände werden mit ein und demselben Karteizettel in den Bestand aufgenommen. Häufig sind ältere Atlanten, auch wenn sie ein gemeinsames Titelblatt haben, bloß aus selbständigen Karten des gleichen Verlegers zusammengestellt bzw. aus Teilen oder Heften, die in zeitlichen Abständen erschienen, so daß die Datierung nach dem Titelblatt nicht für alle Karten des Atlas genau ist. Bis zur Mitte des 18. Jh. treten in Atlanten häufig nichtdatierte Karten auf, deren Erstausgaben mitunter auch hundert Jahre älter sind als der Atlas, in den sie aufgenommen wurden. Ferner wurden oft Karten anderer Herkunft nachträglich in einen Atlas eingereiht, und zwar entweder als Nachträge (Additamenta) an letzter Stelle, oder an der entsprechenden Stelle des Atlas, wenn der regionale Gesichtspunkt ausschlaggebend war. Da auch in den Sammelbänden Karten regional angeordnet und jene mit — wenigstens handgeschriebenen — Titelblättern versehen wurden, ist es manchmal schwer zu entscheiden, ob man es mit einem bereits vom Verleger geordneten Originalatlas oder einer erst nachträglich vom Eigentümer zusammengestellten Kartensammlung zu tun hat. Deshalb wird man neben dem Katalogzettel für den ganzen Atlas oder den ganzen Sammelband noch selbständige Karteizettel für alle dem Atlas beigebundenen Kartenarten, deren unterschiedliche Herkunft auf der Hand liegt, anlegen. Bei alten Atlanten (spätestens aus der Mitte des 18. Jahrhunderts stammenden) empfiehlt es sich, ihren ganzen Inhalt auf diesen Zetteln festzuhalten. In keinem Fall jedoch ist es gestattet, Atlanten oder Sammelbände auseinanderzunehmen und die einzelnen Landkarten getrennt in die Sammlung zu deponieren.

Die Datierung des Titelblattes, das oft für mehrere Ausgaben bzw. Zusammenstellungen gleich blieb, mußte eo ipso ebenfalls oft unverändert bleiben. Daher ist auch die Datierung des jüngsten Vorworts, Herausgeberrechts, Impressum u. ä. sowie die der einzelnen Atlaskarten zu berücksichtigen, wobei das Datum ad quem, d. h. das jüngste vermerkt wird. Ferner soll bei Sammelbänden die Zeitspanne der Entstehung der in sie aufgenommenen Karten angegeben werden — z. B. Kartendatierungen aus den Jahren 1658–1701. Bei Atlanten und Sammelbänden wird die Anzahl der Karten und Textseiten vermerkt; sofern der Herausgeber einen Vergleich mit dem Inhalt vorgenommen und schriftlich vermerkt hat, wird auch dies auf dem Zettel festgehalten. Falls die Karten des Atlas oder Sammelbands nicht nummeriert sind, wird bei der Bestandsaufnahme mit Bleistift paginiert. Wenn ein Vergleich mit der Originalpaginierung oder dem Inhalt auf fehlende oder hinzugefügte Blätter schließen läßt, wird dies gleichfalls auf dem Kartenzettel notiert und auf dem Atlas-Vorsatzblatt mit Bleistift angemerkt.

Es folgt je ein Beispiel eines Karteizettels für eine alte gedruckte Karte und einen alten Atlas:

| Visscher, Nicolaus | 11572—87 | Ungarn |

Totius regni Hungariae et adjacentium Regionum Tabula. A° 1683 ob res bellicas inter Christianos et Turcas de novo correcta ac in numeries locis aucta per Nicolaum Visscher. 15 milliaria germanica cummunia — 51 mm, ca. 1 : 2 180 000 Amsterdami, Selbstverlag, nach 1683, farbige Grenzkonturen handgezeichnet, 805 × 432 mm; 1 folio teilweise mit Papier unterklebt.

| Mercator, Gerhard | 1 C 5—24 | Weltatlas |

Gerardi Mercatoris Atlas sive Cormographicae Meditationes...
10. Auflage
Amsterdami, Henricus Hondius, 1631
391 Seiten und Indices; 1 Bd., pergamentgebunden

Außer diesen Karteizetteln, die sich auf die charakteristischen Grundangaben des Kartenwerks beschränken, werden ausführliche monographische Zettel, zumeist auf größeren vorgedruckten Formularen, angelegt. Sie ermöglichen es, die Unterschiede zwischen den einzelnen Kartenexemplaren zu ermitteln und durch ihren gegenseitigen Vergleich die Veränderungen in Inhalt und äußerer Form des Kartenwerks zu rekonstruieren. Als weiteres willkommenes Hilfsmittel des Sammlers kann ein Namenregister der Autoren, Stecher, Verleger und anderer namentlich angeführter Mitschöpfer der Kartenwerke dienen.

Von nicht geringerer Wichtigkeit ist die eigentliche Aufbewahrung unserer Karten. Von der laufenden Deponierung von Neuerwerbungen nach ihren Inventarnummern (numerus currens) bis zu regionalen und (nach Fach oder Art gegliederten) thematischen Methoden gibt es eine ganze Reihe Modifikationen. Entscheidend sind die räumlichen Möglichkeiten des Sammlers, die Dimensionen der Kartenwerke sowie der Umstand, daß gewisse Kartenbestände unteilbar sind. Bei der Numerus currens-Methode nimmt die Sammlung nur am Ende zu, während sie bei jeder anderen in allen ihren Abteilungen ständig größer wird. Obgleich die regional-thematische Anordnung mehr Raum in Anspruch nimmt, hat sie sich als die bessere bewährt.

Es empfiehlt sich ferner, die Karten in flacher Lage (in plano) in Schubladen spezieller staubfreier Kästen unterzubringen. Besser als die gegen Verstaubung nicht gesicherten Metallkästen sind Holzkästen, deren Schubladen mit Filz- oder Lederbelag abgedichtet sind. Man schützt Karten und kleinere Kartenfolgen gegen Staub, Verunreinigung und Beschädigung beim Umgang durch Packpapierhüllen, mit denen man sie, in der Regel zu 20 bis 50 Blatt, in verschnürbare Kartenmappen legt. Auf Umschläge und Mappe werden Stichwort, Inventarnummer und Signatur vermerkt, um die Manipulation mit den Karten selbst weitgehend zu vermeiden. Wenn eine Karte für kurze Zeit ohne Papierhülle aus der Hand gegeben werden soll, gehört sie mit dem Kartenbild nach unten in die peinlich saubere Schublade. Niemals dürfen Kartenbände mit Bindfaden, Gummibändern oder gar Metallspangen oder Sicherheitsnadeln zusammengehalten werden. Nur ausnahmsweise wird man Karten zusammengerollt in geschlossenen Tuben aufbewahren — diese sind nur für den Transport außerhalb der Sammlung bestimmt. Nur aufgeschnittene und mit Leinwand unterklebte Karten dürfen zusammengefaltet aufbewahrt werden, und dann entweder in den Originalkartonen oder in passenden Kartonen und Mappen, in die auch die mit Originalumschlägen versehenen zusammengelegten Karten unserer Sammlung gehören.

Der Aufbewahrungsraum soll trocken sein, eine stete Temperatur von 18°—24 °C und mittlere Luftfeuchtigkeit (30—40 %) haben, dabei gut zu lüften, feuersicher und gegen das Eindringen von Staub oder Wasser aus Wasserleitungs- und Kanalisationsrohren geschützt sein. In der Ausstattung des Raumes sollten außer einem Arbeitstisch ein V-förmiges Möbelstück zum Ablegen der Kartenmappen, eine Hilfsbücherei mit kartographischer Bibliographie und Dokumentation, allgemeinen Atlanten und enzyklopädischen Handbüchern sowie technische Grundbehelfe nicht fehlen.

Dies sind nur die wichtigsten, allgemeingültigen Anweisungen für beginnende Sammler. Auskünfte über Führung und Ausstattung umfangreicherer Kartensammlungen, Hinweise auf einschlägiges Schrifttum u. ä. findet man z. B. in der seit 1966 erscheinenden Reihe *Kartensammlung und Kartendokumentation*, Institut für Landeskunde, Bad Godesberg, gegebenenfalls auch in neuesten amerikanischen Publikationen.

Terminologie

Auf alten Karten kann man häufig auf Ausdrücke treffen, die weder in der Fachliteratur noch in Konversationslexikonen hinreichend erklärt werden. Da sie verschieden verstanden und daher auch falsch angewendet werden, wollen wir hier einige Bedeutungen richtigstellen, denn der Gebrauch von Fachausdrücken sollte stets einheitlich sein.

Alte Karten (weniger richtig: historische Karten) ist die Bezeichnung von Landkarten, die in der Regel über 70—80 Jahre alt sind, insbesondere für solche, die vor dem Jahr 1850 gezeichnet oder gedruckt worden sind. Diese Altersgrenze darf nicht dogmatisch gesehen werden, denn es kommt auch darauf an, wie oft eine Karte oder Kartenfolge erneuert, getauscht oder ersetzt wird. Karten veralten verschieden schnell, und die kartographische Kritik kann ohne den Ausdruck *veraltete Karte* für eine weder erneuerte noch ersetzte Karte, auch wenn sie mangels einer neueren weiter benutzt wird, nicht auskommen. Die neuzeitlichen *historischen Karten*, die historische Erscheinungen, die Entwicklungsgeschichte eines Landes u. ä. wiedergeben, gehören zu den *thematischen Karten*. In diesem Sinne muß unterschieden werden zwischen der *Geschichte der Kartographie*, die sich mit der Untersuchung und Kritik vergangener Kartenwerke befaßt, und der *historischen Kartographie*, die ausschließlich das Gebiet der genannten historischen, d. h. thematischen Karten, Globen u. ä. behandelt.

Eben so oft wird der Ausdruck „Original" oder „Originaldruck" unrichtig angewendet, wenn man von einem alten Kartendruck spricht. In diesen Fällen handelt es sich nicht um den einzigen Abzug eines bestimmten Stiches; wenn man daher die Einmaligkeit einer überlieferten Karte unterstreichen will, wenn man es mit dem einzig bekannten Exemplar einer bestimmten Auflage zu tun hat, bezeichnet man die Karte als *Unikat*. *Originalexemplare* verschiedener Ausgaben in der Vergangenheit gedruckter Karten werden von *Neudrucken* unterschieden, d. s. neuzeitliche Abzüge der überlieferten Originalgravüre einer alten Karte; derartige Neudrucke werden aus kommerziellen, bibliophilen und anderen Gründen angefertigt. Ähnlich spricht man vom *Originalkolorit*, sofern die manuelle Kolorierung (Farbengebung) der alten Karte (des Originalexemplars) unmittelbar oder relativ kurze Zeit nach ihrem Druck stattgefunden hat.

Als *Kopie* betrachtet man eine gedruckte Nachahmung, die aus einem nach einer Vorlage verfertigten Stich hergestellt wurde,

233

wobei der Druck aus dem neuen Stich derart treu ist, daß er auf den ersten Blick nicht unterschieden werden kann. Das ist bei alten Karten ein seltener Ausnahmefall, denn zumeist wurden weitere Platten nach einer gedruckten Vorlage freihändig gestochen; es waren die im Kartenschaffen keineswegs ungewöhnlichen imitatorischen Fälschungen. Die aus solchen abgeleiteten Stichen gedruckten Karten sind somit auch Originalexemplare: sie tragen zwar die charakteristischen Hauptmerkmale der Vorlage, unterscheiden sich jedoch in der Aufmachung und anderen Einzelheiten. Man spricht dann von einer nach der handgezeichneten Vorlage des Autors gestochenen und gedruckten *Grundkarte* und deren *Ableitungen:* letztere wurden früher *Derivate* genannt.

Auf alten Karten findet man schließlich zeitgenössische lateinische Ausdrücke oder deren Abkürzungen, die man verstehen sollte. Kein Rätselraten sollte es vor allen um solche Termini geben, die sich auf den Beitrag der einzelnen Mitarbeiter am Kartenwerk beziehen, wie z. B. *auctore, delineavit, descripsit. invenit* für den Kartenzeichner, *caelavit, fecit, incidit, incidente, sculpsit, sculp.,* sc. für den Stecher, *apud, excudit, ecx., ex officina, formis, sumptibus* für den Drucker oder Herausgeber. Für ein richtiges Verständnis von Titeln, Widmungen und anderen Kartenaufschriften ist eine zumindest passive Kenntnis des Lateinischen und lebender Fremdsprachen unumgänglich.

Nicht weniger wichtig ist die Kenntnis der den Inhalt sowie die zeitgenössischen Herstellungsverfahren der Karten betreffenden Fachausdrücke, z. B. *Kartusche, Parerga, Isobathe, Kartengitter, geographisches Gradnetz,* anastatischer Druck, Holzschnitt, usw. Dabei wird es dem Sammler von Nutzen sein, das vorbereitete Glossar historisch-kartographischer Termini zu verfolgen, dessen erste Fassung mit dem Titel *Map-making to 1900* die Internationale Kommission für die Geschichte der Kartographie i. J. 1976 herausgegeben hat. Die endgültige Version erschien 1987 in Tring/England unter dem Titel *Cartographical Innovations. An International Handbook of Mapping Terms to 1900,* herausgegeben von H. Wallis und A. Robinson.

Bibliographie

Almagia, R.: Monumenta Italiae Cartographica. Firenze 1929

Bagrow, L.: The Atlas of Siberia of Semyon U. Remezov.'s-Gravenhage 1958 (Imago mundi, Supplement I.)

Bagrow, L.–Skelton, R. A.: Meister der Kartographie. Berlin 1963 (4. Aufl. 1973)

Bagrow, L.: A History of the Cartography of Russia. Part 1.: Up to 1600. Ontario 1975 (Red. H. W. Castner)

Bagrow, L.: A History of Russian Cartography. Part. II.: Up to 1800. Ontario 1975 (Red. H. W. Castner)

Bachmann, E.: Wer hat Himmel und Erde gemessen? Zürich–Frankfurt/M–Wien 1965

Becker, W.: Vom alten Bild der Welt (Alte Landkarten und Stadtansichten). Leipzig 1971

Berthaut, H. M.: La carte de France 1780–1898. Band I.—II. Paris 1898–1899

Berthaut, H. M.: Les ingénieurs géographes militaires 1624–1831. Band I.—II. Paris 1902

Bonacker, W.: Kartenmacher aller Länder und Völker. Wiesbaden 1966

Bricker, Ch.–Tooley, R. V.: Gloria Cartographiae. Gütersloh 1971

Brown, L. A.: The Story of Maps. Boston 1949 (1953)

Buczek, K.: Dzieje kartografii Polskiej od XV do XVIII wieku. Wrocław–Warszawa–Kraków 1963

Crone, C. R.: Early Maps of the British Isles. A. D. 1000–A. D. 1579. London 1961

Cumming, W. P.: British Maps of Colonial America. Chicago 1974

Destombes, M.: Catalogue des cartes gravées au XVᵉ siècle. Paris 1952.

Destombes, M.: Mappemondes A. D. 1200–1500. (Monumenta cartographica vetustioris aevi.) Amsterdam 1964

Drazniowsky, R.: Map Librarianship: Readings. Metuchen (New Jersey) 1975

Eckert-Greiffendorf, M.: Die Kartenwissenschaft. I.–II. Berlin–Leipzig 1921–1925

Grosjean, G.–Kinauer, R.: Kartenkunst und Kartentechnik vom Altertum bis zum Barock. Bern–Stuttgart 1970

Harms, H.: Künstler des Kartenbildes. Biographien und Porträts. Oldenburg 1962

Koeman, C. Ir.: Collections of Maps and Atlases in the Netherlands. Leiden 1961 (Imago mundi, Supplement III.)

Koeman, C. Ir.: Joan Blaeu and his Grand Atlas. Amsterdam 1970

Kretschmer, K.: Die Entdeckung Amerikas in ihrer Bedeutung für die Geschichte des Weltbildes. Berlin 1892

Kretschmer, K.: Die italienischen Portolane des Mittelalters. Berlin 1909

Kuchař, K.: Early Maps of Bohemia, Moravia and Silesia. Praha 1961

Lister, R.: How to Identify Old Maps and Globes 1500–1850. London 1965

Lynam, E.: The Map-makers' Art. (Essays on the History of Maps.) London 1953

Muris, O.–Saarman, G.: Der Globus im Wandel der Zeiten. Berlin 1961

Nichols, H.: Map Librarianship. London 1976

Nordenskiöld, A. E.: Faksimile Atlas to the Early History of Cartography. Stockholm 1889 (Reprint New York 1961)

Nordenskiöld, A. E.: Periplus. An essay on the early history of charts and sailing directions. Stockholm 1897

Oehme, R.: Der deutsche Südwesten im Bild alter Karten. Konstanz–Stuttgart 1961

Paldus, J.: Die militärischen Aufnahmen im Bereiche der Habsburgischen Länder aus der Zeit Kaiser Josephs II. Wien 1919

Regele, O.: Beiträge zur Geschichte der staatlichen Landesaufnahme und Kartographie in Österreich bis zum Jahre 1918. Wien 1955

Ristow, W. W.: A la carte. Selected Papers on Maps and Atlases. Washington 1972

Ristow, W. W.: Guide to the History of Cartography. Washington 1972

Ristow, W. W.: World Directory of Map Collections. München 1976

Skelton, R. A.: Decorative printed maps of the 15th to 18th centuries. London 1952 (1965)

Skelton, R. A.: Explorers' Maps. Chapters in the Cartographic Record of Geographical Discovery. London 1958 (Feltham 1970)

Skelton, R. A.: Maps. A Historical Survey of their Study and Collecting. Chicago 1972

Tooley, R. V.: Maps and Map-makers. London 1949 (1972)

Tooley, R. V.–Bricker, Ch.–Crone, G. R.: A History of Cartography. (2500 Years of Maps and Map-makers.) London 1969

Weisz, L.: Die Schweiz auf alten Karten. Zürich 1945 (1969)

Woodward, D.: Five Centuries of Map Printing. Chicago 1975

Verzeichnis der farbigen Abbildungen

Verzeichnis der schwarzweißen Abbildungen

237

Personenregister

Die kursiv gedruckten Nummern bezeichnen schwarzweiße, römische Zahlen farbige Bilder

IVSTITIA.

CONSILIVM.

H.Ioh. Philips Weiß
von Limburg

H.Hector Wilhelm
von Gunterode

H.Thomas Diller

H.Hans Iacob
Ieckel

H.Iohan
Schwindt

H.Hieronymus
Stalberger

H.Iohan Maximilian
Kellner

H.Iohan Cristoff
Treudel Doctor

H.Hieronymus
Eberhart

H.Hans Heinrich
Zum Iungen

H.Iohan Treudel

H.Caspar Philips Fleischbein   H.Hieronymus Humbracht   H.Oyer Christoff Volcker

H.Iohan Maximilian
Kellner alter Burgermeÿ

Dr Melchior Erasmus
Sindicus

Novam Hanc TERRITORII
Nobiliß.ᵐⁱᵉ Magnifico, Aṃ
Dnn. PRÆTORI, CONSVLIB
inclytæ eiusde
Viris præstantißimis, Humanißimis,
in reverentiæ signum merito

Cronberg
Obern Nachstade
Stierstade   Steinbach
Weißkirchen   F.
Nider Nrsel
Niderom
Muel
Niderom
Klettenborgh
Eschborn   Pfravnheim
Schwalbach
Nidern Nachstade
Ginheim
Vilda flus
Nausen
Muel
Rudtlem
Bockenom
Noff   Rehstock
Nidda
Gri[s]heim
Galgen wart
Nawenhain
Sultzbach
Soden
F.
Nider hofheim
In tiff en   Wegen
Obern Liederbach
Soßenom
Zeilsheim   Nider Lidebach
Sunlingon
Ni dersheim
Oeraffholl
Moen fluss
Hoechst
Maenus fluvius
Schwanheim   Gohstein
Forsters hauß   Niderast
Keslerbach   Schwan heimer bruch
D I E
Newrbem
Beylor g. herren deich
Diegundt hoeffe
Marfelde

D R I E